防水施工マニュアル

（住宅用防水施工技術）2021

日本住宅保証検査機構 編

東海大学名誉教授 石川廣三 監修

技報堂出版

はじめに

　住宅は一般的な工業製品とは異なり、建築の現場で多数の職種の人々が、多種大量の建材を施工しながら長い時間をかけて作り上げるものです。それだけに、その過程で細かな施工ミスは多数起こりうるし、その大部分は生活上（使用上）、特段、問題になることはありませんが、時に、大きな不具合につながることがあります。その象徴的な事例が「雨漏り」です。新車を買って数年以内に雨漏りを経験することは滅多にありませんが、新築住宅は完成後、10年以内に雨漏りすることがしばしばあります。（10年以上経過すると「経年劣化」により、適切な手入れをしなければ雨漏りその他の不具合の発生は年々、増加していきます。）

　世の中では時々、住宅の欠陥問題が大きな事件になり、消費者（住宅の取得者）を保護するために新しい法律が作られます。90年代に起きた欠陥住宅問題の時は、「住宅の品質確保の促進等に関する法律」（通称「住宅品確法」）が制定され、新築住宅を引き渡した事業者には引き渡し後、主要構造部分（耐震性能や防水性能）に関する10年間の瑕疵担保責任が義務付けられました。そして2000年代に起きた欠陥マンション事件を受けて「特定住宅瑕疵担保責任の履行の確保等に関する法律」（通称「履行法」）が制定され、品確法の瑕疵担保責任を確実に履行するための資力確保措置（供託金の供託または住宅瑕疵保険の契約）を義務付けることとなりました。

　弊社は品確法の成立とともに発足し、品確法に定められた住宅性能表示制度の審査を行う住宅性能評価機関の登録を受けて評価業務を行うとともに、品確法の瑕疵担保責任をバックアップする任意の住宅瑕疵保証事業をスタートしました。そして、2008年の履行法の施行時には住宅瑕疵保険法人の大臣指定を受けて、住宅瑕疵保証に代わって住宅瑕疵担保責任保険の引き受けをスタートし、今年で満13年を迎えることとなりました。

　瑕疵保険の保険対象は、原則として品確法が10年間の瑕疵担保責任を定めた「構造耐力上主要な部分」と「雨水の浸入を防止する部分」ですが、保険事故としては数量的に「雨水の浸入」、すなわち「雨漏り」事故が圧倒的に多いという現実があります。保険対象事故として保険金を支払った件数は、戸建て住宅であれば10年間に換算すると、およそ「160戸に1戸」の割合になります。現場では保険金を請求する以前に原因がわかってすみやかに補修されるケースもたくさんあり、それらを含めると、新築後10年間に雨漏りする住宅の割合は2％から3％ぐらいあるのではないかと推測します。

　本書では弊社がこれまでに瑕疵保険として対応した雨漏りの事故原因を分析したうえで、雨漏りの防止に効果が高いと思われる詳細の仕様や施工の手順をまとめました。雨漏りには多数の原因があり、完全に防ぐことはきわめて難易度が高いですが、本書をその取り組みに役立てていただければ望外の喜びです。

株式会社 日本住宅保証検査機構（JIO）

　弊社では「特定住宅瑕疵担保責任の履行の確保等に関する法律」（平成19年法律第66号）第19条に則り、住宅の瑕疵を防ぐ情報・資料等を提供しています。

はじめに

　私が子供のころの日本の住宅では、雨が降るたびに天井から落ちてくる雨水を受けるのに、家中のバケツや洗面器を総動員する光景が珍しくありませんでした。それでも案外、そのために家自体が傷むことが無かったのは、建物の構造や住まい方が開放的で、雨水が浸入しても速やかに排出され、外皮の内部が乾燥できたためです。

　省エネ性や構造耐力性能がめざましく改善された現代の住宅は、外皮の密閉性が高まったため、いったん外皮内部に雨水が浸入すると長時間滞留し、木部の腐朽や金物の腐食などの劣化を招きやすくなっています。

　さらに近年の戸建て住宅では、ルーフバルコニー、パラペット納めの屋根、軒ゼロなど、雨水浸入リスクが高い形態の採用が一般化しており、雨水浸入によって建設後早期に著しい劣化が引き起こされる事態が増えています。このような事態を避けるために、住宅生産に携わる皆さんが、外皮各部位の雨漏りリスクをしっかり認識し、正しい防水施工を行うことが重要です。

　この防水施工マニュアルには、日本住宅保証検査機構が長年積み重ねてきた多くの保険事故の原因分析と、独自に実施してきた実験研究の成果が盛り込まれています。本書の活用により、いっそう安心で長持ちする日本の住宅づくりが実現されることを期待します。

東海大学名誉教授　石川　廣三

目 次

第5章　RC造住宅　防水工法　135

5.1　防水下地と排水ドレン

5.2　メンブレン防水

5.3　パラペット

第6章　RC造住宅 外壁　　161

大型送風散水装置を用いた屋根と外壁の取り合い部における浸入雨水の挙動の検討

日本建築学会大会学術講演梗概集 2019 年

第 1 章

材料・統計

1.1　防水材料一覧

防水材料名	品質、注意事項等
アスファルトルーフィング	屋根下ぶきに使用するアスファルトルーフィングは、一般社団法人日本防水材料協会規格 ARK 04^S(改質アスファルトルーフィング下葺材)に適合またはこれと同等以上の防水性能を有するもの、および JIS A 6005(アスファルトルーフィングフェルト)のアスファルトルーフィング 940 に適合またはこれと同等以上の防水性能を有するものとする。
透湿ルーフィング	屋根下ぶきに使用する透湿ルーフィングは、JIS A 6111(透湿防水シート)の屋根用透湿防水シートに適合またはこれと同等以上の透湿性能および防水性能を有するものとする。透湿ルーフィング葺は、その透湿機能により、下地の湿気を透湿させることができる。そのため、下ぶき材から透湿された湿気が屋根葺材嵌合部の間隙から外部へ排出されるものを選択するか、または屋根葺材と下ぶき材の間の通気層から外部へ排出できる工法とする。
防水紙 (通気構法の外壁)	通気構法(外壁内に通気層を設け、壁体内通気を可能とする構造)とした外壁に用いる防水紙は、JIS A 6111(透湿防水シート)の外壁用透湿防水シートに適合またはこれと同等以上の透湿性能および防水性能を有するものとし、通気層の躯体側へ施すものとする。
防水紙 (通気構法以外の外壁)	通気構法以外の外壁に用いる防水紙は、一般社団法人日本防水材料協会規格 ARK 14^W(改質アスファルトフェルト)に適合またはこれと同等以上の防水性能を有するもの、および JIS A 6005(アスファルトルーフィングフェルト)のアスファルトフェルト 430 に適合またはこれと同等以上の防水性能を有するもの(透湿防水シートを除く)とする。
先張り防水シート	サッシ開口部窓台および壁止まり軒部等に用いる先張り防水シートは、一般社団法人日本防水材料協会規格 JWMA-A01(先張り防水シート及び鞍掛けシート)に適合またはこれと同等以上の防水性能を有するものとする。
鞍掛けシート	バルコニー手すり壁およびパラペット等の上端部に用いる鞍掛けシートは、一般社団法人日本防水材料協会規格 JWMA-A01(先張り防水シート及び鞍掛けシート)に適合またはこれと同等以上の防水性能を有するものとする。
防水テープ	防水テープは、JIS A 6112(住宅用両面粘着防水テープ)の性能基準に準ずるものとする。防水テープは被着体(防水紙、屋根下ぶき等)によってそれぞれ適否があるため、施工前に防水テープおよび被着体の各製造者に適否を確認し、被着体との相性が良好なものとする。
伸張性片面粘着防水テープ	伸張性のある伸ばしても縮み戻りの少ない防水テープ。屋根下ぶき、防水紙、先張り防水シート、鞍掛けシートの三面交点等でピンホールの発生する部位や、壁貫通口などの曲線部位等に使用する。
シーリング材	シーリング材は、JIS A 5758(建築用シーリング材)に適合するもので、JIS の耐久性による区分の 8020 の品質またはこれと同等以上の耐久性能を有するシーリング材とする。プライマーはシーリング材製造者が指定するものを用い、各製造者が指定する施工方法を順守する。 「シーリング材」および「プライマー」は被着体によって、それぞれ適否があるため、施工前にシーリング材製造者に問合せを行い、被着体との接着性について十分確認することが必要である。

1.2　保険事故の分類

新築住宅の保険事故の 94.5 % は雨漏りです

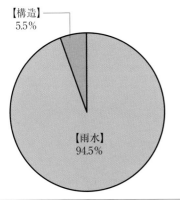

【構造】
5.5%

【雨水】
94.5%

【構造】構造耐力上主要な部分の事故
【雨水】雨水の浸入を防止する部分の事故

住宅瑕疵担保履行法施行後、2008 年 12 月〜2020 年 6 月末まで
に保険契約した約 120 万件のうち、保険金支払物件について集計。
新築住宅の保険事故発生部位を「構造耐力上主要な部分」「雨水の
浸入を防止する部分」に分類すると、雨水の浸入を防止する部分
の事故が 94.5 % を占める。

雨水の浸入を防止する部分の事故が発生した住宅の構造で最も
高い割合を占めたのは、「木造」85.7%、次いで「RC 造」6.7 %、「鉄
骨造」4.6 %。雨水の浸入を防止する部分の事故発生部位は、住宅
の構造により傾向が異なるが、いずれの構造においても「開口部」
は比較的割合が高い。

新築住宅の保険事故の分類
（2008 年 12 月〜2020 年 6 月末までの累計）

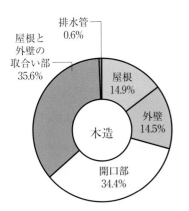

排水管
0.6%
屋根と
外壁の
取合い部
35.6%
屋根
14.9%
外壁
14.5%
木造
開口部
34.4%

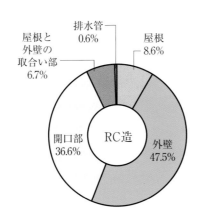

排水管
0.6%
屋根と
外壁の
取合い部
6.7%
屋根
8.6%
開口部
36.6%
RC造
外壁
47.5%

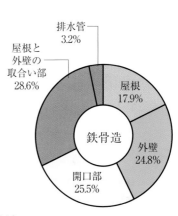

排水管
3.2%
屋根と
外壁の
取合い部
28.6%
屋根
17.9%
鉄骨造
外壁
24.8%
開口部
25.5%

【雨水の浸入を防止する部分】保険事故発生部位の割合
（2008 年 12 月〜2020 年 6 月末までの累計）

雨水の浸入を防止する部分（住宅の品質確保の促進等に関する法律）

住宅の品質確保の促進等に関する法律、第 94 条 1 項の住宅のうち雨水の浸入を防止する部分として政令で定めるもの
一　住宅の屋根若しくは外壁又はこれらの開口部に設ける戸、わくその他の建具
二　雨水を排除するため住宅に設ける排水管のうち、当該住宅の屋根若しくは外壁の内部又は屋内にある部分

屋根

外壁

開口部

排水管

屋根と外壁の
取合い部

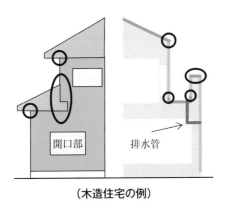

開口部

排水管

（木造住宅の例）

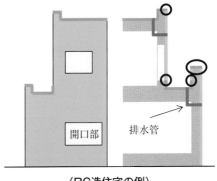

開口部

排水管

（RC造住宅の例）

1.3　木造住宅の雨水浸入部位

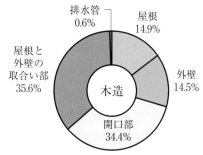

排水管
0.6%
屋根
14.9%

屋根と
外壁の
取合い部
35.6%

外壁
14.5%

木造

開口部
34.4%

【雨水の浸入を防止する部分】
保険事故発生部位の割合
（2008年12月～2020年6月末までの累計）

　木造住宅の雨水浸入部位で最も高い割合を占めたのは、「屋根と外壁の取合い部」35.6%であり、取合い部の多さが目立つ。次いで、サッシまわりの他、梁や配管・換気口などの外壁貫通部を含む「開口部」が34.4%を占める。

　雨水浸入箇所で最も高い割合を占めたのは、「サッシまわり」25.8%。その他の箇所の割合がいずれも5%未満であり、突出している。

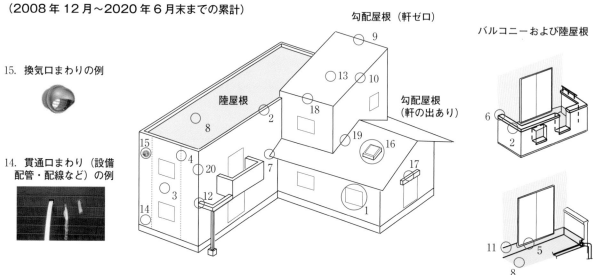

15.　換気口まわりの例

14.　貫通口まわり（設備
　　配管・配線など）の例

勾配屋根（軒ゼロ）

陸屋根

勾配屋根
（軒の出あり）

バルコニーおよび陸屋根

■木造住宅の雨水浸入箇所（ワースト20位）

順位	部位区分	雨水浸入箇所	割合
1	開口部	サッシまわり	25.8%
2	取合い	笠木と外壁の取合い（バルコニーおよび陸屋根）	4.9%
3	外壁	外壁の平部	4.6%
4	外壁	外壁の平部目地	4.4%
5	取合い	防水層とサッシの取合い（バルコニーおよび陸屋根）	4.0%
6	取合い	笠木の壁当たり（バルコニーおよび陸屋根）	3.2%
7	取合い	壁止まり軒部	2.8%
8	屋根	防水層平部（バルコニーおよび陸屋根）	2.4%
9	取合い	軒ゼロ棟まわり	2.3%
10	取合い	軒ゼロけらばまわり	2.2%
11	取合い	防水層と外壁の取合い（バルコニーおよび陸屋根）	2.0%
12	開口部	梁などの貫通部	1.9%
13	屋根	勾配屋根平部（無落雪M形屋根を除く）	1.8%
14	開口部	貫通口まわり（設備配管・配線など）	1.7%
15	開口部	換気口まわり	1.5%
16	開口部	天窓まわり（勾配屋根）	1.5%
17	開口部	シャッターボックスまわり	1.4%
18	取合い	軒ゼロ軒先まわり	1.3%
19	取合い	流れに平行な壁際	1.2%
20	外壁	外壁の出隅	1.2%

1.4　ＲＣ造住宅の雨水浸入部位

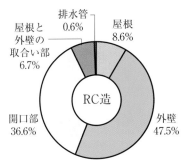

【雨水の浸入を防止する部分】
保険事故発生部位の割合
（2008 年 12 月〜2020 年 6 月末までの累計）

RC 造住宅の雨水浸入部位で最も高い割合を占めたのは、「外壁」47.5 %、次いで「開口部」36.6%。

雨水浸入箇所で最も高い割合を占めたのは「外壁の平部」32.2 %、次いで「サッシまわり」30.3% であり、この 2 箇所で雨水浸入箇所の 62.5 % を占める。

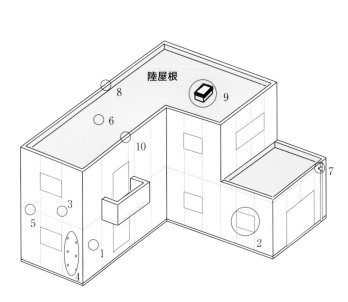

10.　防水層端末部と外壁の取合い例

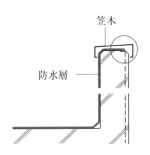

4.　コーン穴部の例

7.　貫通口まわり
（設備配管・配線など）の例

■ＲＣ造住宅の雨水浸入箇所（ワースト 10 位）

順位	部位区分	雨水浸入箇所	割合	割合グラフ
1	外壁	外壁の平部	32.2%	
2	開口部	サッシまわり	30.3%	
3	外壁	外壁の平部目地	4.7%	
4	外壁	コーン穴部	4.0%	
5	外壁	コンクリート打継ぎ部	3.6%	
6	屋根	防水層平部（バルコニーおよび陸屋根）	3.1%	
7	開口部	貫通口まわり（設備配管・配線など）	3.0%	
8	屋根	手すり壁およびパラペットの上端部（バルコニーおよび陸屋根）	2.2%	
9	開口部	天窓まわり（バルコニーおよび陸屋根）	1.9%	
10	取合い	防水層端末部と外壁の取合い（バルコニーおよび陸屋根）	1.7%	

　ワースト 1 位「外壁の平部」から雨水浸入があった物件の外壁の仕上げは、コンクリート打放しが 59.0 %、次いで仕上塗材 31.8 %、タイル張り 9.2 %。事故原因は、施工不良に起因するコンクリートのひび割れが大多数を占める。ワースト 2 位「サッシまわり」から雨水浸入があった物件の外壁の仕上げは、コンクリート打放し 52.0 %、仕上塗材 39.1 %、タイル張り 8.9 %。事故原因は、施工不良に起因するコンクリートのひび割れと共にシーリングに関する施工不良も多い。

1.5　鉄骨造住宅の雨水浸入部位

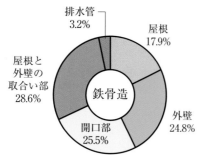

【雨水の浸入を防止する部分】
保険事故発生部位の割合
（2008年12月〜2020年6月末までの累計）

鉄骨造住宅の雨水浸入部位で最も高い割合を占めたのは、「屋根と外壁の取合い部」28.6 %、次いで「開口部」25.5%、「外壁」24.8 %。

雨水浸入箇所で最も高い割合を占めたのは、「サッシまわり」19.0 %、次いで「外壁の平部目地」11.9%、「防水層平部」8.1 %。

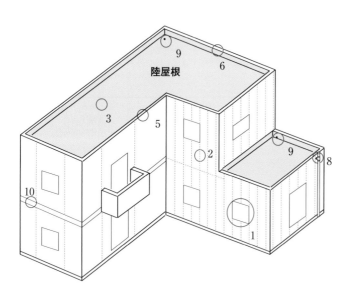

バルコニーおよび陸屋根

9. ドレンまわりの例

（たて形ドレン）

（よこ形ドレン）

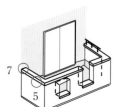

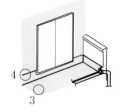

■鉄骨造住宅の雨水浸入箇所（ワースト10位）

順位	部位区分	雨水浸入箇所	割合
1	開口部	サッシまわり	19.0%
2	外壁	外壁の平部目地	11.9%
3	屋根	防水層平部（バルコニーおよび陸屋根）	8.1%
4	取合い	防水層と外壁の取合い（バルコニーおよび陸屋根）	4.8%
5	取合い	笠木と外壁の取合い（バルコニーおよび陸屋根）	4.8%
6	取合い	防水層立上り端末部（バルコニーおよび陸屋根）	4.0%
7	取合い	笠木の壁当たり（バルコニーおよび陸屋根）	4.0%
8	開口部	貫通口まわり（設備配管・配線など）	3.8%
9	屋根	ドレンまわり（バルコニーおよび陸屋根）	3.6%
10	外壁	大壁の化粧幕板まわり	3.1%

　ワースト1位「サッシまわり」とワースト2位「外壁の平部目地」から雨水浸入があった物件の、外壁の仕上げで最も高い割合を占めたのはALC（直張り）40.0 %。次いでサイディング（通気構法）26.9 %、その他（直張り・繊維強化セメント板、押出成形セメント板など）18.5 %であった。外壁仕上材が（直張り）の割合は全体の64.7 %であり、過半数を占める。

　事故原因は、シーリングの施工不良に起因する内容が多い。また、通気構法の外壁におけるサッシまわり防水テープ施工不良も比較的多い。

第2章

木造住宅　屋根

用語

軒	屋根の端部で外壁面より流れ方向に持ち出された部分。
けらば	切妻屋根、片流れ屋根などの妻側の端部。瓦葺では袖とも呼ぶ。
棟	屋根の稜線に当たる部分。
陸棟	水平な棟。水平棟とも呼ぶ。陸棟のうち、建物最上部の長さの大きいものを特に大棟と呼ぶ。
隅棟	寄棟、入母屋屋根などで軒先隅に向かう傾斜した棟。隅降棟とも呼ぶ。
谷	屋根面が水下部分で別の屋根面または壁面と連続的に接する線状の部分。
壁際	屋根面が水上部分で、もしくは流れと並行に、上階部の壁と連続して接する線状の部分。
流れ	屋根材を葺く場合および納まり部の方向をいうもので、屋根面において雨水の流れる方向。
軒裏	軒の下面をいう。
軒天井	軒裏に張った天井。
軒先	軒の先端をいう。

切妻

けらば　陸棟　棟違い　軒　すがり部

寄棟

陸棟　軒　隅棟

片流れ

片流れ棟　軒　けらば

片流れ（まねき）

片流れ（段違い）

方形

方形棟　隅棟　軒

入母屋

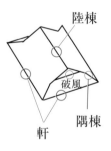

陸棟　破風　隅棟　軒

半切妻

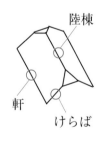

陸棟　軒　けらば

谷折れ

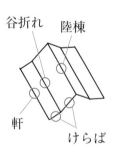

谷折れ　陸棟　軒　けらば

腰折れ

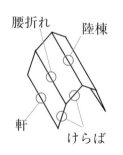

腰折れ　陸棟　軒　けらば

マンサード

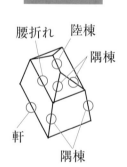

腰折れ　陸棟　隅棟　軒　隅棟

無落雪M形屋根

パラペット　横どい　ドレン　排水管

パラペット付き勾配屋根

パラペット　谷どい　ドレン　排水管

三方パラペット屋根

パラペット

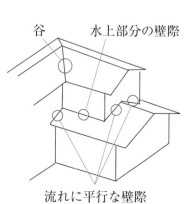

谷　水上部分の壁際　流れに平行な壁際

2.1　勾配屋根

2.1.1　屋根の勾配

ポイント

> 1．勾配屋根は、ふき材の種類に応じて屋根材製造者の指定する適切な勾配を確保する。

　勾配は、建設地の気象条件（強風地域、積雪地域など）・屋根形状（切妻、寄棟など）・屋根面積・勾配長さなどの与条件を考慮して、ふき材の種類に適したものとします。

　実際の施工にあたっては、屋根材製造者の指定する勾配を確保します。

　下表の（）内数字は一般的な最小勾配の目安を示します。

木造住宅の屋根、最小勾配の目安（参考値）

瓦ぶき	(4/10)
化粧スレートぶき	(3/10)
横ぶき、平ぶき（一文字ぶき、ひしぶき）	(3/10)
アスファルトシングルぶき	(3/10)
かわら棒ぶき（心木あり）	(1.5/10)
長尺かわら棒ぶき（嵌合型、心木なし）、長尺立馳ぶき（立平ぶき）	(0.5/10)

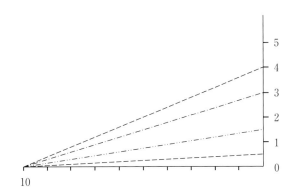

瓦ぶき

化粧スレートぶき

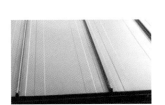

立平ぶき

アスファルトシングルぶき

2.2　下ぶき

2.2.1（1）　下ぶきのふき方

ポイント

1. 下地の野地板は下ぶきの破損を防ぐため、継ぎ目や釘頭などに段差が生じないよう平滑に張る。
2. 下ぶきに使用するアスファルトルーフィングは、一般社団法人日本防水材料協会規格ARK 04^s（改質アスファルトルーフィング下葺材）に適合またはこれと同等以上の防水性能を有するもの、およびJIS A 6005（アスファルトルーフィングフェルト）に適合するアスファルトルーフィング940またはこれと同等以上の防水性能を有するものとする。
3. 下ぶきに使用する透湿ルーフィングは、JIS A 6111（透湿防水シート）の屋根用透湿防水シートに適合またはこれと同等以上の透湿性能および防水性能を有するものとする。

ポイント（下ぶきの仮留め）

1. ルーフィング類は、材料の長手方向を屋根の流れ方向に対して垂直になるように広げ、軒先から施工を始めて水上側へ葺き進める。上下（流れ方向）は100mm以上、左右は200mm以上重ね合わせる。
2. たるみ・しわ・波うちなどが生じないように、下地になじませて敷き込む。
3. 必要に応じてステープルを用いて仮留めを行い、ステープルの打込みは必要最小限とする。アスファルトルーフィング葺のステープルの打ち込み間隔は、下ぶきの重ね部分は300mm程度、その他は900mm程度とする。
4. 透湿ルーフィングおよび粘着層付き改質アスファルトルーフィングのふき方は、下ぶき材製造者の指定する施工方法を順守する。
5. 「軒先」と「けらば」のふき方は、屋根葺材製造者の指定する施工方法を順守する。

アスファルトルーフィング葺の仮留め（参考例）

　ステープルの打込み間隔は必要最小限にします。

　ステープルの仮留めは作業能率と作業の安全の面から必要に応じて行うべきものです。ステープルをむやみに打ち込むことは、下ぶきを貫通する孔が増えるだけで防水機能面で好ましくありません。

　瓦桟木や屋根葺材が施工されると、下ぶきは野地板に固定されてしまい、ステープルの役目は不要になります。

　このような意味から、ステープルで野地板に固定する作業を「仮留め」と称しています。

B：左右重ね200 mm以上

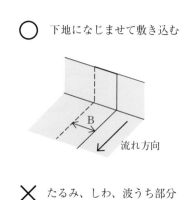

○ 下地になじませて敷き込む

× たるみ、しわ、波うち部分から雨水浸入

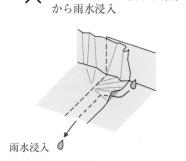

雨水浸入

A：上下（流れ方向）重ね100 mm以上

× 印はステープル留付け箇所を示す

2.2　下ぶき

2.2.1（2）　下ぶきのふき方（ステープル）

ポイント

1．ステープルは下地と平らに打込み、下ぶきに損傷が生じないようにする。

ステープルの打込み（イメージ図）

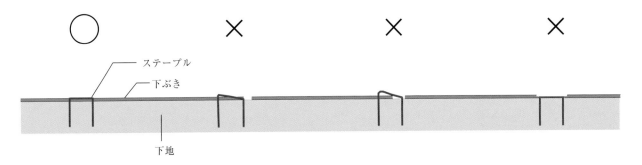

ステープルの打ち損じ等による下ぶきの破損例

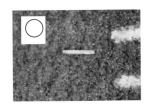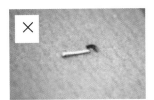

　ステープルの打ち込みは、一般的にハンマー式タッカーが多用されています。ハンマー式タッカーは振り回し角度が良くない場合や力を入れすぎた場合、ヘッドが下ぶきに当たり損傷することがあります。

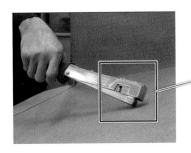

ハンマー式タッカーのヘッドが斜めにあたる。

2.2 下ぶき

2.2.2 谷

ポイント

1. 谷心を中心に500～1,000mm程度の下ぶき材を先張りする。
2. 下ぶき材は左右交互に張り、たるみ・しわ・波うちなど生じないように、下地になじませて敷き込む。
3. 谷底より両方向へそれぞれ谷を越えて250mm以上折り返す。
4. 谷底付近にステープルは打たないようにする。

交互に張る場合（3.5/10勾配 参考例）

施工手順

① 谷底に下ぶき材を先張り
↓
②③ 交互に張る
↓
④⑤ 交互に張る

先張りの下ぶき材：一般社団法人日本防水材料協会規格 ARK 04ˢ（改質アスファルトルーフィング下葺材）に適合またはこれと同等以上の防水性能を有するものとする。

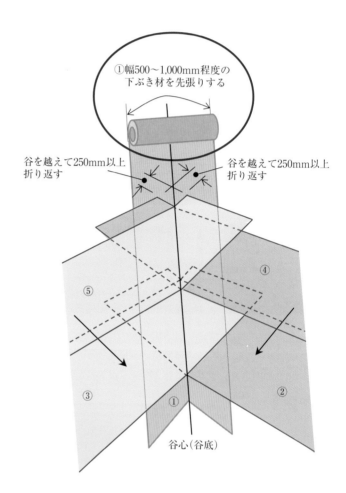

①幅500～1,000mm程度の
下ぶき材を先張りする

谷を越えて250mm以上
折り返す

谷を越えて250mm以上
折り返す

谷心（谷底）

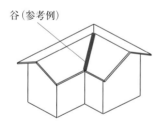

谷（参考例）

下ぶき材は左右交互に張り、野地板に密着させ谷底になじませるように敷き込みます。谷底の下ぶき材が浮いた状態であると踏み破る恐れがあります。また、谷底付近は屋根面上の雨水が集まって流れるため、谷底付近にステープルは打たないようにします。

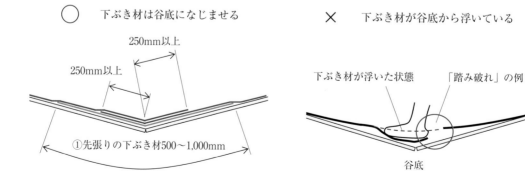

○ 下ぶき材は谷底になじませる

250mm以上

250mm以上

①先張りの下ぶき材500～1,000mm

× 下ぶき材が谷底から浮いている

下ぶき材が浮いた状態

「踏み破れ」の例

谷底

2.2　下ぶき

2.2.3　隅棟

ポイント

1．棟頂部より両方向へそれぞれ隅棟を越えて250mm以上折り返す。
2．下ぶき材は左右交互に張り、たるみ・しわ・波うちなど生じないように下地になじませ、棟頂部（野地板の角）は破断しないように敷き込む。
3．棟頂部を中心に500～1,000mm程度の下ぶき材を増し張りする。
4．棟頂部付近にステープルは打たないようにする。

隅棟（参考例）

交互に張る場合（3.5/10 勾配 参考例）

施工手順

①② 交互に張る
↓
③④ 交互に張る
↓
⑤ 棟頂部に下ぶき材を増し張り

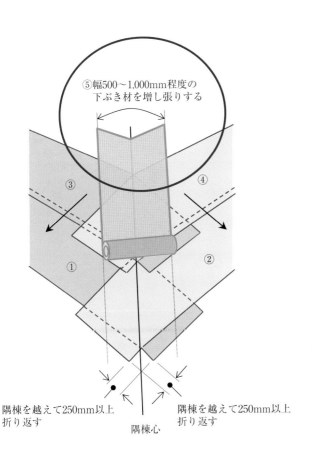

⑤幅500～1,000mm程度の
下ぶき材を増し張りする

③　　④

①　　②

隅棟を越えて250mm以上
折り返す

隅棟を越えて250mm以上
折り返す

隅棟心

⑤幅500～1,000mm程度の下ぶき材を増し張りする

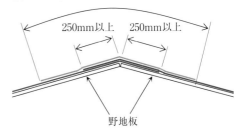

250mm以上　　250mm以上

野地板

増し張りの下ぶき材：一般社団法人日本防水材料協会規格 ARK 04^s（改質アスファルトルーフィング下葺材）に適合またはこれと同等以上の防水性能を有するものとする。

棟頂部（野地板の角）に段差がある場合
下ぶき材は破断しないように敷き込む

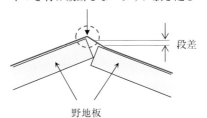

段差

野地板

2.2　下ぶき

2.2.4　けらば

ポイント

1．下ぶきの「けらば」のふき方は、屋根葺材製造者の指定する施工方法を順守する。
2．下ぶき材は野地板先端に揃えて張る。たるみ・しわ・波うちなど生じないように下地になじませ、水上側へ葺き進める。
3．化粧スレートの場合、のぼり木を取り付け後、けらば全長にわたり、500〜1,000mm程度の下ぶき材をのぼり木に立ち上げて増し張りする。

下ぶき材の増し張り（化粧スレート参考例）

施工手順

①野地板に下ぶき材を張る
↓
②のぼり木を取り付ける
↓
③けらば全長にわたり、下ぶき材をのぼり木に立ち上げて増し張りする。

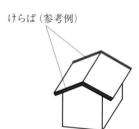

けらば（参考例）

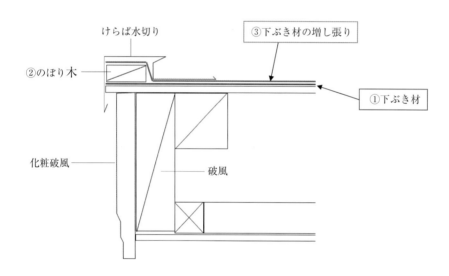

けらば水切り
②のぼり木
③下ぶき材の増し張り
①下ぶき材
化粧破風
破風

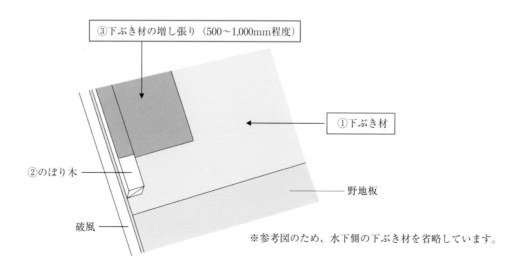

③下ぶき材の増し張り（500〜1,000mm程度）
①下ぶき材
②のぼり木
野地板
破風

※参考図のため、水下側の下ぶき材を省略しています。

2.2　下ぶき

2.2.5（1）　棟違い

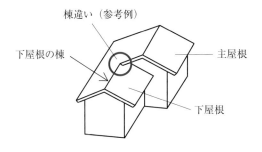

棟違い（参考写真）

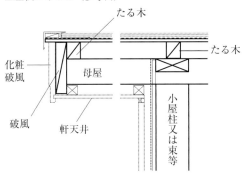

（在来軸組工法の例）

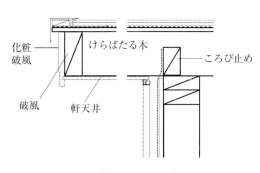

（枠組壁工法の例）

ポイント

1．下屋根の棟部は、下ぶきを妻壁際まで敷き込むため、野地板に 30mm 程度の幅で欠き込みを設ける。
2．けらばの野地板は、屋根葺材製造者の指定する寸法で破風まで欠き込む。
3．破風は、野地板と 30mm 程度クリアランスを設ける。

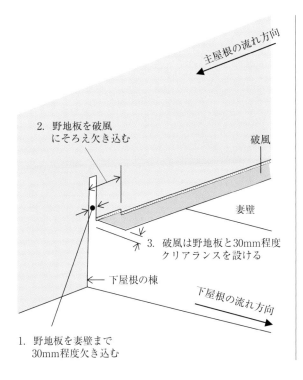

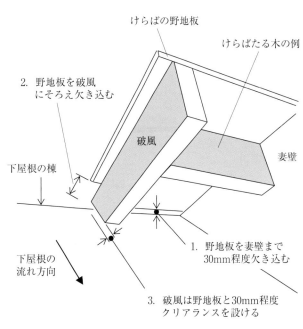

（次ページに続く）

2.2 下ぶき

（前ページから続く）

2.2.5（2） 棟違い

ポイント

4．主屋根の下ぶきを棟頂部より下屋根方向へ 250mm 以上折り返し、妻壁際まで敷き込む。

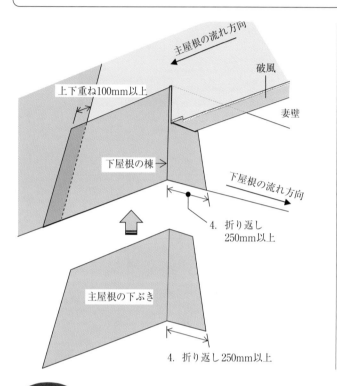
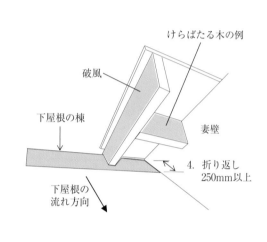

ポイント

5．下屋根の下ぶきを棟頂部より主屋根方向へ 250mm 以上折り返し、妻壁際は 250mm 以上かつ雨押え上端より 50mm 以上立ち上げる。

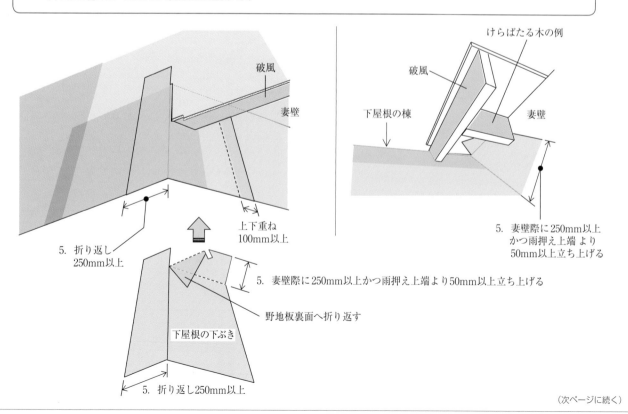

（次ページに続く）

2.2　下ぶき

（前ページから続く）

2.2.5（3）　棟違い

 ポイント

6．主屋根の下ぶきは、流れ方向は 100mm 以上、左右は 200mm 以上重ね合わせて敷き込む。

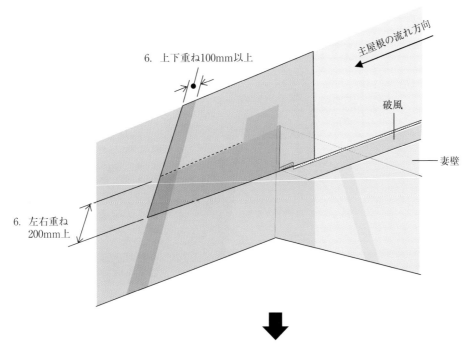

6．上下重ね100mm以上

主屋根の流れ方向

破風

妻壁

6．左右重ね 200mm上

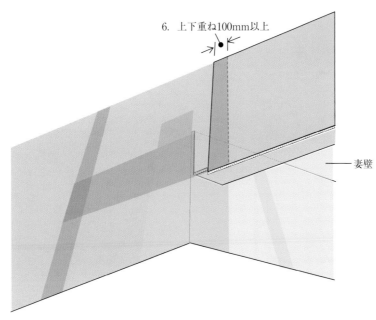

6．上下重ね100mm以上

妻壁

2.3　下屋と外壁の取合い部

2.3.1（1）　下ぶきの施工（水上部分の壁際・流れに平行な壁際）

ポイント

1. 屋根面と壁面取合い部の下ぶきは、250mm以上かつ雨押え上端より50mm以上張り上げる。

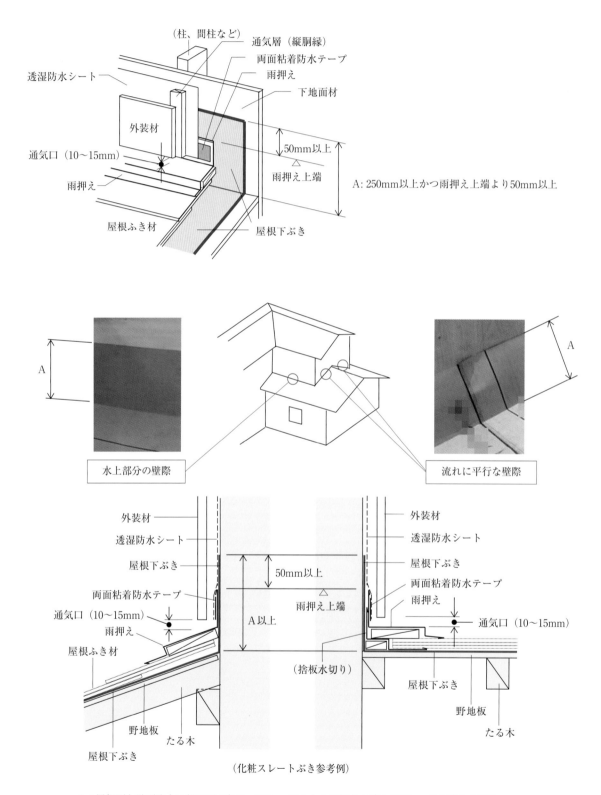

（化粧スレートぶき参考例）

A：屋根面と壁面取合い部の下ぶきは、250mm以上かつ雨押え上端より50mm以上張り上げる。

（次ページに続く）

2.3　下屋と外壁の取合い部

（前ページから続く）

2.3.1（2）　下ぶきの施工（水上部分の壁際・流れに平行な壁際）

ポイント

> 1．下ぶきは壁面立上り部に下地材（下地面材、ラス下地板、下ぶき受材）を設け、たるみ・しわ・波うちなどが生じないように留める。

　壁面立上り入隅の下ぶきが下地から浮いている場合、屋根ふき材や雨押えなどの金物を留めた際に下ぶき材が破断するなど不具合が生ずることがあります。

✕ 下地から浮いている　　　　　　　　　　　　　　　　　　　　　○ 入隅は下地になじませる

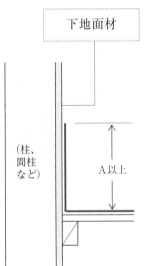

下地面材

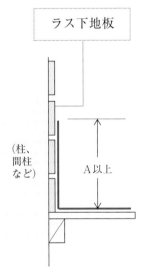

ラス下地板

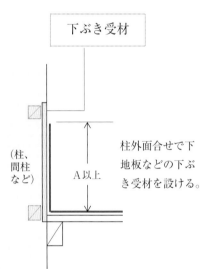

下ぶき受材

（柱、間柱など）　A以上

（柱、間柱など）　A以上

（柱、間柱など）　A以上　柱外面合せで下地板などの下ぶき受材を設ける。

A：屋根面と壁面取合い部の下ぶきは、250mm以上かつ雨押え上端より50mm以上張り上げる。

✕ 「下ぶき受材」がない例
下ぶき材が波を打ち、入隅も浮いてしまいます。

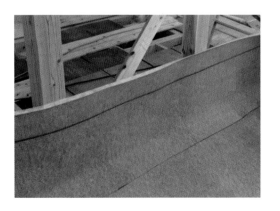

2.3　下屋と外壁の取合い部

2.3.2　下ぶきの施工（出隅）

ポイント

1. 出隅部のふき方は、下ぶき材製造者の指定する施工方法がある場合はその施工方法を順守する。
2. 出隅の「三面交点」に伸張性片面粘着防水テープを張る。
3. 上下（流れ方向）は100mm以上、左右は200mm以上重ね合わせる。

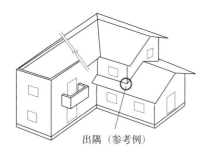

出隅（参考例）

出隅部は下ぶきを切り開き重ね合わせるため、三面交点にピンホールが生じます。三面交点は伸張性片面粘着防水テープを張り、雨水の浸入を防ぎます。

出隅部：施工手順

1. 水下の下ぶき
2. 三面交点に伸張性片面粘着防水テープを張る
3. 水上の下ぶき

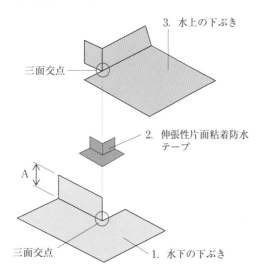

3. 水上の下ぶき

三面交点

2. 伸張性片面粘着防水テープ

A

三面交点　　　1. 水下の下ぶき

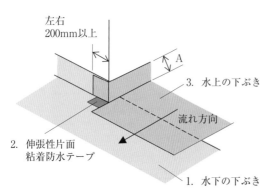

左右
200mm以上

A

3. 水上の下ぶき

流れ方向

2. 伸張性片面
粘着防水テープ

1. 水下の下ぶき

A：屋根面と壁面取合い部の下ぶきは、250mm 以上
　かつ雨押え上端より 50mm 以上張り上げる。

出隅部 伸張性片面粘着防水テープ施工例

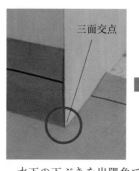

三面交点

水下の下ぶきを出隅角でカットし、下地になじませてステープルで留める。三面交点は、伸張性片面粘着防水テープを下ぶきと下地を跨いで張る。

伸張性片面粘着防水テープは、必ず圧着具を使用して丁寧に圧着する。水上の下ぶきは、下地になじむように一旦折り曲げてから張り上げる。

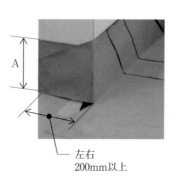

A

左右
200mm以上

水上の下ぶきに三面交点まで切込みを入れ、水下の下ぶきの上に折り重ねる。
水上と水下の下ぶき材は、左右の重ね幅200mm 以上を確保する。

2.3　下屋と外壁の取合い部

2.3.3　下ぶきの施工（入隅）

ポイント

1．入隅部のふき方は、下ぶき材製造者の指定する施工方法がある場合はその施工方法を順守する。
2．入隅の「三面交点」は「八千代折り」とし、切込みを入れない。
3．上下（流れ方向）は100mm以上、左右は200mm以上重ね合わせる。

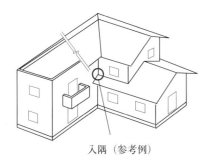

入隅（参考例）

入隅部：施工手順

入隅部は「八千代折り」とし、切込みを入れない。

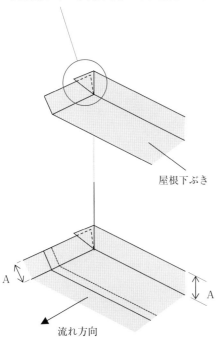

屋根下ぶき

流れ方向

A：屋根面と壁面取合い部の下ぶきは、250mm以
　上かつ雨押え上端より50mm以上張り上げる。

入隅部は下ぶきを切り開くと三面交点にピンホールが生じます。
下ぶきを折り曲げ「八千代折り」とし、ピンホールをなくし雨水の浸入
を防ぎます。

入隅部「八千代折り」施工例

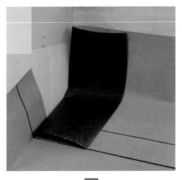

下ぶきを下地になじま
せる。
入隅は一旦折り曲げて
から張り上げる。

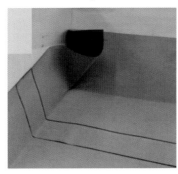

下ぶきは、入隅を下地
に密着させてからステー
プルで留める。
立上りの入隅は袋状に
する。

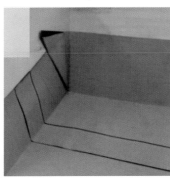

立上りの入隅下地に密
着させてから折り納め、
ステープルで留める。
下ぶきに切込みを入れ
ない。

2.4　軒の出のある屋根と外壁の取合い部

2.4.1　参考：防水紙の張り上げ高さ、軒裏換気部材の位置に関する実験

ポイント

1．軒の出のある屋根の軒裏は、吹き上がる風の影響を受ける。
2．防水紙は小屋裏換気に支障が生じない範囲でたる木に達する位置まで張り上げる。
3．軒裏に設置する換気部材は防雨効果のあるものとする。
4．軒裏換気部材は、軒側は鼻隠し寄り、けらば側は破風寄りに設置した方が安全になる。

　今回用いた大型送風散水試験装置は，吹出口面積が試験体より大きく、実際の風の作用に近い状態を再現することが可能です。軒の出のある屋根について、軒裏まわりの風の流れ方と雨水の浸入状況を検証しました。

一般財団法人建材試験センター
大型送風散水試験装置
吹き出し口寸法 2,500mm × 2,500mm

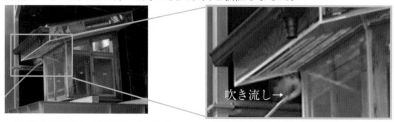

吹き流し→

　風向きは軒側の壁正面、風速10m/sの定常風（一定の風速を維持させた風）の吹き流しの状況です。軒裏は吹き上がる風の影響を受けることがわかります。

【試験体と実験方法】

　防雨効果のない換気部材を軒裏に設置し雨水の浸入状況を観察しました。通気層内の躯体側は透湿防水シートの代わりに感水紙を使用、感水紙は水に濡れると色が変わります。試験体は外壁通気層を小屋裏空間まで連通させ棟換気口から排気する構造、野地板・破風・鼻隠し・外壁などは透明アクリル板を使用、感水紙は小屋裏換気に支障が生じない範囲でたる木まで張り上げました。送風散水時間は5分間、5分間雨量20ミリ（噴霧水量4L/m²・分）、風は定常風、風速は10m/sと20m/s、風向きは軒側の壁正面とけらば側の壁正面。実験時、評価対象以外の換気部材はテープで塞ぎました。

屋根勾配3/10

1,500

952　952

試験体

防雨効果のない
換気部材
スリット斜め
羽根グリル
3.75mm間隔

【実験結果、考察、まとめ】

　防雨効果のない換気部材より雨水の浸入を確認、浸入水量は軒側・けらば側ともに換気部材を外壁寄りに設置した方が多い傾向です。換気部材は軒側は鼻隠し寄り、けらば側は破風寄りに設置した方が安全になります。換気部材は防雨効果のあるものを推奨します。

	風速	鼻隠し寄り	外壁寄り
軒側	10 m/s	防水紙→濡れなし 野地板裏面→付着なし	防水紙→濡れなし 野地板裏面→付着なし
	20 m/s	防水紙→数滴濡れ 170mm 野地板裏面→付着なし	防水紙→広範囲の濡れ 野地板裏面→全面付着

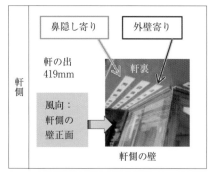

鼻隠し寄り　外壁寄り
軒の出 419mm
軒裏
風向：軒側の壁正面
軒側の壁

	風速	外壁寄り	破風寄り
けらば側	10 m/s	防水紙→数滴濡れ 野地板裏面→付着なし	防水紙→濡れなし 野地板裏面→付着なし
	20 m/s	防水紙→広範囲の濡れ 野地板裏面→全面付着	防水紙→小範囲の濡れ 150mm 野地板裏面→部分的付着

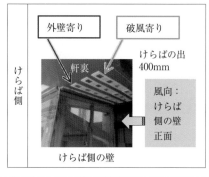

外壁寄り　破風寄り
けらばの出 400mm
軒裏
風向：けらば側の壁正面
けらば側の壁

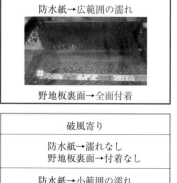

2.4　軒の出のある屋根と外壁の取合い部

2.4.2（1）　軒

外壁と軒天井取合い部は、風雨の吹き上げ等により雨水の浸入に対して弱点となります。

寄棟屋根

切妻屋根

片流れ屋根

外壁と軒天井取合い部（参考写真）

ポイント

1．軒天井取合い部の防水紙は、小屋裏換気に支障が生じない範囲でたる木に達する位置まで張り上げる。
2．軒天井に換気部材を設ける場合は、防雨効果を有するものとし、鼻隠し寄りに設置する。
3．先張り防水シートは、一般社団法人日本防水材料協会規格JWMA - A01（先張り防水シート及び鞍掛けシート）に適合またはこれと同等以上の防水性能を有するものとする。

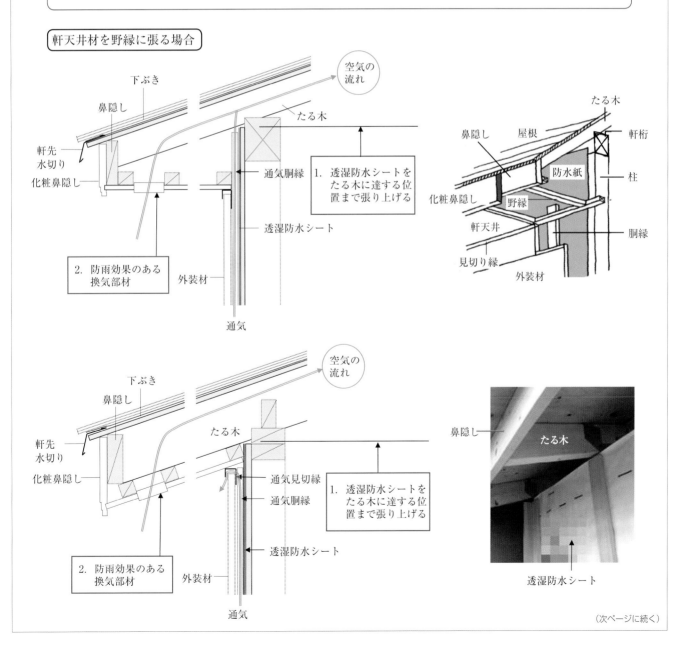

（次ページに続く）

2.4　軒の出のある屋根と外壁の取合い部

（前ページから続く）

2.4.2（2）　軒

軒天井材をたる木に直張りする場合

　軒天井材をたる木に直張りする場合は、軒天井取合い部の防水紙を小屋裏換気に支障が生じない範囲でたる木に達する位置まで張り上げ、さらに先張り防水シートを通気胴縁とたる木にかかるように通し張りとします。

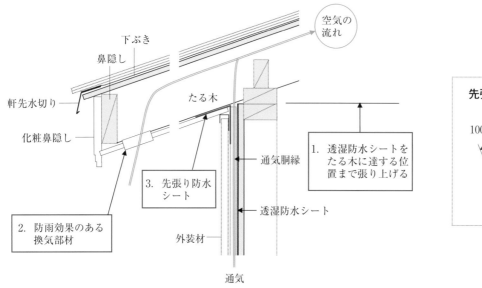

先張り防水シートの寸法

100mm程度
100mm程度

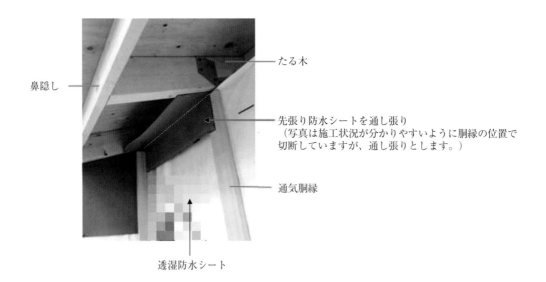

2.4　軒の出のある屋根と外壁の取合い部

2.4.3（1）　けらば

けらばの軒裏は、風雨の吹き上げ等により雨水の浸入する弱点となります。

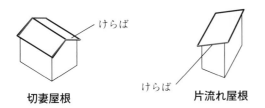

切妻屋根　　　　けらば　　片流れ屋根

外壁と軒天井取合い部（参考写真）

ポイント

1. 軒天井取合い部の防水紙は、小屋裏換気に支障が生じない範囲でたる木に達する位置まで張り上げる。
2. 軒天井に換気部材を設ける場合は、防雨効果を有するものとし、破風寄りに設置する。
3. 先張り防水シートは、一般社団法人日本防水材料協会規格JWMA - A01（先張り防水シート及び鞍掛けシート）に適合またはこれと同等以上の防水性能を有するものとする。

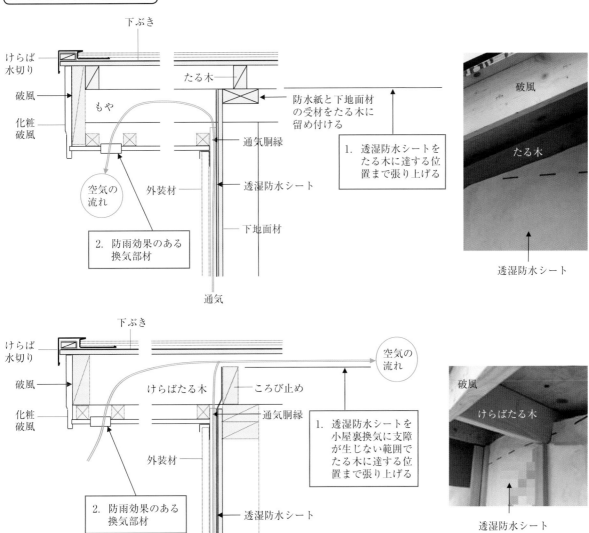

軒天井材を野縁に張る場合

下ぶき

けらば水切り

破風

化粧破風

もや

空気の流れ

たる木

防水紙と下地面材の受材をたる木に留め付ける

1. 透湿防水シートをたる木に達する位置まで張り上げる

通気胴縁

外装材

透湿防水シート

下地面材

2. 防雨効果のある換気部材

通気

破風

たる木

透湿防水シート

下ぶき

けらば水切り

破風

化粧破風

空気の流れ

けらばたる木

ころび止め

通気胴縁

1. 透湿防水シートを小屋裏換気に支障が生じない範囲でたる木に達する位置まで張り上げる

外装材

2. 防雨効果のある換気部材

透湿防水シート

下地面材

通気

破風

けらばたる木

透湿防水シート

（次ページに続く）

2.4　軒の出のある屋根と外壁の取合い部

（前ページから続く）

2.4.3（2）　けらば

軒天井材をたる木に直張りする場合

　軒天井材をけらばたる木に直張りする場合は、軒天井取合い部の防水紙をけらば垂木の下端まで張り上げ、さらに先張り防水シートを通気胴縁とけらばたる木にかかるように通し張りとします。

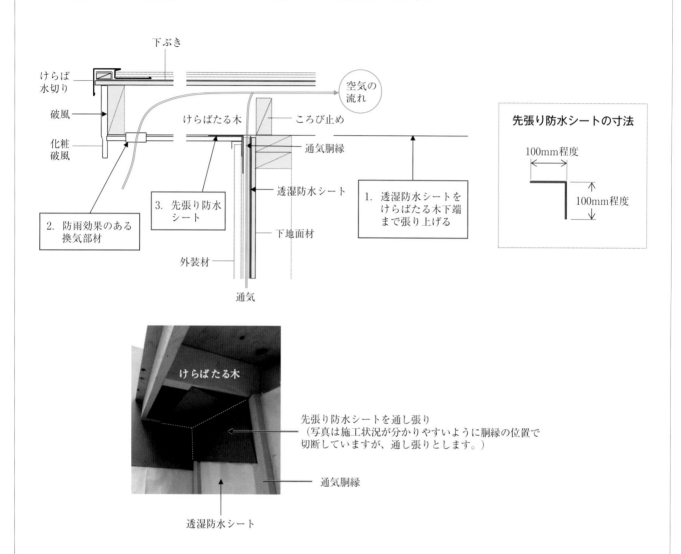

2.4　軒の出のある屋根と外壁の取合い部

2.4.4　片流れ屋根棟部

片流れ棟頂部は雨当たりが強く、破風板や軒天井まわりから雨水が浸入するリスクが大きくなります。
「まねき」を設けるなど雨掛りを減らす設計施工が必要です。

片流れ

片流れ屋根

片流れ屋根棟部軒裏と外壁の取合いイメージ

出典：国土技術政策総合研究所　国総研資料　第975号　木造住宅の耐久性向上に関わる建物外皮の構造・仕様とその評価に関する研究　第XI章-8

「まねき」を設ける

雨掛りを減らす設計施工例

ポイント

1．屋根下ぶきは破風の下端まで張り下げ、防雨効果のある棟換気部材を設ける。
2．軒天井材は野縁に張る。たる木（躯体）に直張りしない。
3．先張り防水シートを通気胴縁とたる木にかかるように通し張りする。
4．先張り防水シートは、一般社団法人日本防水材料協会規格JWMA‐A01（先張り防水シート及び鞍掛けシート）に適合またはこれと同等以上の防水性能を有するものとする。

やむを得ず勾配軒天井とする場合（参考例）

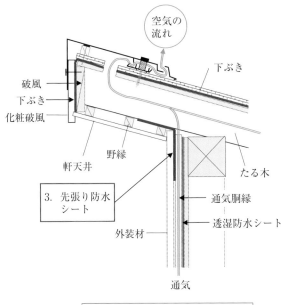

空気の流れ

下ぶき

破風
下ぶき
化粧破風
野縁
軒天井
たる木
3．先張り防水シート
通気胴縁
透湿防水シート
外装材
通気

先張り防水シートの寸法

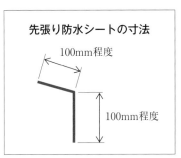

100mm程度

100mm程度

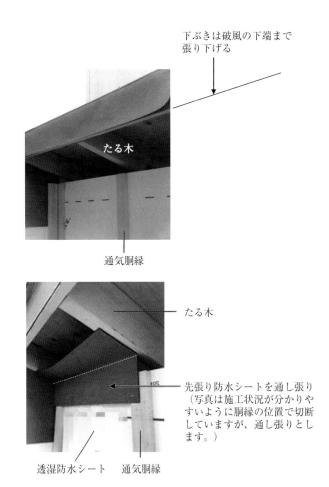

下ぶきは破風の下端まで張り下げる

たる木

通気胴縁

たる木

先張り防水シートを通し張り（写真は施工状況が分かりやすいように胴縁の位置で切断していますが、通し張りとします。）

透湿防水シート　　通気胴縁

2.4　軒の出のある屋根と外壁の取合い部

2.4.5（1）　参考：壁止まり軒部（排水溝付壁止まり役物）の散水実験

ポイント

1．壁止まり軒部は水の滞留が発生しない「排水溝付壁止まり役物」を用いる。

壁止まり軒部は部位としての母数は多くないにもかかわらず、高い割合を示し雨水浸入箇所ワースト7位にランキングしています。壁止まり軒部は上階の壁面が受ける雨水と下屋の屋根材と雨押えの間から浸入する雨水が集まってくる場所で、この雨水が軒と直交する壁の内部に浸入することが問題です。

壁止まり軒部の雨水浸入リスクを、従来の「雨押え加工壁止まり」と「排水溝付壁止まり役物」を用いて比較検証しました。

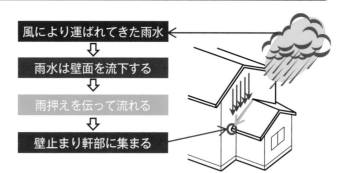

| 風により運ばれてきた雨水 |
| ⇩ |
| 雨水は壁面を流下する |
| ⇩ |
| 雨押えを伝って流れる |
| ⇩ |
| 壁止まり軒部に集まる |

【試験体と実験方法】

実験条件は、10分間雨量22ミリ（1時間雨量132ミリ）、風速10m/sを想定した水量を10分間壁面に流下しました。試験体の屋根勾配は3/10、外壁は通気構法、外装材は透明アクリル板厚み5ミリ、通気層内の躯体側は透湿防水シートの代わりに感水紙を張り、雨水浸入状況を目視で確認しました。感水紙は水に濡れると色が変わります。

屋根ふき材は化粧スレート、外装材差し込み高さ（下記の写真を参照）は雨押え加工壁止まり10mm、排水溝付壁止まり役物30mmです。

散水装置より壁面に流下

【実験結果、考察、まとめ】

雨水の浸入リスク 大 ↑ ↓ 小

雨押え加工壁止まり

高さ25mm

袋加工（八千代折り）

雨水は通気層内へ浸入しました。雨押え加工壁止まりは、雨押え先端を一般的に30mm程度立ち上げ袋加工（八千代折り）してあります。しかし、雨押え先端は流下雨水が集まって水位が上昇します。

軒樋

外装材差込み　高さ10mm　通気口幅15mm

通気層内は水位が上昇し、雨押えを乗り越え雨水が浸入するリスクが大きくなります。

排水溝付壁止まり役物

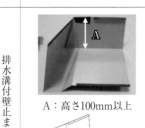
A
A：高さ100mm以上
排水溝付き

雨水は通気層内へ浸入しませんでした。排水溝付壁止まり役物は、雨押え先端から離れ段落ちしていることで、水位が上昇せず、滞留水が発生しません。雨水を壁面と逆方向に誘導します。

排水溝付壁止まり役物の外装材差込み高さは30mm以上を推奨します。

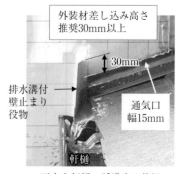
外装材差し込み高さ推奨30mm以上
30mm
排水溝付壁止まり役物
通気口幅15mm
軒樋
雨水を軒樋へ誘導する状況

【参考文献】　楠木義正 ほか：屋根の雨押え部における浸入雨水の挙動（その3 壁面流下水の壁止まり軒部における浸入性状に関する実験），日本建築学会大会，2014年

2.4　軒の出のある屋根と外壁の取合い部

2.4.5（2）　参考：壁止まり軒部（雨押え通気口のシーリング）の散水実験

ポイント

1．壁止まり軒部の雨押え通気口にシーリングをしない。シーリングは外装材下端小口で止める。

【雨漏り事故例 -1】

雨押え通気口

【雨漏り事故例 -2】

雨押え通気口

　左の事故例は、雨押え通気口にシーリングを行なって雨漏りが発生しました。事故原因を究明するため実験を行いました。

【試験体と実験方法】

　屋根の壁止まり軒部に集まる雨水は，壁面に風により運ばれてきた雨滴の流下水量が影響します。

　実験条件は、10 分間雨量 3.3 ミリ（1 時間雨量 20 ミリ）、風速 15 メートルを想定した水量を壁面に流下しました。試験体の屋根の勾配は 3/10、外壁は通気構法、外装材は透明アクリル板厚み 5 ミリ、通気層内の躯体側は透湿防水シートの代わりに感水紙を張り、雨水浸入状況を目視で確認しました。感水紙は水に濡れると色が変わります。

散水装置より壁面に流下

壁止まり軒部

【実験結果、考察、まとめ】

　壁面を流下する雨水の一部は、外装材下端小口を伝って流れます（以下、小口流下水といいます）。小口流下水がシーリングにぶつかると、外装材下端とシーリング上端が同一レベルなので雨水を通気層内へ呼び込みやすくなります。雨押え通気口にシーリングをしないで、シーリングは外装材下端小口で止めた方が安全になります。

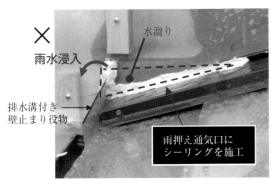

×

雨水浸入

水溜り

排水溝付き
壁止まり役物

雨押え通気口に
シーリングを施工

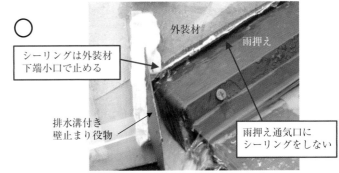

○

外装材

雨押え

シーリングは外装材
下端小口で止める

排水溝付き
壁止まり役物

雨押え通気口に
シーリングをしない

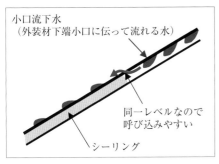

小口流下水
（外装材下端小口に伝って流れる水）

同一レベルなので
呼び込みやすい

シーリング

サイディング材の下端小口を伝って
軒先側に流れる水に注目！

小口流下水

サイディング材厚み16mm、勾配3/10

　10 分間雨量 3.3 ミリ（1 時間雨量 20 ミリ）、風速 15 メートルを想定した水量をサイディング材に流下した状況です。

【参考文献】木村雄太 ほか：屋根の雨押え部における浸入雨水の挙動（その１ 壁面流下水の壁止まり軒部における浸入性状に関する実験），日本建築学会大会，2013 年

2.4　軒の出のある屋根と外壁の取合い部

2.4.6　外壁のシーリング（壁止まり軒部、けらばの壁当たり）

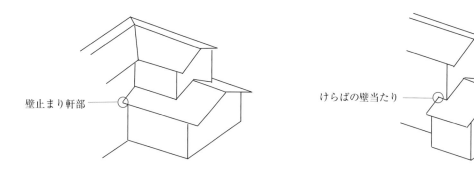

壁止まり軒部

けらばの壁当たり

ポイント

1．外壁のシーリングは、水切りまわりと野地板裏面露出部を入念に充てんする。
2．壁止まり軒部の雨押え通気口にシーリングをしない。シーリングは外装材下端小口で止める。
3．けらばの壁当たりの雨押え通気口は、雨押え端部（立ち上げ袋加工）より50mm程度まで通気口にシーリングを充てんする。

壁止まり軒部（参考例）　　　　　　　　　　けらばの壁当たり（参考例）

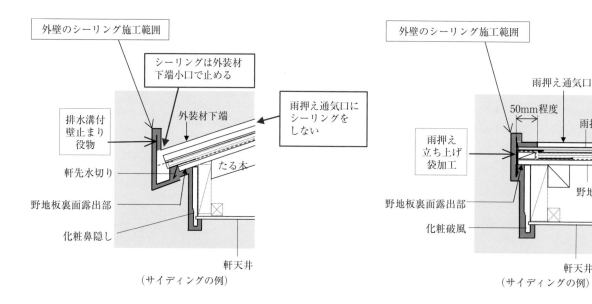

外壁のシーリング施工範囲

シーリングは外装材
下端小口で止める

雨押え通気口に
シーリングを
しない

排水溝付
壁止まり
役物

外装材下端

軒先水切り

たる木

野地板裏面露出部

化粧鼻隠し

軒天井
（サイディングの例）

外壁のシーリング施工範囲

雨押え通気口

50mm程度

雨押え

雨押え
立ち上げ
袋加工

野地板

野地板裏面露出部

化粧破風

軒天井
（サイディングの例）

2.4　軒の出のある屋根と外壁の取合い部

2.4.7　壁止まり軒部（先張り防水シートの施工）

ポイント

1．壁止まり軒部は、先張り防水シートをあらかじめたる木と壁下地の間に先張りする。

壁止まり軒部（参考例）

　壁止まり軒部は、雨水が回り込む傾向があるため、先張り防水シートをあらかじめたる木と壁の間に先張りします。
　屋根勾配にあわせて先張り防水シートを斜めに張った場合、下から差込む透湿防水シートの重ね幅が取れなくなる部分があるので、水平垂直に張ります。

壁止まり軒部、先張り防水シート施工例

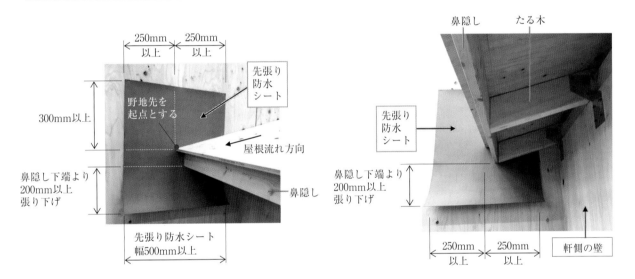

先張り防水シートをたる木と壁下地の間に水平垂直に先張りする。先張り防水シートの寸法は、野地先を起点に左右250mm以上、上部300mm以上とする。また、鼻隠し下端より200mm以上張り下げる。

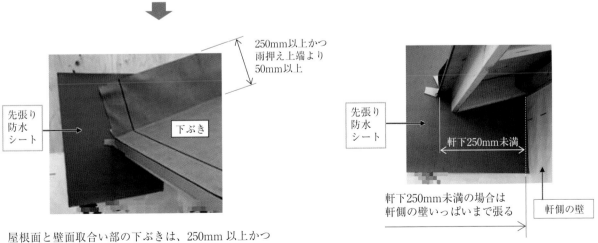

屋根面と壁面取合い部の下ぶきは、250mm以上かつ
雨押え上端より50mm以上張り上げる。

2.4　軒の出のある屋根と外壁の取合い部

2.4.8　けらばの壁当たり（先張り防水シートの施工）

ポイント

1．けらばの壁当たりは、先張り防水シートをあらかじめたる木と壁下地の間に水平垂直に先張りする。

けらばの壁当たり（参考例）

　けらばの壁当たりは外壁と破風が取り合う部分です。取合い部の壁下地は防水紙より防水性能が良好な先張り防水シートを張った方が安全になります。先張り防水シートをたる木と壁下地の間に先張りし、壁側の躯体を濡らさないようにします。防水テープを用いて先張り防水シートと下ぶきの連続性を確保します。

けらばの壁当たり、先張り防水シート施工例

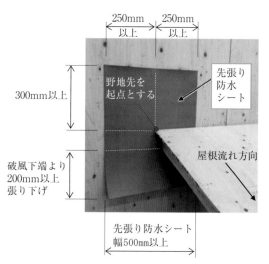

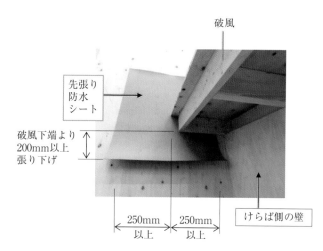

　先張り防水シートを屋根下地と壁下地の間に水平垂直に先張りする。先張り防水シートの寸法は、野地先を起点に左右250mm以上、上部300mm以上とする。また、破風下端より200mm以上張り下げる。

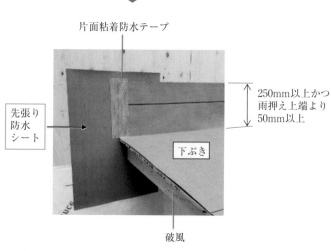

　屋根面と壁面取合い部の下ぶきは、250mm以上かつ雨押え上端より50mm以上張り上げる。下ぶきと先張り防水シートの取合い部に、片面粘着防水テープを張る。

2.4 軒の出のある屋根と外壁の取合い部

2.4.9 片流れ屋根の壁止まり棟部（先張り防水シートの施工）

ポイント

1. 壁止まり棟部は、先張り防水シートをあらかじめたる木と壁下地材の間に水平垂直に先張りする。

片流れ屋根の壁止まり棟部は外壁と破風が取り合う部分です。取合い部の壁下地は防水紙より防水性能が良好な先張り防水シートを張った方が安全になります。通常、軒裏と外壁が取合う部分に雨がかかることはほとんどありませんが、強風を伴う雨が軒裏に当たる場合に雨水の浸入リスクが大きくなります。先張り防水シートを片流れ棟側の壁いっぱいまで張り、壁側の躯体を濡らさないようにします。

壁止まり棟部（参考例）

壁止まり棟部、先張り防水シート施工例

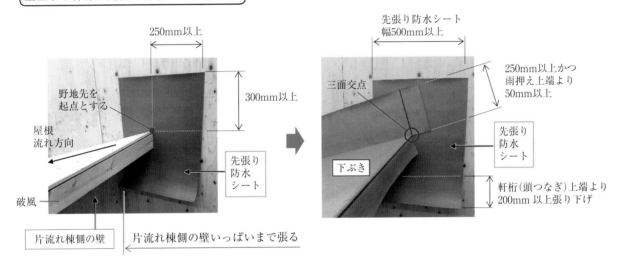

先張り防水シートをたる木と壁下地材の間に水平垂直に先張りする。先張り防水シートの寸法は、野地板先端部を起点に上部300mm以上、片流れ棟から離れる側は水平方向250mm以上とする。片流れ棟側の壁方向は、軒の出寸法によらず壁いっぱいまで張る。下方は軒桁（頭つなぎ）上端より200mm以上張り下げる。
屋根面と壁面取合い部の下ぶきは、250mm以上かつ雨押え上端より50mm以上張り上げる。片流れ棟部の下ぶきは破風の下端まで張り下げる。

下ぶきの三面交点に、伸張性片面粘着防水テープを張る。
屋根下ぶきと先張り防水シートの取合い部に、片面粘着防水テープを張る。

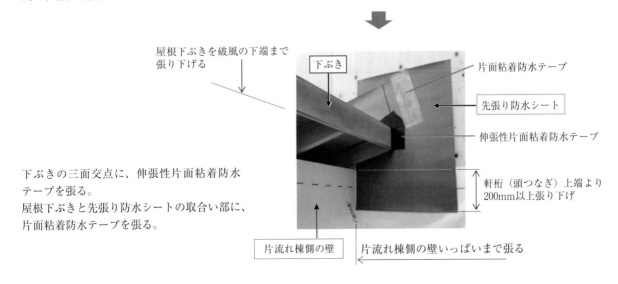

2.5 軒の出のない屋根

2.5.1 参考：雨水浸入リスク（野地板裏面露出部）

ポイント

> 1．軒の出のない屋根の野地板が露出する部分（以下「野地板裏面露出部」）は、金属板等で防水措置を施す。

　軒の出のない屋根（以下、「軒ゼロ」）は、軒の出のある屋根よりも雨漏りのリスクが高くなります。軒ゼロの片流れ水上側とけらば側について、風の流れ方と雨水の浸入箇所を検証しました。

【水上側軒先の雨仕舞の不良】

　風雨をもっとも受けやすい屋根面の一番高い位置で、野地板と破風板の取合い部ができる。野地板から破風側に伝い水が流れた場合、小屋裏に入りやすい構造になっている。対策としては、野地板と破風板との防水層の一体化や水切り形状で伝い水を防ぐ必要がある。

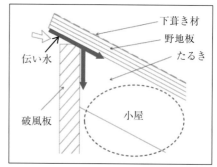

片流れ屋根棟頂部断面図
（野地板と破風板の取り合い部）

出典：国土技術政策総合研究所　国総研資料　第975号木造住宅の耐久性向上に関わる建物外皮の構造・仕様とその評価に関する研究　第Ⅳ章-36,37をもとに日本住宅保証検査機構作成

【試験体と実験方法】

　野地板と破風板が取り合う部分に隙間（0〜7.5mm）を設け、その隙間の破風板小口に感水紙を張りました。感水紙は水に濡れると色が変わります。試験体は外壁通気層を小屋裏空間まで連通させ棟換気口から排気する構造、野地板・破風・鼻隠し・外壁などは透明アクリル板を使用、感水紙は小屋裏換気に支障が生じない範囲でたる木まで張り上げました。送風散水時間は5分間、5分間雨量20ミリ（噴霧水量 4L/m²・分）、風は定常風（一定の風速を維持させた風）、風速は10m/sと20m/s、風向は片流れ水上側の壁正面とけらば側の壁正面としました。

【実験結果、考察、まとめ】

　軒ゼロ（片流れ水上）の屋根形態は、雨水浸入リスクの高いことが確認できました。片流れ水上側の野地板裏面露出部と破風頂部の隙間は、隙間0mmで浸入水を確認しましたので、雨水の浸入対策を講じる必要があります。

風向：片流れ水上側の壁正面
風速10m/sの吹き流しの状況

風向：けらば側の壁正面
風速10m/sの吹き流しの状況

一般財団法人建材試験センター
大型送風散水試験装置
吹き出し口寸法2,500mm×2,500mm

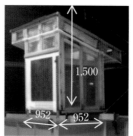

試験体

軒先の施工例
（野地板裏面露出部の防水措置なし）

野地板裏面露出部に付着した水滴

片流れ水上側の野地板裏面を伝う水
（野地板と破風板の隙間より浸入）

【参考文献】田村公彦 ほか：大型送風散水装置を用いた屋根と外壁の取り合い部における浸入雨水の挙動の検討
　　　（その4 屋根と外壁取り合い部の隙間からの雨水浸入性状），日本建築学会大会，2019年（詳しくはP.182〜183を参照）

2.5　軒の出のない屋根

2.5.2（1）　軒

ポイント

1. 野地板裏面露出部分は金属板等で覆う。
2. 防水紙は小屋裏換気に支障が生じない範囲でたる木に達する位置まで張り上げる。
3. 通気（換気）措置を施す場合は、防雨効果のある換気部材を用い、換気部材製造者の指定する施工方法を順守する。

やむを得ず軒の出がない（軒天井がない）場合の防水措置（参考例）

（化粧スレートぶき施工例）

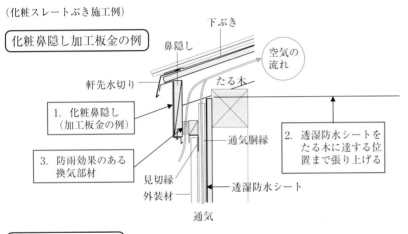

化粧鼻隠し加工板金の例

1. 化粧鼻隠し（加工板金の例）
3. 防雨効果のある換気部材
2. 透湿防水シートをたる木に達する位置まで張り上げる

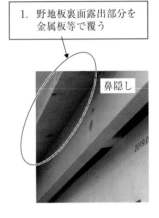

1. 野地板裏面露出部分を金属板等で覆う

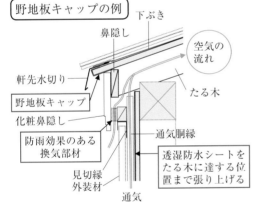

野地板キャップの例

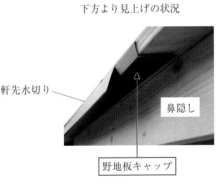

下方より見上げの状況

改質アスファルトルーフィング下ぶき材と野地板キャップの例

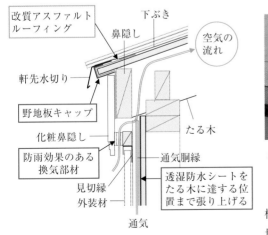

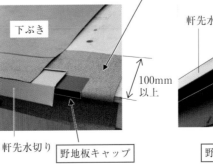

改質アスファルトルーフィングを野地板先端部に巻き込み鼻隠し下端まで張り下げる

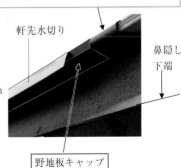

100mm以上

改質アスファルトルーフィングは、一般社団法人日本防水材料協会規格 ARK 04^s に適合または同等以上の防水性能を有するものとします。野地板に巻き込むため、野地板先端部になじみやすいものを選定します。

（次ページに続く）

2.5　軒の出のない屋根

（前ページから続く）

2.5.2（2）　軒

やむを得ず軒の出がない（軒天井がない）場合の防水措置（参考例）

（化粧スレートぶき施工例）

加工板金の例

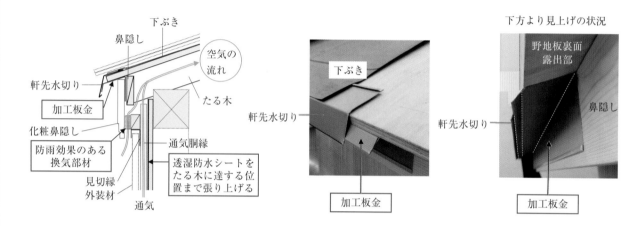

防雨効果のある軒先換気水切り部材（参考）

防雨効果と通気機能を兼ねた水切り部材です。
製造者が指定する施工方法を順守します。

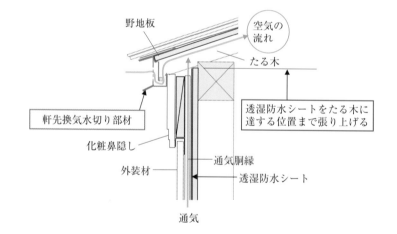

2.5　軒の出のない屋根

2.5.3（1）　けらば

ポイント

1．野地板裏面露出部分は金属板等で覆う。
2．防水紙は小屋裏換気に支障が生じない範囲まで張り上げる。
3．通気（換気）措置を施す場合は、防雨効果のある換気部材を用い、換気部材製造者の指定する施工方法を順守する。

やむを得ず軒の出がない(軒天井がない)場合の防水措置(参考例)

（化粧スレートぶき施工例）

化粧破風加工板金の例

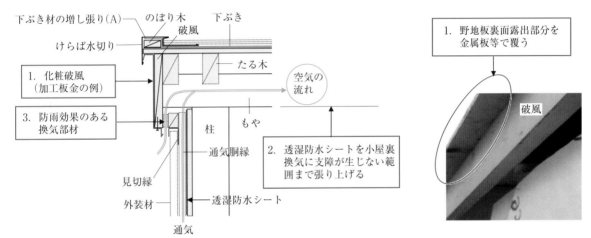

A：化粧スレートの場合、のぼり木を取り付け後、けらば全長にわたり、500〜1,000mm
　程度の下ぶき材をのぼり木に立ち上げて増し張りする。（詳しくは P.14 を参照）

野地板キャップの例

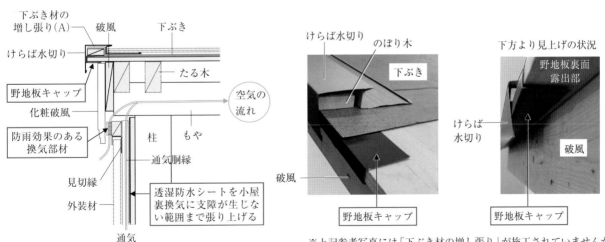

A：化粧スレートの場合、のぼり木を取り付け後、
　けらば全長にわたり、500〜1,000mm 程度の下
　ぶき材をのぼり木に立ち上げて増し張りする。
　（詳しくは P.14 を参照）

※上記参考写真には「下ぶき材の増し張り」が施工されていませんが、
　けらば全長にわたり、のぼり木に立ち上げて増し張りします。

（次ページに続く）

2.5　軒の出のない屋根

（前ページから続く）

2.5.3(2)　けらば

やむを得ず軒の出がない（軒天井がない）場合の防水措置（参考例）

（化粧スレートぶき施工例）

改質アスファルトルーフィング下ぶき材と野地板キャップの例

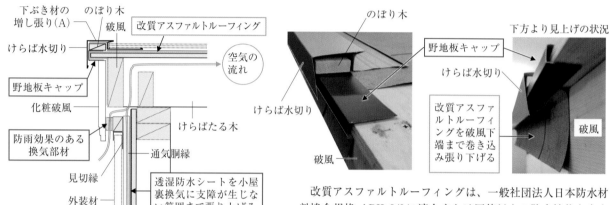

A：化粧スレートの場合、のぼり木を取り付け後、けらば全長にわたり、500〜1,000mm 程度の下ぶき材をのぼり木に立ち上げて増し張りする。（詳しくは P.14 を参照）

改質アスファルトルーフィングは、一般社団法人日本防水材料協会規格 ARK 04ˢ に適合または同等以上の防水性能を有するものとします。野地板に巻き込むため、野地板先端部になじみやすいものを選定します。

※上記参考写真には「下ぶき材の増し張り」が施工されていませんが、けらば全長にわたり、のぼり木に立ち上げて増し張りします。

加工板金の例

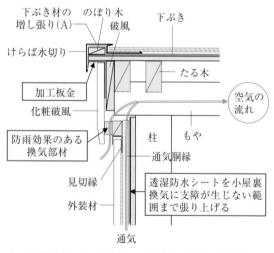

A：化粧スレートの場合、のぼり木を取り付け後、けらば全長にわたり、500〜1,000mm 程度の下ぶき材をのぼり木に立ち上げて増し張りする。（詳しくは P.14 を参照）

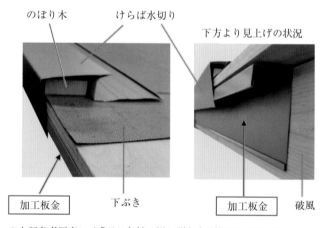

※上記参考写真には「下ぶき材の増し張り」が施工されていませんが、けらば全長にわたり、のぼり木に立ち上げて増し張りします。

2.5　軒の出のない屋根

2.5.4　片流れ棟

ポイント

1. 下ぶきは破風の下端まで張り下げる。
2. 防水紙は小屋裏換気に支障が生じない範囲まで張り上げる。
3. 通気（換気）措置を施す場合は、防雨効果のある棟換気部材を用い、棟換気部材製造者の指定する施工方法を順守する。
4. 小屋裏が区画されている場合、棟換気部材は分割された区画にそれぞれ設置する。

やむを得ず軒の出がない（軒天井がない）場合の防水措置（参考例）

（立平ぶき施工例）

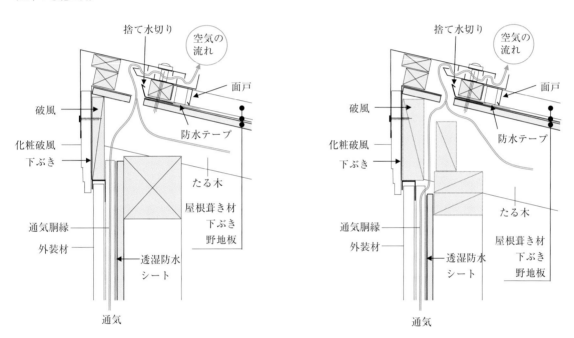

棟換気部材の施工方法（参考例）は P.50 参照

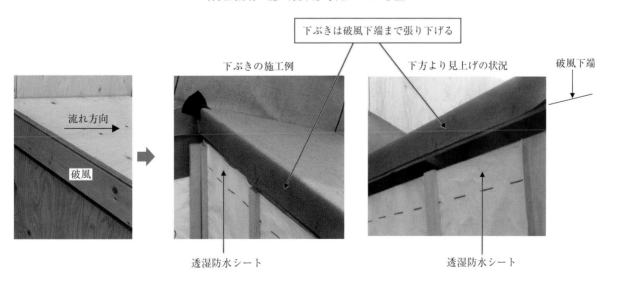

2.6　軒の出のない屋根と外壁の取合い部

2.6.1（1）　壁止まり軒部

ポイント

> 1．先張り防水シートは野地板と鼻隠しで折り返し張る。たる木と壁下地の間に差し込まない。

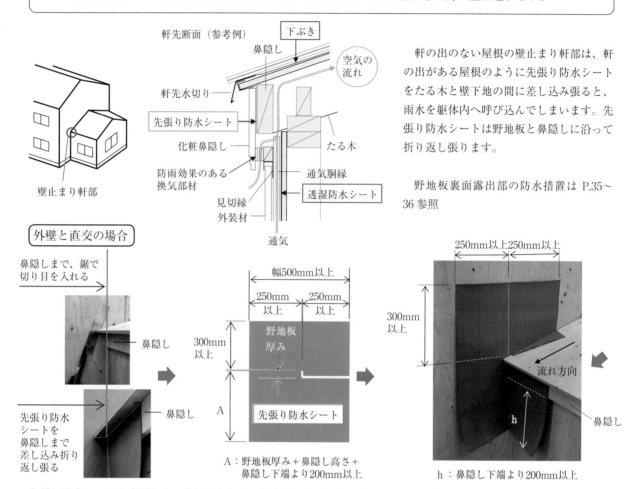

軒先断面（参考例）
下ぶき
鼻隠し
空気の流れ
軒先水切り
先張り防水シート
化粧鼻隠し
たる木
防雨効果のある換気部材
通気胴縁
透湿防水シート
見切縁
外装材
通気
壁止まり軒部

　軒の出のない屋根の壁止まり軒部は、軒の出がある屋根のように先張り防水シートをたる木と壁下地の間に差し込み張ると、雨水を躯体内へ呼び込んでしまいます。先張り防水シートは野地板と鼻隠しに沿って折り返し張ります。

　野地板裏面露出部の防水措置は P.35〜36 参照

外壁と直交の場合

鼻隠しまで、鋸で切り目を入れる

鼻隠し

先張り防水シートを鼻隠しまで差し込み折り返し張る

鼻隠し

幅500mm以上
250mm以上
250mm以上
野地板厚み
先張り防水シート
300mm以上
A

A：野地板厚み＋鼻隠し高さ＋鼻隠し下端より200mm以上

250mm以上 250mm以上
300mm以上
流れ方向
h
鼻隠し

h：鼻隠し下端より200mm以上

　先張り防水シートを鼻隠しまで差し込むため、野地板に鋸で切り目を入れる。先張り防水シートの幅は500mm以上、左右250mm以上、上部300mm以上、下部は鼻隠し下端より200mm以上張り下げる。先張り防水シートを鼻隠しまで差し込み、野地板と鼻隠しに沿って折り返し張る。

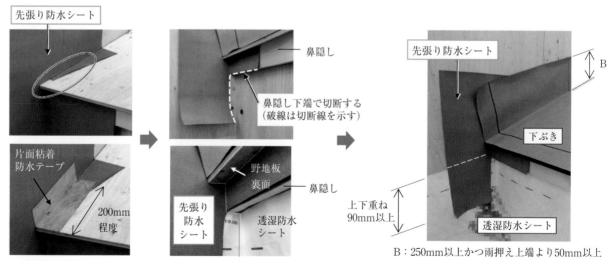

先張り防水シート

片面粘着防水テープ

200mm程度

鼻隠し
鼻隠し下端で切断する（破線は切断線を示す）

野地板裏面
鼻隠し
先張り防水シート
透湿防水シート

先張り防水シート
下ぶき
B
上下重ね90mm以上
透湿防水シート

B：250mm以上かつ雨押え上端より50mm以上

　片面粘着防水テープを野地板先端から水上方向へ200mm程度張る。
　壁面取合い部の下ぶきは、250mm以上かつ雨押え上端より50mm以上張り上げる。
　外壁の防水紙を先張り防水シートの下に差込む。先張り防水シートと防水紙の上下重ね幅は90mm以上とする。

2.6　軒の出のない屋根と外壁の取合い部

2.6.1（2）　壁止まり軒部（外壁と同側面）

ポイント

1. 先張り防水シートは野地板と鼻隠しで折り返し張る。たる木と壁下地の間に差し込まない。

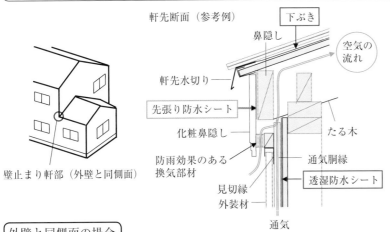

軒先断面（参考例）

下ぶき

鼻隠し

空気の流れ

軒先水切り

先張り防水シート

化粧鼻隠し

防雨効果のある換気部材

見切縁

外装材

たる木

通気胴縁

透湿防水シート

通気

壁止まり軒部（外壁と同側面）

　軒の出がない屋根の壁止まり軒部が外壁と同側面の場合、軒の出がある屋根のように先張り防水シートをたる木と壁下地の間に差し込み張ると、雨水を躯体内へ呼び込んでしまいます。先張り防水シートは野地板と鼻隠しに沿って折り返し張ります。

　野地板裏面露出部の防水措置はP.35〜36 参照

外壁と同側面の場合

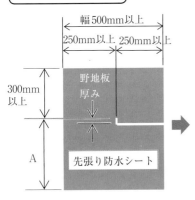

幅500mm以上
250mm以上　250mm以上

300mm以上

野地板厚み

先張り防水シート

A

A：野地板厚み＋鼻隠し高さ＋鼻隠し下端より200mm以上

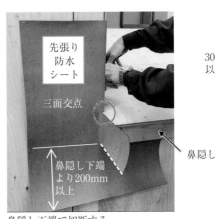

先張り防水シート

三面交点

鼻隠し下端より200mm以上

鼻隠し

鼻隠し下端で切断する
（破線は切断線を示す）

250mm以上　250mm以上

300mm以上

先張り防水シート

流れ方向

先張り防水シート

三面交点

流れ方向

流れ方向

先張り防水シートを鼻隠しに巻き込みステープルで留める。三面交点に伸張性片面粘着防水テープを張る。

下ぶき

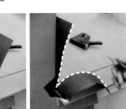

下ぶきは壁の出隅で斜めに切り込みステープルで留める。

下ぶき

野地板と鼻隠しの小口は、下ぶきを張り下げ、切り込みを入れステープルで留める。

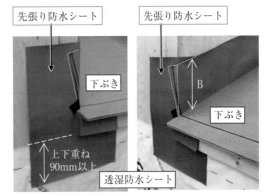

先張り防水シート

下ぶき

先張り防水シート

下ぶき

B

上下重ね90mm以上

透湿防水シート

B：250mm以上かつ雨押え上端より50mm以上

2.6　軒の出のない屋根と外壁の取合い部

2.6.1（3）　壁止まり軒部（パラペット）

ポイント

> 1．先張り防水シートは野地板と鼻隠しで折り返し張る。たる木と壁下地の間に差し込まない。

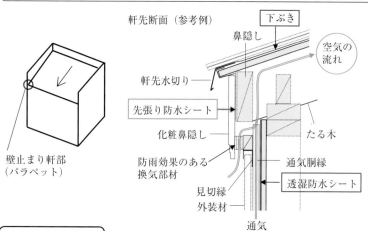

軒先断面（参考例）

下ぶき
鼻隠し
空気の流れ
軒先水切り
先張り防水シート
化粧鼻隠し
防雨効果のある換気部材
見切縁
外装材
たる木
通気胴縁
透湿防水シート
通気

壁止まり軒部（パラペット）

　軒の出のない屋根の壁止まり軒部がパラペットと取り合う場合、軒の出がある屋根のように先張り防水シートをたる木と壁下地の間に差し込み張ると、雨水を躯体内へ呼び込んでしまいます。先張り防水シートは野地板と鼻隠しに沿って折り返し張ります。

　野地板裏面露出部の防水措置は P.35〜36 参照

パラペットの場合

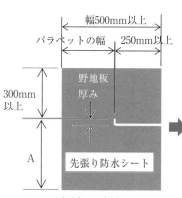

幅500mm以上
パラペットの幅
250mm以上
野地板厚み
300mm以上
A
先張り防水シート

A：野地板厚み＋鼻隠し高さ＋
　鼻隠し下端より200mm以上

三面交点
鼻隠し

鼻隠し下端で切断する（破線は切断線を示す）

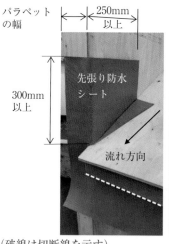

パラペットの幅
250mm以上
先張り防水シート
300mm以上
流れ方向

流れ方向
鼻隠し下端より200mm以上

先張り防水シート
三面交点

流れ方向

流れ方向

先張り防水シートを鼻隠しに巻き込みステープルで留める。二面交点に伸張性片面粘着防水テープを張る。

下ぶき

下ぶきは壁の出隅で斜めに切り込みステープルで留める。

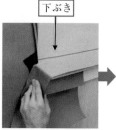

下ぶき

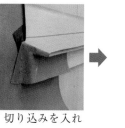

野地板と鼻隠しの小口は、下ぶきを張り下げ、切り込みを入れステープルで留める。

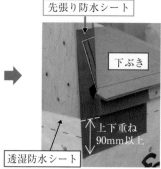

先張り防水シート
下ぶき
上下重ね90mm以上
透湿防水シート

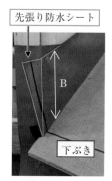

先張り防水シート
B
下ぶき

B：250mm以上かつ雨押え上端より50mm以上

2.6　軒の出のない屋根と外壁の取合い部

2.6.2（1）　けらばの壁当たり

ポイント

> 1．先張り防水シートをけらば側の壁いっぱいまで張り、防水テープを用い先張り防水シートと下ぶきの連続性を確保する。

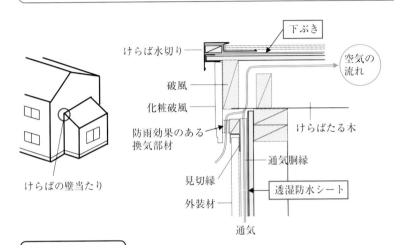

軒の出がない屋根のけらばの壁当たりの先張り防水シートは、けらば側の壁いっぱいまで差し込み張ります。防水テープを用い先張り防水シートと下ぶきの連続性を確保します。

野地板裏面露出部の防水措置は P.37〜38 参照

外壁と直交の場合

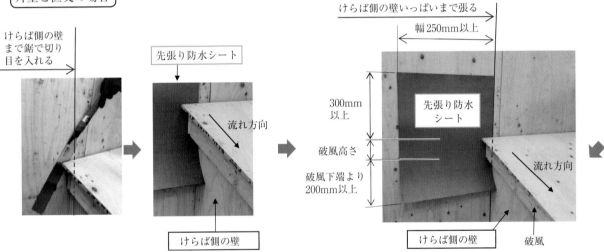

先張防水シートをけらば側の壁まで差し込むため、けらば側の壁まで鋸で切り目を入れる。先張り防水シートは、けらば側の壁いっぱいまで差し込み張る。先張り防水シートの幅は 250mm 以上、下部は破風下端より 200mm 以上張り下げる。

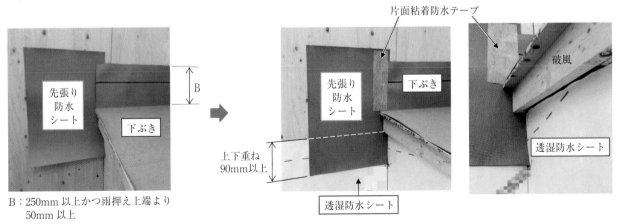

B：250mm 以上かつ雨押え上端より
　　50mm 以上

壁面取合い部の下ぶきは、250mm 以上かつ雨押え上端より 50mm 以上張り上げる。片面粘着防水テープを下ぶきと先張り防水シートを跨ぐように張る。外壁の透湿防水シートを先張り防水シートの下に差込む。先張り防水シートと透湿防水シートの上下重ね幅は 90mm 以上とする。

2.6　軒の出のない屋根と外壁の取合い部

2.6.2（2）　けらばの壁当たり（外壁と同側面）

ポイント

1．先張り防水シートは躯体へ差し込まない。防水テープを用い先張り防水シートと下ぶきの連続性を確保する。

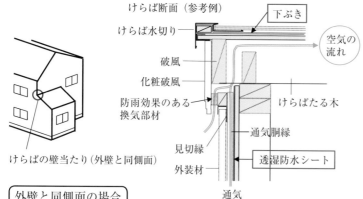

けらばの壁当たりが外壁と同側面の場合、先張り防水シートは躯体へ差し込みません。防水テープを用い先張り防水シートと下ぶきの連続性を確保します。

野地板裏面露出部の防水措置は P.37～38 参照

外壁と同側面の場合

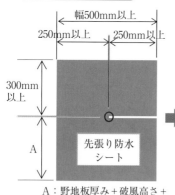

A：野地板厚み＋破風高さ＋破風下端より200mm以上

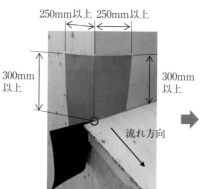

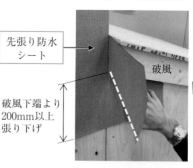

破風下端で切断する（破線部分）

破風下端より200mm以上張り下げ

破風小口で切断する（破線部分）

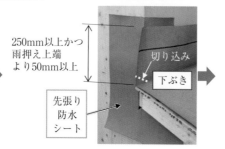

壁面取合い部の下ぶきは、250mm以上かつ雨押え上端より50mm以上張り上げる。下ぶきは壁の出隅で斜めに切り込み（破線部分）を入れステープルで留める。

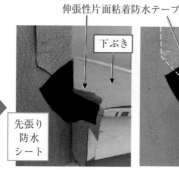

下ぶきを野地板と破風の小口面に張り下げ、ステープルで留める。三面交点は伸張性片面粘着防水テープを張る。

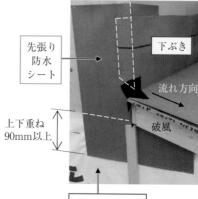

上下重ね90mm以上

2.6　軒の出のない屋根と外壁の取合い部

2.6.3(1)　片流れ棟部

ポイント

1．先張り防水シートは片流れ棟側の壁いっぱいまで張り、防水テープを用い先張り防水シートと下ぶきの連続性を確保する。

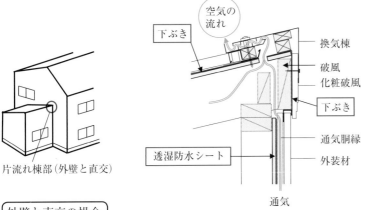

片流れ棟部(外壁と直交)

軒の出のない屋根の片流れ棟部が外壁と直交する場合、軒天井がある場合のように先張り防水シートを躯体の中へ差し込み張ると、雨水を躯体内へ呼び込んでしまいます。先張り防水シートを片流れ棟部の壁いっぱいまで張り、防水テープを用い先張り防水シートと下ぶきの連続性を確保します。

棟換気部材の施工方法は P.50 参照

外壁と直交の場合

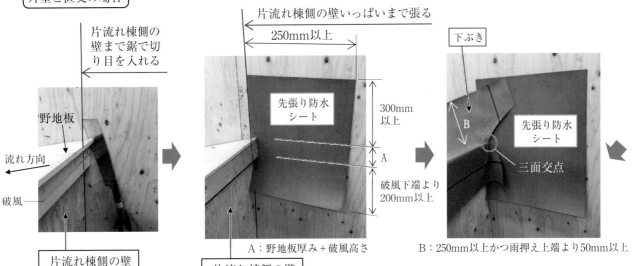

A：野地板厚み＋破風高さ

B：250mm以上かつ雨押え上端より50mm以上

先張防水シートを片流れ棟側の壁まで差し込むため、鋸で切り目を入れる。先張り防水シートを片流れ棟側の壁いっぱいまで差し込み張る。先張り防水シートの幅は250mm以上、野地板の上部は300mm以上、下部は破風下端より200mm以上張り下げる。壁面取合い部の下ぶきは、250mm以上かつ雨押え上端より50mm以上張り上げる。

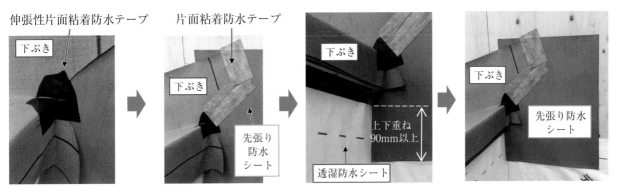

下ぶきの三面交点に伸張性片面粘着防水テープを張る。片面粘着防水テープを下ぶきと先張り防水シートを跨ぐように張る。外壁の防水紙を先張り防水シートの下に差し込む。先張り防水シートと透湿防水シートの上下重ね幅は90mm以上とする。

2.6　軒の出のない屋根と外壁の取合い部

2.6.3（2）　片流れ棟部（外壁と同側面）

ポイント

> 1．先張り防水シートを壁の出隅まで張り、防水テープを用い先張り防水シートと下ぶきの連続性を確保する。

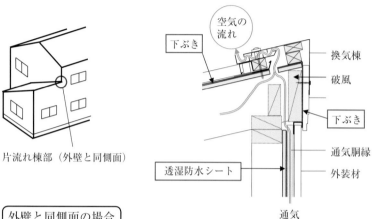

片流れ棟部（外壁と同側面）

軒の出のない屋根の壁止まり棟部が外壁と同側面の場合、先張り防水シートを壁の出隅いっぱいまで張ります。防水テープを用い先張り防水シートと下ぶきの連続性を確保します。

棟換気部材の施工方法は P.50 参照

外壁と同側面の場合

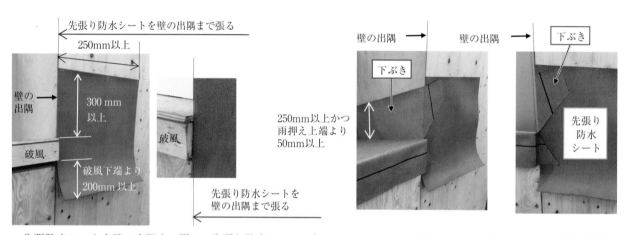

先張防水シートを壁の出隅まで張る。先張り防水シートの幅は 250mm 以上、野地板の上部は 300mm 以上、下部は破風下端より 200mm 以上張り下げる。壁面取合い部の下ぶきは、250mm 以上かつ雨押え上端より 50mm 以上張り上げる。

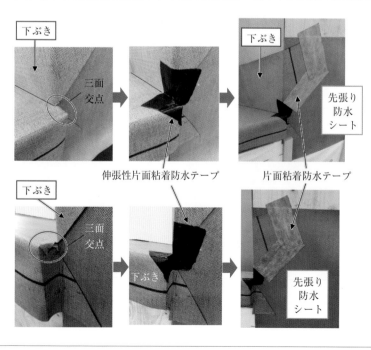

三面交点は伸張性片面粘着防水テープを用い下ぶきと先張り防水シートを跨ぐように張る。外壁の防水紙を先張り防水シートの下に差込む。先張り防水シートと透湿防水シートの上下重ね幅は 90mm 以上とする。

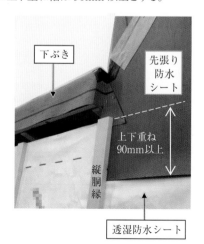

2.7　煙突、天窓

2.7.1　煙突、天窓の防水施工

 ポイント

> 1．煙突、天窓の周囲は、各製造者の指定する施工方法を順守し防水措置を施す。

　煙突・天窓まわりは、水上から流下する雨水が煙突・天窓にあたり板金などを乗り越えて雨水が浸入することがあります。雨水を受けるのではなく、左右に流す板金加工(雪割りなど)とすることが有効です。

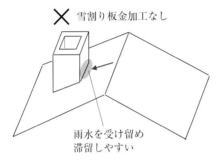

（煙突の例）

× 雪割り板金加工なし

雨水を受け留め
滞留しやすい

○ 雪割りを設ける

 ポイント

> 1．天窓周囲の屋根は、天窓製造者の指定するふき方および勾配を順守する。
> 2．天窓周囲の水切りは、天窓製造者の指定する専用水切りを採用し、建設地の降水量および積雪量・雪質に応じた適切な形状とする。
> 3．天窓本体枠の周囲は、天窓製造者の指定する施工方法を順守し、防水テープ等を用い下ぶきおよび水切り等と連続性を確保する。

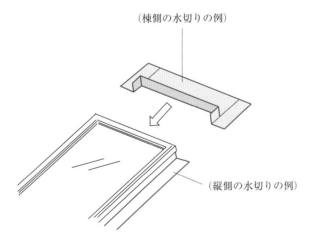

（棟側の水切りの例）

（縦側の水切りの例）

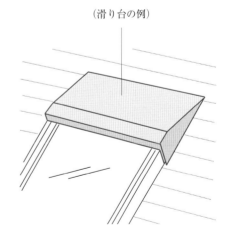

（滑り台の例）

2.7　煙突、天窓

2.7.2　天窓まわりの気密確保と下ぶきの施工

ポイント

> 1．天窓は、固定アングルで野地板にしっかりと固定し、天窓本体枠と野地板の取合い（間隙）は気密確保のため、四周に必ずシーリング処理を行う。

　野地板の天窓用開口部に天窓本体を落とし込み、固定アングルを使用し、野地板にしっかりと固定します。

　天窓本体枠と野地板の取合い（間隙）は結露発生の原因等になるので、気密確保のため、四周に必ずシーリング処理を行います。

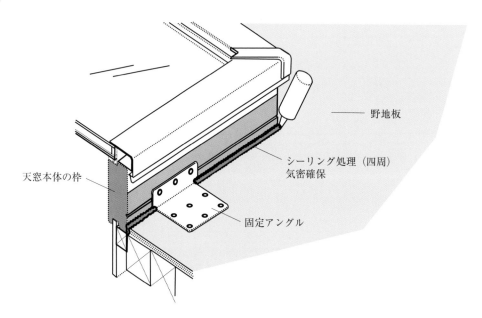

野地板

シーリング処理（四周）
気密確保

天窓本体の枠

固定アングル

ポイント

> 1．天窓の周囲は、天窓製造者の指定する施工方法を順守し、四隅コーナー部に発生する下ぶき材立上り交差部の三面交点は、伸張性片面粘着防水テープを用い入念に圧着する。

（天窓まわりの下ぶき施工例）

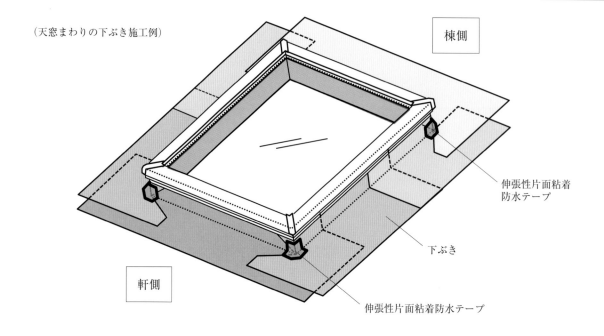

棟側

軒側

伸張性片面粘着
防水テープ

下ぶき

伸張性片面粘着防水テープ

2.7　煙突、天窓

2.7.3　天窓まわりの防水施工

ポイント

> 1．天窓本体枠の周囲は、天窓製造者の指定する施工方法を順守し、防水テープ等を用い天窓本体と水切り等の連続性を確保する。

天窓まわりは、工場組み込みの防水テープを水切り立上り部にかぶせて張り、天窓本体と水切りの連続性を確保します。

天窓組み込みの防水テープ施工例

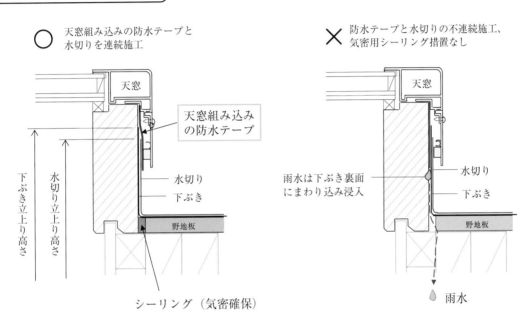

○　天窓組み込みの防水テープと水切りを連続施工

天窓

天窓組み込みの防水テープ

水切り

下ぶき

下ぶき立上り高さ

水切り立上り高さ

野地板

シーリング（気密確保）

×　防水テープと水切りの不連続施工、気密用シーリング措置なし

天窓

雨水は下ぶき裏面にまわり込み浸入

水切り

下ぶき

野地板

雨水

1	天窓組み込みの防水テープをはく離紙がついたままめくる
2	下ぶきと水切りを防水テープの下から差し込み立ち上げる
3	防水テープのはく離紙をはがし水切り立上り部に張る。防水テープをしっかり丁寧に圧着する。

天窓組み込みの防水テープ

野地板

シーリング（四周）

下ぶき

水切り

水切り

天窓組み込みの防水テープ

2.8　換気部材

2.8.1　片流れ棟

ポイント

1．屋根に設置する換気部材は、建設地の降水量および積雪量等に応じた適切なものとする。
2．換気部材周囲の屋根は、換気部材製造者の指定するふき方および勾配を順守する。
3．換気部材周囲は、換気部材製造者の指定する施工方法を順守し、野地板開口部の捨て水切りは防水テープを用い下ぶきと連続性を確保する。
4．小屋裏が区画されている場合、換気部材は分割された区画にそれぞれ設置する。

小屋裏空間の区画（片流れ屋根の参考例）

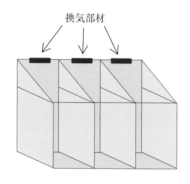

換気部材

　左の小屋裏は3つに区画されています。換気部材は換気量が不足しないようバランスよく分割された3箇所の区画にそれぞれ設置します。

片流れ棟

　下記の施工方法は参考例でおおよその流れです。実際の施工は、各換気部材製造者の指定する施工方法を順守します。

（立平ぶき施工例）

（立平ぶき施工例）

捨て水切り

空気の流れ

面戸

化粧破風

下ぶき

防水テープ

通気層

外装材

透湿防水シート

屋根葺き材
下ぶき
野地板

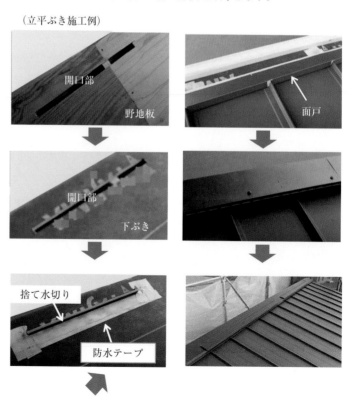

開口部
野地板

面戸

開口部

下ぶき

捨て水切り

防水テープ

2.8　換気部材

2.8.2　陸棟、雨押え

　下記の施工方法は参考例でおおよその流れです。実際の施工は、各換気部材製造者の指定する施工方法を順守します。小屋裏が区画されている場合、換気部材は分割された区画にそれぞれ設置します。

陸棟

（立平ぶき施工例）

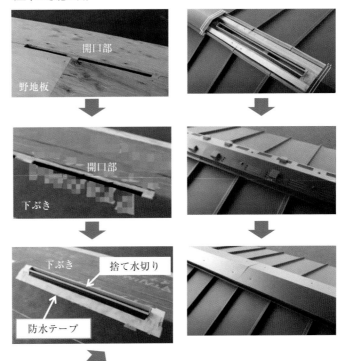

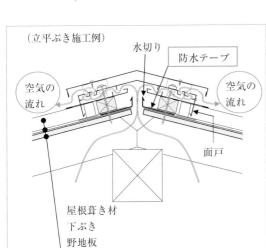

（立平ぶき施工例）

雨押え（水上部分の壁際）

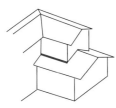

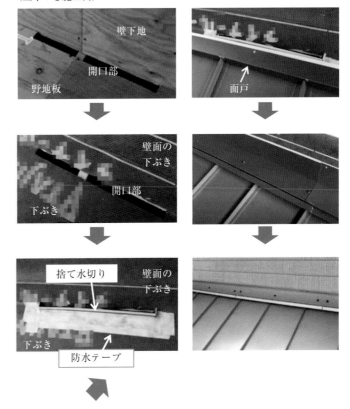

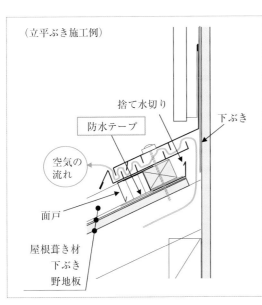

（立平ぶき施工例）

2.9　庇（ひさし）と外壁の取合い部

2.9.1　庇の下地

ポイント

1. 庇まわりは通気層の躯体側に「先張り防水シート」を張り、サッシまで張り下げる。
2. サッシまわりの先張り防水シートは、防水テープを用いサッシフィンと連続性を確保する。
3. 腕木まわりの先張り防水シートは、伸張性片面粘着防水テープを用い腕木と連続性を確保する。

　庇まわりは雨水がまわり込む傾向があるため、通気層の躯体側に「先張り防水シート」を張る。先張り防水シートは、一般社団法人日本防水材料協会規格 JWMA-A01（先張り防水シート及び鞍掛けシート）に適合またはこれと同等以上の防水性能を有するものとする。

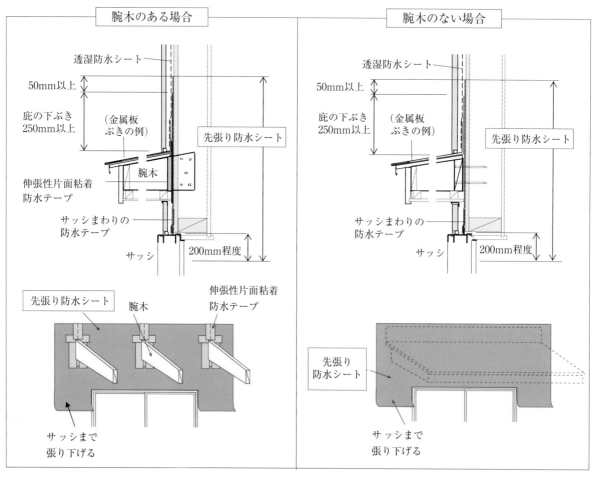

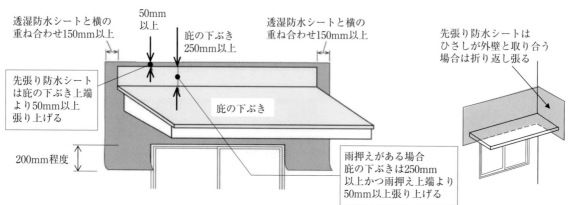

【出典】国土技術政策総合研究所　国総研資料　第975号　木造住宅の耐久性向上に関わる建物外皮の構造・仕様とその評価に関する
　　　　研究　第XI章-75〜81を加工して日本住宅保証検査機構作成

2.9　庇（ひさし）と外壁の取合い部

2.9.2　庇まわりのシーリング

目安：庇幅 2m 以下の庇

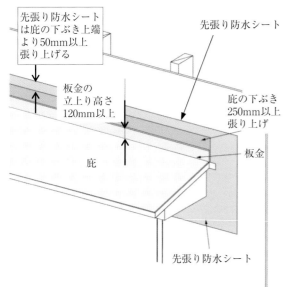

先張り防水シートは庇の下ぶき上端より50mm以上張り上げる

板金の立上り高さ120mm以上

庇

先張り防水シート

庇の下ぶき250mm以上張り上げ

板金

先張り防水シート

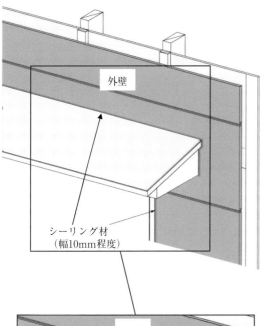

外壁

シーリング材（幅10mm程度）

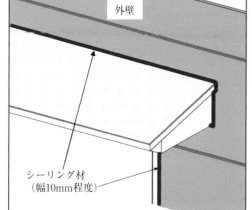

外壁

シーリング材（幅10mm程度）

目安：庇幅 2m を超える庇（雨押えを設置）

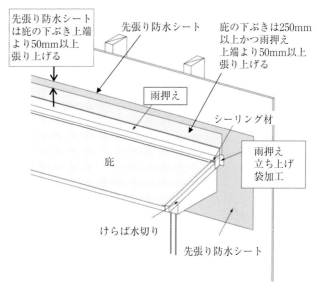

先張り防水シートは庇の下ぶき上端より50mm以上張り上げる

先張り防水シート

庇の下ぶきは250mm以上かつ雨押え上端より50mm以上張り上げる

雨押え

シーリング材

庇

雨押え立ち上げ袋加工

けらば水切り

先張り防水シート

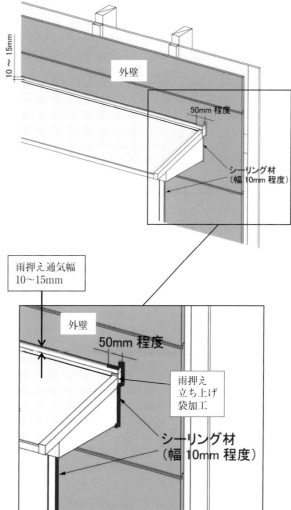

10～15mm

外壁

50mm 程度

シーリング材（幅10mm 程度）

雨押え通気幅10～15mm

外壁

50mm 程度

雨押え立ち上げ袋加工

シーリング材（幅10mm 程度）

【出典】国土技術政策総合研究所　国総研資料　第975号　木造住宅の耐久性向上に関わる建物外皮の構造・仕様とその評価に関する研究　第XI章-75～81を加工して日本住宅保証検査機構作成

2.9　庇（ひさし）と外壁の取合い部

2.9.3　あと施工タイプ

ポイント

1. 「庇（ひさし）」と外装材取合い部は、ひさし製造者の指定する施工方法を順守し、シーリング材等を用い防水措置を施す。

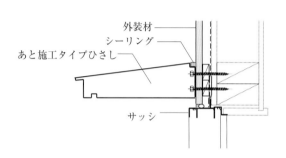

外装材
シーリング
あと施工タイプひさし
サッシ

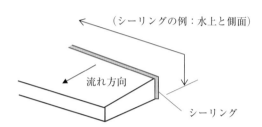

「ひさし」まわりは、ひさし製造者の指定する
シーリング施工箇所および施工方法を順守する。

（シーリングの例：水上と側面）
流れ方向
シーリング

【ねじ留め部の注意点】

・留付け位置は、基本的に柱とします。ただし、あらかじめ留付け予定位置に下地補強材（受材）を設けている場合は確実にその位置に留め付けます。

・留付けねじのねじ込み深さは外装材仕上げ厚みを確認の上、製造者指定の深さを確保します。

・外装材にあけた下穴にシーリング材を必ず充てんしてからねじ留めします。

第3章

木造住宅
バルコニーおよび
陸屋根

用語

バルコニー	（balcony）建築物の上階の外壁や内壁からはねだした床。
手すり壁	危険防止のために、バルコニーの先端や階段の側面などに取り付けられる腰壁。
パラペット	建物の屋上などの端部に立ち上がった低い壁。
メンブレン防水工事	不透水性連続皮膜を形成することにより防水する工事の総称。アスファルト防水工事、改質アスファルトシート防水工事、合成高分子系シート防水工事および塗膜防水工事をいう。
ドレン	（drain）雨水を排水するための管や溝などの排水口に設置して排水管と接続する部品。短時間大雨対策として、面積の大小問わず複数のドレン設置が望まれる。
オーバーフロー管	防水層などで水面が一定の高さ（規定水位）を越えたとき、雨水が溢れる前に外部に排水する管。ドレンの詰まりや排水能力不足によって水かさが増した場合に、外部に放水することで異常事態を気付かせる役割を果たす。
FRP系塗膜防水工法	FRP（fiber reinforced plastics の略）：繊維で強化したプラスチック複合材料の総称。 FRP防水：防水用ポリエステル樹脂を防水用ガラスマットに含浸積層させ防水層を形成する防水工法。
防水用ポリエステル樹脂	防水用ポリエステル樹脂は、防水用ガラスマットと併用して防水層を形成する材料で、JASS 8 M-101-2014 に適合するものとする。
防水用ガラスマット	防水用ガラスマットは、防水用ポリエステル樹脂を含浸させて防水層を形成する材料で、JASS 8 M-102-2014 に適合するものとする。
笠木（かさぎ）	日本建築では、鳥居や塀、手すり壁などの上端にかけられる横架材のことを示し、水切りの役目と装飾的役割を持っている。バルコニー手すり壁やパラペットの上端部に雨仕舞のために設置する板状の部材。
鞍掛けシート（くらがけ）	手すり壁・パラペット上端部の防水施工は、金属製笠木を設置するための固定用金物を固定するねじ等によって、上端部防水層に穴をあけることが多く、確実な防水施工が求められる。「鞍掛けシート」を用いた推奨納まりは、手すり壁・パラペット上端部に両面粘着防水テープを通しで先張りし、「鞍掛けシート」と圧着させ、上端部はステープルを留め付けない。 「鞍掛けシート」は、一般社団法人日本防水材料協会規格 JWMA-A01（先張り防水シート及び鞍掛けシート）に適合またはこれと同等以上の防水性能を有するものとする。

バルコニー手すり壁上端部イメージ

「鞍掛けシート」を用いた推奨納まり

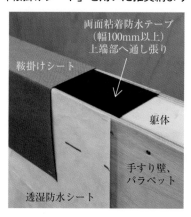

3.1 防水工法と防水下地

3.1.1 防水工法

ポイント

1. 防水材および下地は、防水材製造者の指定する施工方法を順守する。
2. 防水材は、下地の目違いおよび変形に対し安定したもので、かつ、破断と穴あきが生じにくいものとする。
3. 小屋裏空間が生じる場合、小屋裏換気を設ける。（天井断熱仕様の場合）

木造住宅の防水工法は、以下の工法等があります。
(1) 金属板（鋼板）ふき
(2) 塩化ビニール樹脂系シート防水工法
(3) アスファルト防水工法
(4) 改質アスファルトシート防水工法
(5) FRP系塗膜防水工法
(6) FRP系塗膜防水と改質アスファルトシート防水またはウレタン塗膜防水を組み合わせた工法

【防水材および下地】

防水材および下地は、防水材製造者の指定する施工方法を順守します。

床面等に使用する防水材は、防水面のひび割れ等による雨漏りを防ぐため、下地の目違いおよび変形に対し安定したもので、かつ、破断と穴あきが生じにくいものとします。

歩行を前提とする場合は、強度や耐久性を確保するものとします。

バルコニーの防水、下地の仕様（参考例）

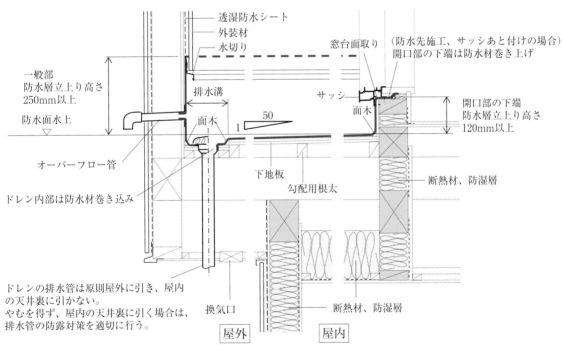

【小屋裏換気】

下図のような小屋裏空間が生じる場合、小屋裏換気を設けます。（天井断熱仕様の場合）

3.1　防水工法と防水下地

3.1.2　防水下地、勾配

ポイント

1. 下地の勾配は、1/50 以上とする。
2. 排水溝を設ける場合、排水溝の勾配は防水材製造者の指定する勾配とする。
3. 建築基準法における防火上の規制を受ける場合は、防火性能に関して建築基準法令で定める技術的基準に適合した防水仕様とする。
4. 勾配用根太および下地板の留付けは、防水材製造者の指定する施工方法を順守する。
5. 下地板および防火板は、浮き、不陸、隙間等が生じないように、勾配用根太に確実に取り付ける。

排水溝を設けた場合のバルコニー平面図（参考例）

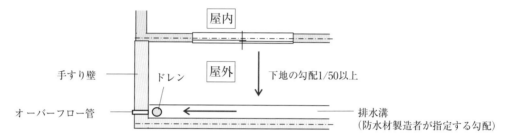

下地板は継ぎ目に浮き・不陸・隙間等が生じないように確実に取り付ける。

釘は、スクリュー釘等を使用する。
スクリュー釘による根太の割れを防ぐため、千鳥に留め付ける。

勾配用根太は、
一枚目の下地板の継ぎ目に設ける。

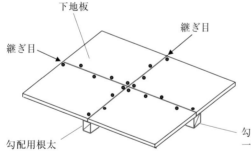

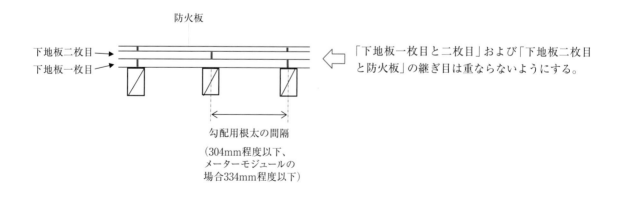

「下地板一枚目と二枚目」および「下地板二枚目と防火板」の継ぎ目は重ならないようにする。

3.2　FRP系塗膜防水

3.2.1　出隅・入隅

ポイント

1. 出隅・入隅は、防水材製造者の指定する形状・寸法を順守し、防水材を下地によくなじませるための措置（面取り加工および面木の取付等）を施す。

実際の施工にあたっては、入隅部は防水材製造者の指定する面木、パテ材、シーリング材などを使用します。

FRP系塗膜防水工法（参考例）

（単位：mm）

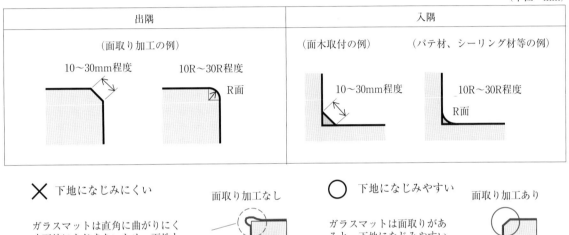

出隅	入隅
（面取り加工の例） 10〜30mm程度　　10R〜30R程度 R面	（面木取付の例）　　（パテ材、シーリング材等の例） 10〜30mm程度　　10R〜30R程度 R面

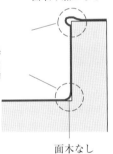

✕　下地になじみにくい

ガラスマットは直角に曲がりにくく下地になじまないため、下地との間に隙間を生じやすい。脱泡処理を適切に行うことができないため、気泡がピンホールとなって漏水することがある。

面取り加工なし

面木なし

〇　下地になじみやすい

ガラスマットは面取りがあると、下地になじみやすい。脱泡処理を適切に行うことができる。

面取り加工あり

面木の取付

✕　大きすぎる面取り

サッシの固定に支障をきたすことがある。

〇　適切な小さい面取り

サッシ取合い部の出隅は、サッシの固定に支障が生じない形状・寸法とする。

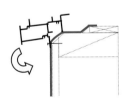

サッシ取合い部出隅寸法　（参考例）

FRP系塗膜防水の性能に支障が生じない範囲の小さな出隅形状と寸法（面取り加工の例）

5mm程度

R面

5R程度

※注意：実際の施工にあたっては、各防水材製造者の指定する形状・寸法を順守します。

第3章　木造住宅　バルコニーおよび陸屋根

3.2　FRP系塗膜防水

3.2.2（1）　排水ドレン

ポイント　（ドレン、オーバーフロー管）

1. 排水ドレンは原則2箇所以上とし、ドレンが1箇所の場合はオーバーフロー管を設ける（防水材製造者の設置基準がある場合はその基準に従う）。
2. ドレンやオーバーフロー管の材質および管径は防水材製造者の指定するものとする。（目安としてドレンは、内径50mm以上、防水材の張りかけ幅および塗りかけ幅が50mm以上確保できるものとする）
3. ドレンやオーバーフロー管は、防水材の張りかけおよび塗りかけの施工に支障が生じない位置に取り付ける。
4. ドレン本体は、防水施工後に周囲に水溜まりが生じないように下地面より低く取り付ける。
5. ドレンおよびオーバーフロー管と防水層取合い部は、防水材製造者の指定する施工方法を順守し、防水層の補強措置および取合い部の止水措置を施す。

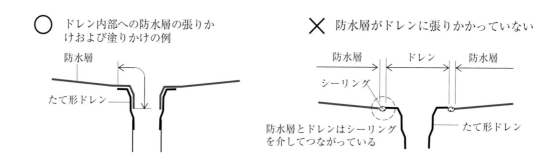

○ ドレン内部への防水層の張りかけおよび塗りかけの例

防水層
たて形ドレン

✕ 防水層がドレンに張りかかっていない

防水層　ドレン　防水層
シーリング
防水層とドレンはシーリングを介してつながっている
たて形ドレン

たて形ドレンと下地板との取合い部（参考例）

（ドレンのつば厚み分「掘り込む」場合の例）

　ドレンのつば厚み分を下地板に落とし込み、ドレン周囲に水溜りが生じないようにします。
ドレン周囲に補強材を入れ、ドレンを確実に固定します。

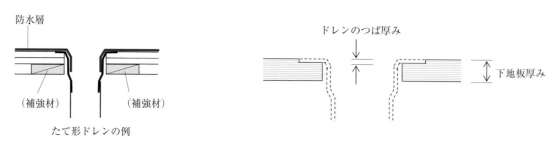

防水層
（補強材）　（補強材）
たて形ドレンの例

ドレンのつば厚み
下地板厚み

（掘り込まない場合の例）

　一枚目の下地板にドレンを固定し（掘り込まない）、二枚目下地板の段違いに面木等を設ける施工方法もあります。
ドレン周囲に補強材を入れ、ドレンを確実に固定します。

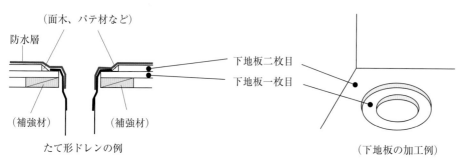

（面木、パテ材など）
防水層
下地板二枚目
下地板一枚目
（補強材）　（補強材）
たて形ドレンの例
（下地板の加工例）

（次ページに続く）

3.2　FRP系塗膜防水

（前ページから続く）

3.2.2（2）　排水ドレン

よこ形ドレンと下地板との取合い部（参考例）

（ドレンのつば厚み分「掘り込む」場合の例）

　ドレンのつば厚み分を下地板に落とし込み、ドレン周囲に水溜りが生じないようにします。
ドレン下部に補強材を入れ、ドレンを確実に固定します。

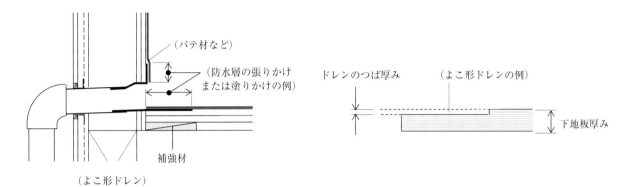

（掘り込まない場合の例）

　二枚目の下地板にドレンを固定し（掘り込まない）、ドレン周囲の段違いに面木等を設ける施工方法もあります。
ドレン下部に補強材を入れ、ドレンを確実に固定します。

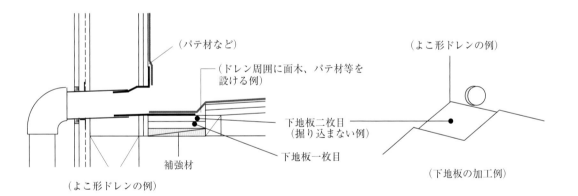

3.2　FRP系塗膜防水

3.2.3　オーバーフロー管

ポイント

> 1．オーバーフロー管の高さは、開口部がある場合、防水層立上り高さ（120mm以上）の上端より低い位置に設置する。

　オーバーフロー管は排水不良などによってドレンが詰まり水かさが上がってきた場合、水が溢れる前に排水する管です。また、水が溢れる前に雨水が溜まっていることを居住者に気づかせることにも役立ちます。

オーバーフロー管の高さ（イメージ図）

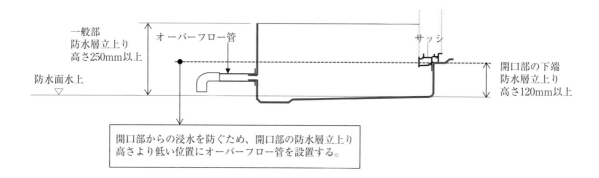

一般部
防水層立上り
高さ250mm以上

オーバーフロー管

サッシ

防水面水上

開口部の下端
防水層立上り
高さ120mm以上

開口部からの浸水を防ぐため、開口部の防水層立上り
高さより低い位置にオーバーフロー管を設置する。

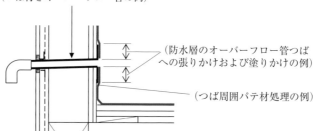

（つば付きオーバーフロー管の例）

（防水層のオーバーフロー管つば
への張りかけおよび塗りかけの例）

（つば周囲パテ材処理の例）

3.2　FRP系塗膜防水

3.2.4（1）　サッシ取合い部（FRP防水先施工、サッシあと付け）

ポイント

1．防水材は防水材製造者の指定する施工方法を順守する。
2．窓台上端部後部に水返し部を設置する。
3．防水層とサッシフィン取合い部にシーリングや防水上有効なパッキング材等を挿入する。
4．サッシ固定用のねじは、あらかじめ防水材に下穴をあける等、ひび割れを防ぐための措置を施す。
5．ねじ頭の周囲にシーリングを施す。

施工手順（参考例）

①防水先施工および水返し部の設置
↓
②シーリング材や防水上有効な
　パッキング材等を挿入
↓
③サッシあと付け
↓
④ねじ頭の周囲にシーリング

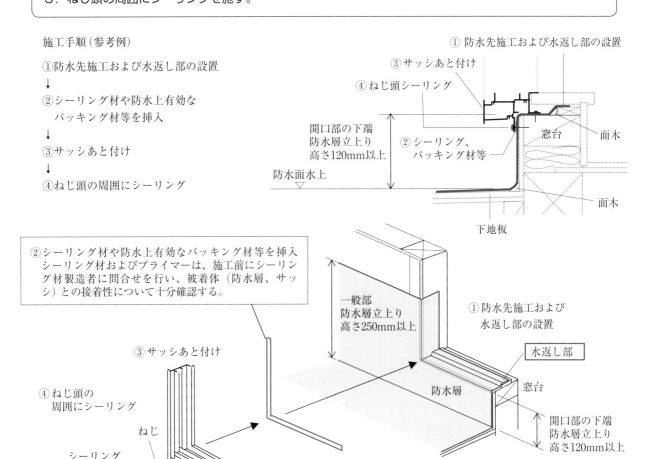

① 防水先施工および水返し部の設置
③サッシあと付け
④ねじ頭シーリング
② シーリング、パッキング材等
窓台
面木
面木
下地板
開口部の下端
防水層立上り
高さ120mm以上
防水面水上

②シーリング材や防水上有効なパッキング材等を挿入
シーリング材およびプライマーは、施工前にシーリング材製造者に問合せを行い、被着体（防水層、サッシ）との接着性について十分確認する。

一般部
防水層立上り
高さ250mm以上

①防水先施工および
　水返し部の設置

水返し部
防水層
窓台

開口部の下端
防水層立上り
高さ120mm以上

③サッシあと付け

④ねじ頭の
　周囲にシーリング
ねじ
シーリング

施工手順②シーリングに欠損部がある場合

【窓台の水返し部設置の重要性】

サッシ下枠
FRP防水
窓台
水の溢れ

　左の写真は、JIS A 4706に基づくJIS A 1517（圧力箱方式による建具の水密性試験方法）による実験です。条件は、「FRP防水先施工、サッシあと付け」の上図施工手順②シーリングに欠損部がある場合で、水密性能W-4の実験状況です。

　JIS A 1517-1996（建具の水密性試験方法）に従い毎分4リットル/m²（時間あたり降雨量240mmに相当）の水量をサッシ全面に均等に噴霧しながら、サッシ内外に脈動圧力差を与え、10分間継続しました（10分間の降雨量は40mmに相当）。
　水密性能W-4の風速換算値は16～29m/sに相当します。

　FRP表面の細かい凹凸とサッシ下枠との隙間から水が窓台まで浸入し、水返しがないことで約3分で室内側に溢れだしました。
　シーリング材やパッキング材の経年劣化等で室内側への浸水を防ぐ対策として、窓台にFRP防水の水返し部を設けた方が安全側になります。

（次ページに続く）

3.2　FRP系塗膜防水

（前ページから続く）

3.2.4（2）　サッシ取合い部（FRP防水先施工、サッシあと付け）

ポイント

1．外装材は外装材製造者の指定する施工方法を順守する。
2．縦枠フィンの防水材厚みによる段差の隙間をパッキング材（不陸調整材）等でなくす。
3．外装材下端に水切りを設け、サッシ取合い部にシーリングを施す。
4．サッシフィンまわりの防水テープは水切りに被せ連続して張る。

手順1

パッキング材（不陸調整材）
下地面材とサッシ縦枠フィンに防水層の厚み分の段差が
生じるため、サッシフィン裏面にパッキング材などを設
け、不陸部分の隙間が発生しないように、適宜調整する。

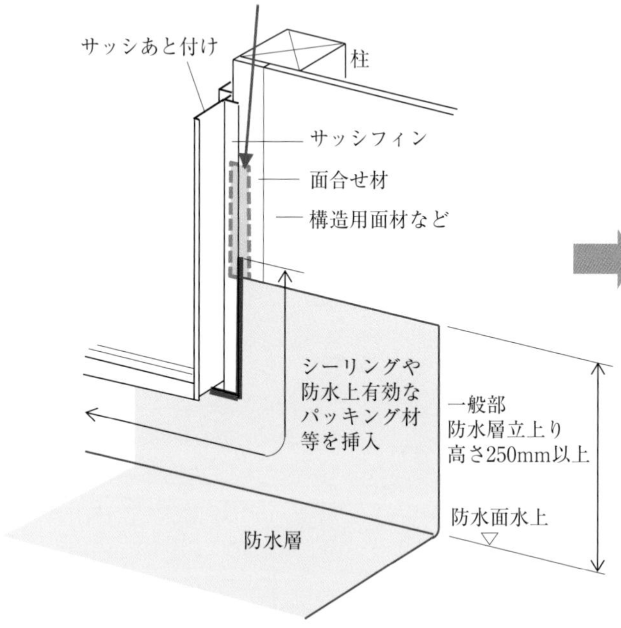

サッシあと付け
柱
サッシフィン
面合せ材
構造用面材など

シーリングや防水上有効なパッキング材等を挿入

一般部防水層立上り高さ250mm以上

防水面水上

防水層

手順2

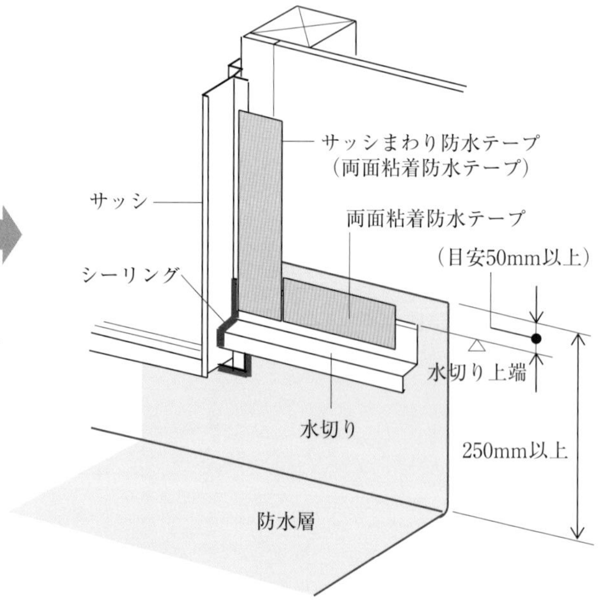

サッシまわり防水テープ（両面粘着防水テープ）
両面粘着防水テープ
サッシ
シーリング
（目安50mm以上）
水切り上端
水切り
250mm以上
防水層

手順3

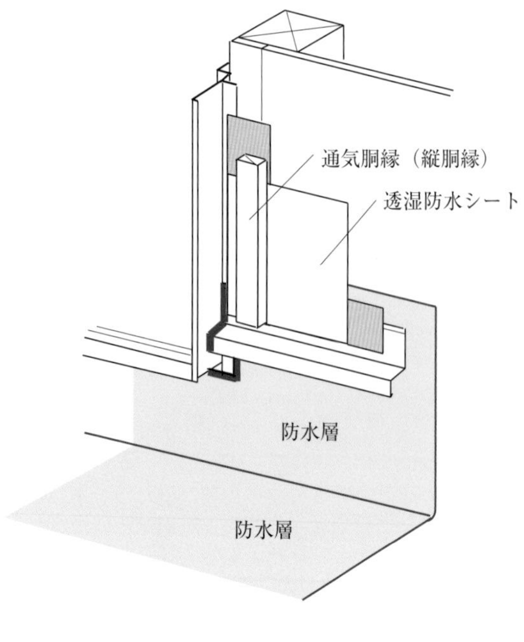

通気胴縁（縦胴縁）
透湿防水シート

防水層
防水層

手順4

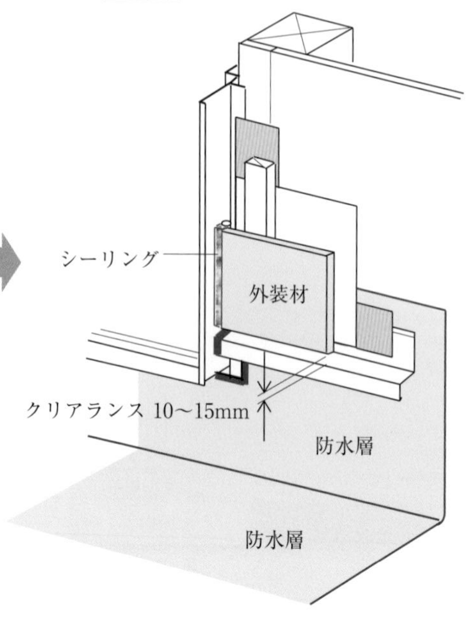

シーリング
外装材
クリアランス 10〜15mm
防水層
防水層

3.2　FRP系塗膜防水

3.2.5　参考：サッシ取合い部（サッシ先付け、FRP防水あと施工）

ポイント

1．防水材は防水材製造者の指定する施工方法を順守する（下図の施工方法は参考例を示す）。
2．サッシ枠と防水層の取合いは、サッシ際の防水用ガラスマット端末部をサッシ枠入隅から10mm程度控えた位置できれいにはさみで切り揃え、サッシフィンに張り掛ける。防水用ポリエステル樹脂は、ガラスマット端末部を完全に覆い入隅まで塗布する。
3．防水層端末部とサッシ取合い部にシーリングを施す。

　「サッシ先付け・防水あと施工」は、サッシ下端の防水施工が難しくなるため推奨しません。一般的なサッシ下端の防水層立上り高さ120mmでは、目視確認が困難な状況になり、幅25～35mmのサッシフィンとFRP防水層を確実に密着し一体化する施工が困難になります。採用する場合、サッシ下端の防水施工が無理なく確実に行えるように十分な立上り高さを確保し、防水層立上りは120mmより高く設定します。

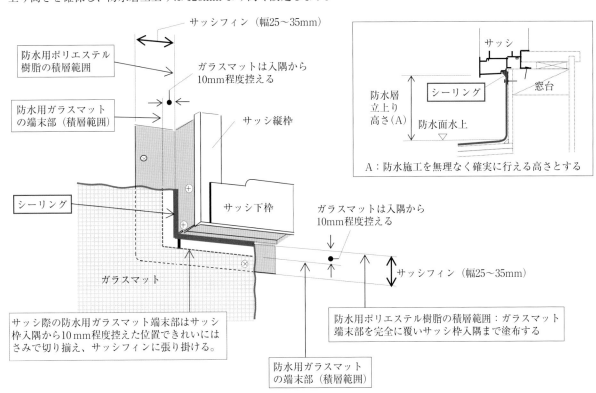

サッシフィン（幅25～35mm）
防水用ポリエステル樹脂の積層範囲
ガラスマットは入隅から10mm程度控える
防水用ガラスマットの端末部（積層範囲）
サッシ縦枠
シーリング
サッシ下枠
ガラスマットは入隅から10mm程度控える
ガラスマット
サッシフィン（幅25～35mm）

サッシ
シーリング
防水層立上り高さ(A)
防水面水上
窓台

A：防水施工を無理なく確実に行える高さとする

サッシ際の防水用ガラスマット端末部はサッシ枠入隅から10mm程度控えた位置できれいにはさみで切り揃え、サッシフィンに張り掛ける。

防水用ポリエステル樹脂の積層範囲：ガラスマット端末部を完全に覆いサッシ枠入隅まで塗布する

防水用ガラスマットの端末部（積層範囲）

FRP系塗膜防水の不具合（サッシ先付け・FRP防水あと施工）

　サッシ下端（防水層立上り高さ120mm）の施工不具合例です。ガラスマット端末部をきれいに切り揃えておらず、毛羽立っています。また、防水用ポリエステル樹脂がサッシ枠入隅まで塗布されていないため、サッシフィンとFRP防水層が一体化していません。

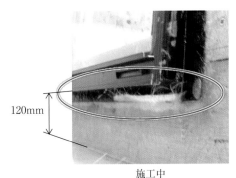

120mm

白い部分はガラスマットの素地です。ポリエステル樹脂が塗布されていません。

施工中　　　　　　　　　　　　　　　　施工後

3.2　FRP 系塗膜防水

3.2.6　防水層をパラペット上端部まで施工する場合

ポイント

1. 手すり壁・パラペット上端部は、金属製の笠木を設置するなど適切な防水措置を施す。
2. 防水層をパラペット上端部まで施工する場合、両面粘着防水テープ（幅100mm以上を通し張り）を用い防水層と鞍掛けシートの連続性を確保する。
3. 雨の当たり方が強い立地条件の場合、笠木の通気口に防雨効果のある通気部材などを設置する。

壁の両側で通気をとる場合

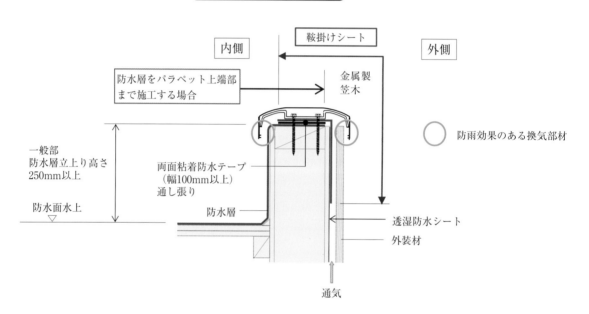

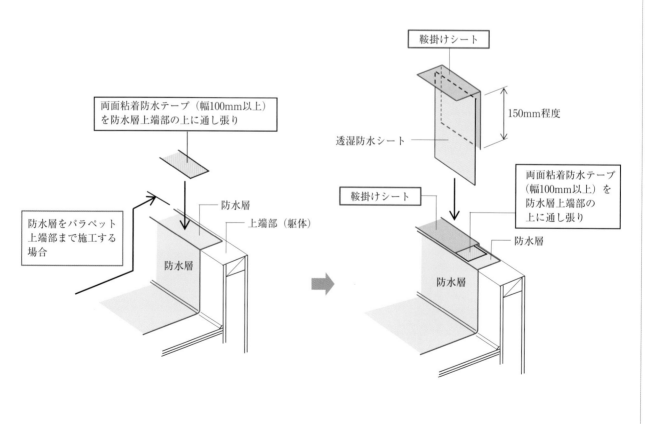

3.3　手すり壁・パラペット上端部の防水施工

3.3.1　笠木まわりの通気

ポイント

1．金属製の笠木と外装材取合いの通気口は、下り寸法 30mm 程度、間隙寸法 10mm 程度とする。
2．雨の当たり方が強い立地条件の場合、笠木の通気口に防雨効果のある通気部材などを設置する。

　壁面の外縁部は雨の当たり方が強いため、立地条件によって屋上パラペットやバルコニー笠木の通気口より雨水が浸入することがあります。

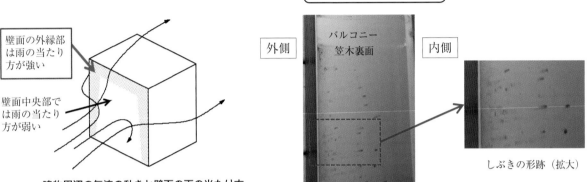

建物周辺の気流の動きと壁面の雨の当たり方

壁面の外縁部は雨の当たり方が強い

壁面中央部では雨の当たり方が弱い

金属製笠木、裏面の状況

外側　　バルコニー笠木裏面　　内側

しぶきの形跡（拡大）

写真は、築約 5 年の住宅を解体した際の、バルコニー笠木の裏面の状況です。バルコニー外側の笠木の通気口より内側へ向けて雨水が吹き込み、飛び散ったしぶきの形跡が見られます。

　笠木のサイズは、笠木の下り寸法は 30mm 程度、外装材との間隙寸法は 10mm 程度を目安に決めます。
　雨の当たり方が強い立地条件の場合、屋上パラペットやバルコニー笠木の通気口に防雨措置を行った方が安全です。防雨効果のある笠木用通気部材の設置を推奨します。
　内側で通気をとる場合、外側の通気口を塞ぎます。笠木製造者のオプション部材でスプラッシュバリア等があります。

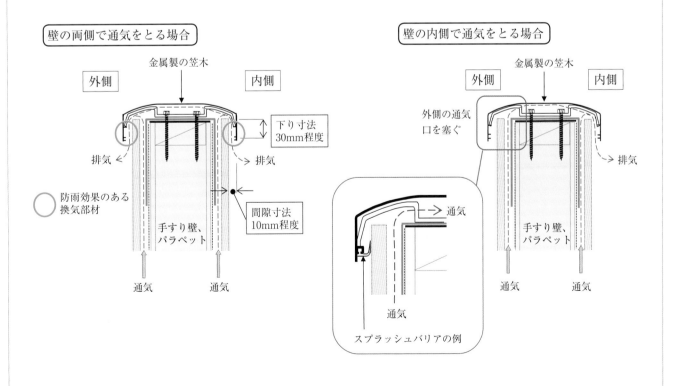

壁の両側で通気をとる場合

金属製の笠木

外側　　　　　内側

下り寸法 30mm程度

排気　　　　　排気

防雨効果のある換気部材

手すり壁、パラペット

間隙寸法 10mm程度

通気　　　通気

壁の内側で通気をとる場合

金属製の笠木

外側　　　　　内側

外側の通気口を塞ぐ

排気

手すり壁、パラペット

通気　　　通気

通気

通気

スプラッシュバリアの例

3.3　手すり壁・パラペット上端部の防水施工

3.3.2　手すり壁等の上端部の納まり

ポイント

1. 手すり壁・パラペット上端部は、金属製の笠木を設置するなど適切な防水措置を施す。
2. 手すり壁・パラペット上端部の下地は、あらかじめ両面粘着防水テープ（幅100mm以上）を通し張りし、鞍掛けシートを張る。上端部はステープルを留めない。
3. 鞍掛けシートは、一般社団法人日本防水材料協会規格JWMA-A01（先張り防水シート及び鞍掛けシート）に適合またはこれと同等以上の防水性能を有するものとする。
4. 金属製の笠木は、笠木製造者の指定する施工方法を順守する。
5. 外壁を通気構法とした場合の手すり壁・パラペットは、外壁の通気を妨げない形状とする。

金属製笠木の設置（参考例）

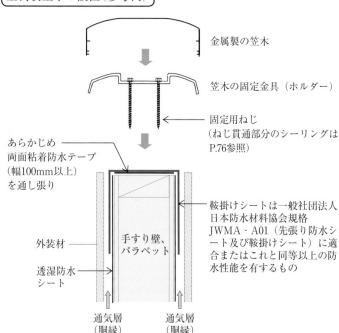

金属製の笠木

笠木の固定金具（ホルダー）

固定用ねじ
（ねじ貫通部分のシーリングはP.76参照）

あらかじめ
両面粘着防水テープ
（幅100mm以上）
を通し張り

外装材

透湿防水シート

手すり壁、
パラペット

鞍掛けシートは一般社団法人日本防水材料協会規格JWMA‐A01（先張り防水シート及び鞍掛けシート）に適合またはこれと同等以上の防水性能を有するもの

通気層
（胴縁）

通気層
（胴縁）

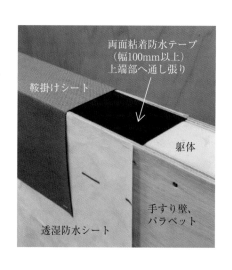

両面粘着防水テープ
（幅100mm以上）
上端部へ通し張り

鞍掛けシート

躯体

透湿防水シート

手すり壁、
パラペット

手すり壁天端腐朽事例

　透湿防水シートは、手すり壁・パラペット上端部の防水に不適切です。透湿防水シートは完全な防水体ではなく撥水作用を活かして防水するものがほとんどであるため、水平面での防水効果は期待できません。また、ねじ等の貫通物に対する止水性も期待できません。

出典：国土技術政策総合研究所　国総研資料　第975号　木造住宅の耐久性向上に関わる建物外皮の構造・仕様とその評価に関する研究　第XI章-17をもとに日本住宅保証検査機構作成

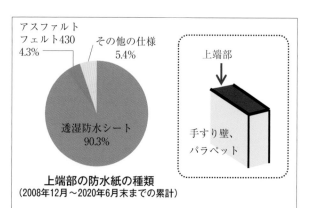

アスファルト
フェルト430
4.3%

その他の仕様
5.4%

透湿防水シート
90.3%

上端部

手すり壁、
パラペット

上端部の防水紙の種類
（2008年12月～2020年6月末までの累計）

　手すり壁・パラペット上端部より雨水が浸入した保険事故発生物件（外壁通気構法）の上端部の防水紙の種類は、「透湿防水シート」が90.3%、「アスファルトフェルト430」が4.3%を占めます。外壁用の防水紙を上端部に張ってはいけません。

3.3　手すり壁・パラペット上端部の防水施工

3.3.3（1）　参考：笠木固定用ねじ部の止水性の実験

　手すり壁・パラペット上端部は、笠木固定用ねじが貫通します。下記の 3 種類の防水納まりを用いた試験体について、ねじ貫通部の止水性の実験を行いました。

[実験条件、実験方法]

1．試験体の納まりは、タイプ A、タイプ B、タイプ C、3 種類の納まりを再現。
2．試験体製作後、屋外に 28 日間暴露。
3．暴露した試験体に 10 箇所（うち、ねじ下穴あり 5 箇所、ねじ下穴なし 5 箇所）ねじ留め。10 箇所のねじ留めは身長が異なる 5 名で 2 箇所ずつ、実際の現場を想定し高さ 1.1 m で施工。
4．試験体に下穴（キリ φ 4.5mm）をあけ、十字穴付き六角タッピンねじ（φ 6 × 70）で長穴ワッシャー（厚み 3mm）を留める。水頭圧がねじ貫通部におよぼすように、長穴ワッシャーをホルダー（笠木固定金物）の代用として使用。下穴とねじ周囲にシーリングは行わない。
5．一般社団法人日本防水材料協会　改質アスファルトルーフィング下葺材（ARK 04ˢ-04：2018）7.8 釘穴シーリング性の試験方法に準拠し、試験体ねじ貫通部に塩ビパイプを立て周囲をシールする。シール硬化後、水に青色インクを適量加えて撹拌したものを 30mm の水頭までパイプ内に入れる。
6．24 時間静置後、貫通ねじまわりの漏水の有無を確認する。

笠木の施工タイミングは竣工直前が多いため、実際の現場は数週間暴露されることが多い。
（現場状況例）

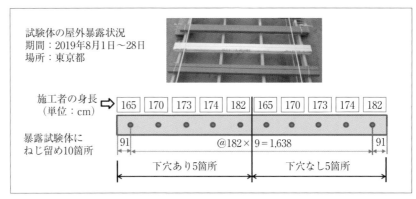

試験体の屋外暴露状況
期間：2019年8月1日～28日
場所：東京都

施工者の身長
（単位：cm）

| 165 | 170 | 173 | 174 | 182 | 165 | 170 | 173 | 174 | 182 |

暴露試験体にねじ留め10箇所

| 91 | @182×9 = 1,638 | 91 |

下穴あり5箇所　　下穴なし5箇所

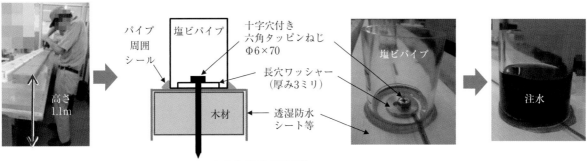

高さ
1.1m

パイプ周囲シール　塩ビパイプ　十字穴付き六角タッピンねじ Φ6×70
長穴ワッシャー（厚み3ミリ）
木材
透湿防水シート等

塩ビパイプ

注水

タイプ A

透湿防水シート2枚張り回し
躯体
手すり壁、パラペット

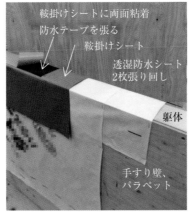

タイプ B

鞍掛けシートに両面粘着防水テープを張る
鞍掛けシート
透湿防水シート2枚張り回し
躯体
手すり壁、パラペット

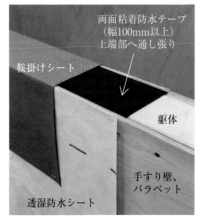

タイプ C

両面粘着防水テープ（幅100mm以上）上端部へ通し張り
鞍掛けシート
躯体
透湿防水シート
手すり壁、パラペット

鞍掛けシートは一般社団法人日本防水材料協会規格 JWMA － A01（先張り防水シート及び鞍掛けシート）に適合またはこれと同等以上の防水性能を有するものを使用

（次ページに続く）

3.3　手すり壁・パラペット上端部の防水施工

（前ページから続く）

3.3.3（2）　実験結果と考察

　タイプAは①木材表面10箇所すべて漏水し、②木材下端は8箇所漏水しました。タイプBは①木材表面は7箇所漏水、②木材下端の漏水はありませんでした。タイプCはすべて漏水無しです。写真の漏水箇所の木材（木屑含む）は青色になっています。

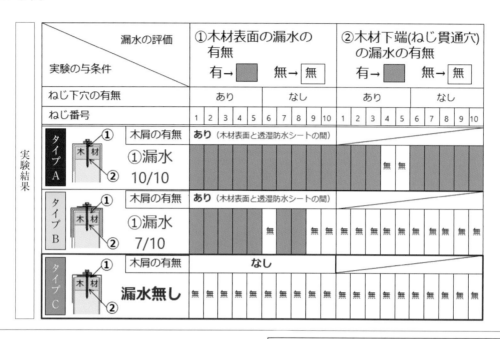

実験の与条件／漏水の評価	①木材表面の漏水の有無 有→■　無→無		②木材下端(ねじ貫通穴)の漏水の有無 有→■　無→無	
ねじ下穴の有無	あり	なし	あり	なし
ねじ番号	1 2 3 4 5	6 7 8 9 10	1 2 3 4 5	6 7 8 9 10
タイプA　木屑の有無：あり（木材表面と透湿防水シートの間）／①漏水 10/10	■ ■ ■ ■ ■	■ ■ ■ ■ ■	■ ■ ■ 無 無	■ ■ ■ ■ ■
タイプB　木屑の有無：あり（木材表面と透湿防水シートの間）／①漏水 7/10	■ ■ ■ ■ ■	無 ■ ■ 無 無	無 無 無 無 無	無 無 無 無 無
タイプC　木屑の有無：なし／漏水無し	無 無 無 無 無	無 無 無 無 無	無 無 無 無 無	無 無 無 無 無

（実験結果）

（考察）

タイプA

・・・・・は**木屑**を示す
透湿防水シート
①／②

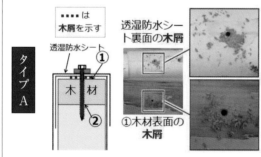

透湿防水シート裏面の**木屑**
①木材表面の**木屑**
下穴（キリΦ4.5mm）

①木材表面 10/10漏水、②木材下端 8/10漏水

水をパイプへ注水中に漏れ出る傾向がある。木材表面と透湿防水シートの間に木屑が残り、木屑が「水みち」になり漏水を招きやすい。

ねじ下穴をあける時、透湿防水シートは電動ドリル側へ持ち上がり、木屑の大半は①木材表面に残る。

タイプB

・・・・・は**木屑**を示す
ブチル系両面粘着防水テープ
①／②

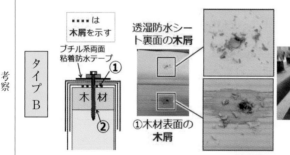

透湿防水シート裏面の**木屑**
①木材表面の**木屑**

①木材表面 7/10漏水、②木材下端漏水無し

タイプAと同様に、①木材表面と透湿防水シートの間に木屑が残り、木屑が「水みち」になり漏水を招きやすい。

一番上に張る防水テープの止水性はタイプCより劣る。

タイプC

鞍掛けシート
ブチル系両面粘着防水テープ
①／②

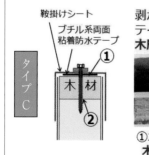

剥がした防水テープ裏面、**木屑なし**

①木材表面　**木屑なし**

両面粘着防水テープを躯体に先張りした方が止水性は良好

すべて漏水無し

ブチル系両面粘着防水テープを躯体に先張りした方が、木屑は発生しない。両面粘着防水テープにより鞍掛けシートと躯体の連続性が確保され止水性は良好である。

（次ページに続く）

3.3　手すり壁・パラペット上端部の防水施工

（前ページから続く）

3.3.3（3）　実験まとめ

タイプA

　禁止すべき納まりです。雨漏りのリスクが高いことが事故事例からも判明しています。透湿防水シートは完全な防水材ではなく撥水作用を活かして防水するものがほとんどであるため、水平面での防水効果と貫通物に対する止水は期待できません。

透湿防水シート
2枚張り回し

躯体

手すり壁、
パラペット

タイプB

　注意すべき納まりです。一見安全側であるように思えますが，笠木取り付け時の穿孔加工でドリルの木屑が挟まりやすく、タイプAと同様に木屑が「水みち」になり雨漏りのリスクが高くなります。

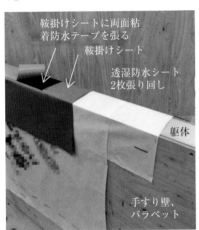

鞍掛けシートに両面粘
着防水テープを張る
鞍掛けシート

透湿防水シート
2枚張り回し

躯体

手すり壁、
パラペット

タイプC

　推奨納まりです。止水性が良好で納まりがシンプルです。

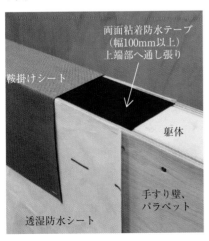

鞍掛けシート

両面粘着防水テープ
（幅100mm以上）
上端部へ通し張り

躯体

手すり壁、
パラペット

透湿防水シート

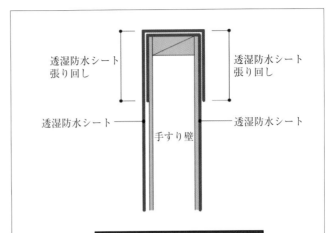

透湿防水シート
張り回し

透湿防水シート
張り回し

透湿防水シート

透湿防水シート

手すり壁

禁止すべき手すり壁納まり

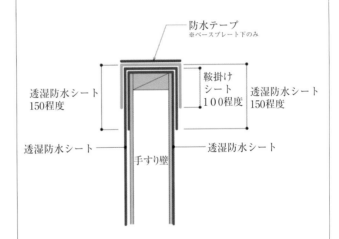

防水テープ
※ベースプレート下のみ

透湿防水シート
150程度

鞍掛け
シート
100程度

透湿防水シート
150程度

透湿防水シート

透湿防水シート

手すり壁

注意すべき手すり壁納まり

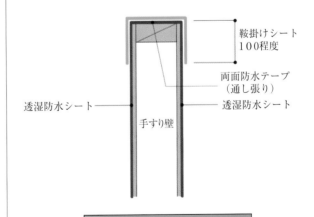

鞍掛けシート
100程度

両面防水テープ
（通し張り）

透湿防水シート

透湿防水シート

手すり壁

推奨納まり例

【出典】国土技術政策総合研究所　国総研資料　第975号　木造住宅
　　　の耐久性向上に関わる建物外皮の構造・仕様とその評価
　　　に関する研究　第XI章-83,90,91 をもとに日本住宅保証検査
　　　機構作成

3.3　手すり壁・パラペット上端部の防水施工

3.3.4（1）　鞍掛けシートの施工（壁当たり部、コーナー部）

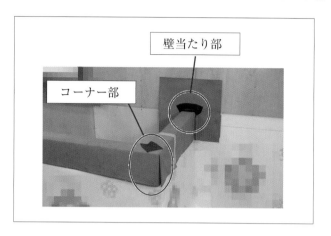

壁当たり部

コーナー部

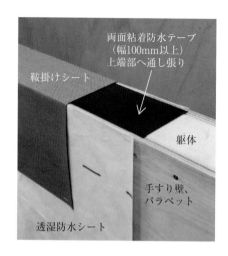

両面粘着防水テープ（幅100mm以上）上端部へ通し張り

鞍掛けシート

躯体

手すり壁、パラペット

透湿防水シート

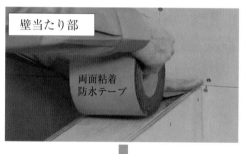

壁当たり部

両面粘着防水テープ

両面粘着防水テープ（幅100mm以上）を躯体の上端部に通し張りします。

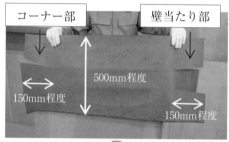

コーナー部　　壁当たり部

500mm程度

150mm程度　　　　150mm程度

鞍掛けシートは 幅500mm程度とします。壁当たり部とコーナー部へ150mm程度の切り込みを入れます。

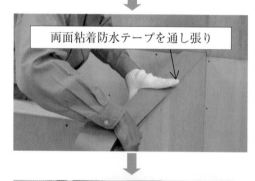

両面粘着防水テープを通し張り

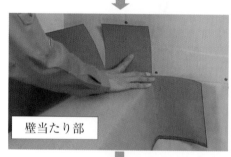

壁当たり部

鞍掛けシートを位置決めします。

コーナー部

コーナー部は、先に張った防水テープのはく離紙をはがし、2枚目のテープを重ね張りします。

防水テープのはく離紙をはがしながら鞍掛けシートを張ります。「圧着具」を用い、しっかり丁寧に圧着します。

両面粘着防水テープ

防水テープのはく離紙の上から「圧着具」を用い、しっかり丁寧に圧着します。

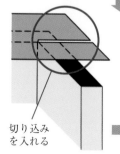

切り込みを入れる

内側の鞍掛けシートは切り込みを入れ、入隅で折ります。

（次ページに続く）

3.3　手すり壁・パラペット上端部の防水施工

（前ページから続く）

3.3.4（2）　鞍掛けシートの施工（コーナー部、継ぎ目）

コーナー部

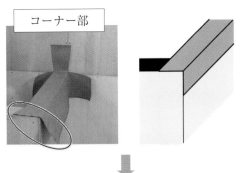

コーナー部の余分なシートは、躯体の外側に沿って切り取ります。

「八千代折り」と呼ばれる施工方法です。

八千代折り

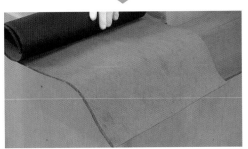

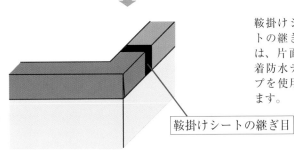

防水テープのはく離紙をはがしながら鞍掛けシートを張ります。「圧着具」を用い、しっかり丁寧に圧着します。

鞍掛けシートの継ぎ目は、片面粘着防水テープを使用します。

鞍掛けシートの継ぎ目

内側の鞍掛けシートは入隅に切り込みを入れます。

片面粘着防水テープ

三面交点

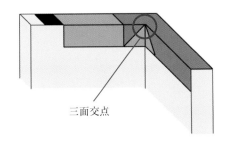

鞍掛けシートを内側に折ります。三面交点にピンホールができます。

片面粘着防水テープを2枚の鞍掛けシートをまたぐように張ります。

外側の鞍掛けシートは、切り込みを入れません。内側に折ります。

鞍掛けシートの継ぎ目

「圧着具」を用い、しっかり丁寧に圧着します。

（次ページに続く）

3.3　手すり壁・パラペット上端部の防水施工

（前ページから続く）

3.3.4（3）　鞍掛けシートの施工（コーナー部、端部、継ぎ目）

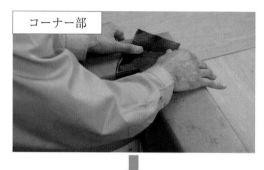

コーナー部

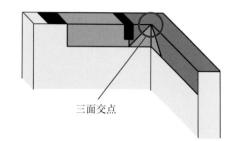

三面交点

入隅の三面交点は伸張性片面粘着防水テープを張ります。「圧着具」を用い、しっかり丁寧に圧着します。

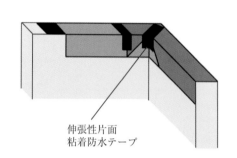

伸張性片面粘着防水テープ

鞍掛けシートの端部

端部

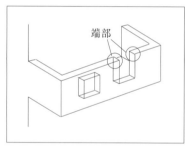

八千代折り（内側に折り込む）

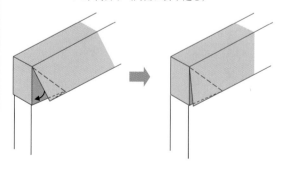

鞍掛けシートの継ぎ目

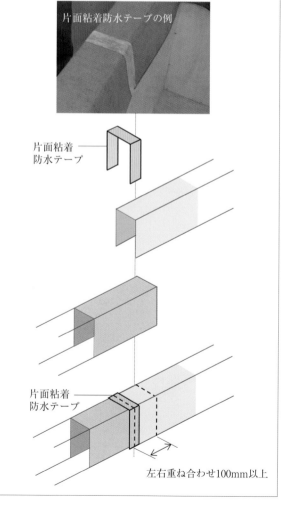

片面粘着防水テープの例

片面粘着防水テープ

片面粘着防水テープ

左右重ね合わせ100mm以上

（次ページに続く）

3.3　手すり壁・パラペット上端部の防水施工

（前ページから続く）

3.3.4（4）　鞍掛けシートの施工（壁当たり部）

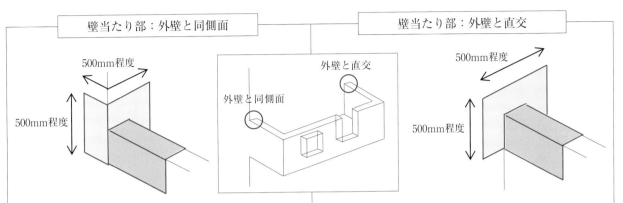

壁当たり部：外壁と同側面　　　　　壁当たり部：外壁と直交

500mm程度　　　　　外壁と直交

外壁と同側面

500mm程度

500mm程度

500mm程度

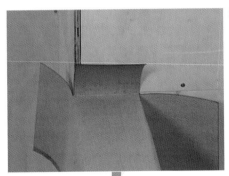

鞍掛けシートの位置を決めます。

鞍掛けシートの位置を決めます。

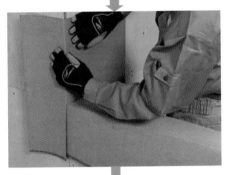

あらかじめ開口をあけた鞍掛けシートをかぶせて張ります。

あらかじめ開口をあけた鞍掛けシートをかぶせて張ります。

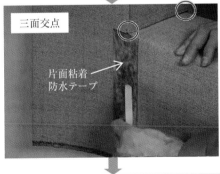

三面交点

片面粘着防水テープ

片面粘着防水テープを外側と内側の入隅の縦方向を跨ぐように張ります。

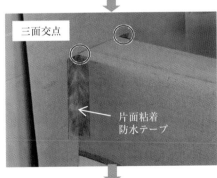

三面交点

片面粘着防水テープ

片面粘着防水テープを両側の入隅の縦方向を跨ぐように張ります。

伸張性片面粘着防水テープ

三面交点は伸張性片面粘着防水テープを張り「圧着具」を用いしっかり丁寧に圧着します。

伸張性片面粘着防水テープ

三面交点は伸張性片面粘着防水テープを張り「圧着具」を用いしっかり丁寧に圧着します。

3.3　手すり壁・パラペット上端部の防水施工

3.3.5　参考：笠木まわりのシーリング

ポイント

1. 笠木は笠木製造者の指定する施工方法を順守する。
2. ホルダーの固定用ねじは、ねじ貫通部分に下穴をあけ、下穴に「1回目のシーリング」を充てん後、ホルダーをねじで留める。
3. ねじと鞍掛けシート取合い部に「2回目のシーリング」を充てんする（ホルダーの長穴すべてにシーリングを充てんしてもよい）。
4. シーリング材およびプライマーは被着体（ホルダー、鞍掛けシート、外装材など）によって、それぞれ適否がある。施工前にシーリング材製造者に問合せを行い、被着体との接着性について十分に確認する。

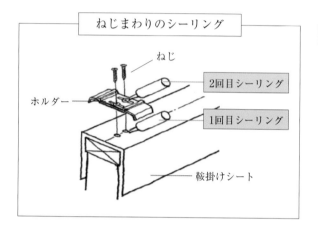

ねじまわりのシーリング

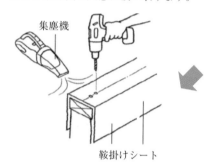

手順1　下穴は、ねじ谷径より小さくします。穴あけ後、切粉を集塵機で入念に吸い取ります。

手順2　下穴に1回目のシーリング材を充てんします。注入量はひと握り程度です。

手順3　ホルダーをねじで留め、ねじと鞍掛けシート取合い部に2回目のシーリングを充てんします。

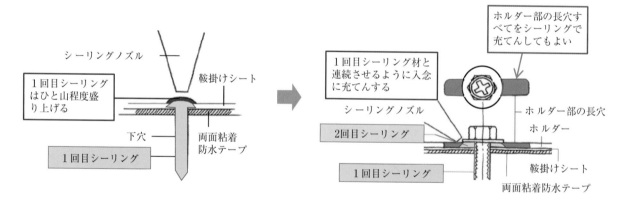

壁当たり部のシーリング（施工例）

木造住宅　外壁

用語

通気構法 (つうきこうほう)	建物外皮の外装材裏面に通気層を設ける構法。壁体内に浸入した湿気を屋外に放出し、外装材から浸入した雨水を軸組に接触させずに屋外に排出する。
通気胴縁 (つうきどうぶち)	外壁に通気層を設けるために施工される胴縁。通気層の厚さを確保するスペーサーとしての役割と、外装材を柱・間柱と共に留付ける受材の役割を担う。外装材の反り・たわみ等による釘の引き抜き力の発生を想定した、外装材の留付けに必要な釘の保持力を確保できる断面寸法が必要となる。
通気留付金具 (つうきとめつけかなぐ)	通気胴縁を要さずに外壁に通気層を設けるために施工される留付金具。通気胴縁同様、通気層の厚さを確保するスペーサーとしての役割と、外装材の受材の役割を担う。外装材に通気留付金具を差込み、留付金具を専用のくぎまたはねじで柱・間柱に留付け、固定する。
先張り防水シート (さきばりぼうすい)	先張り防水シートは、一般社団法人日本防水材料協会規格 JWMA-A01（先張り防水シート及び鞍掛けシート）に適合またはこれと同等以上の防水性能を有するものとする。設置の目的は、サッシ下枠と窓台まわり空間で発生する結露や経年劣化によるサッシまわりの防水テープの圧着不良、サッシ枠のフィン嵌合部シーラー材取付部からの漏水をあらかじめ想定し、先張り防水シートで縁切りし、躯体への雨水の浸入を防止することである。サッシ枠取り付け前に、あらかじめサッシ開口部窓台に設置する。
三面交点 (さんめんこうてん)	文字通り三つの面の交わる交点部分をいう。開口部（サッシ）まわりでは、窓台上端部と柱または間柱見込み面と外壁下地面の交点。この三面交点部分が防水施工においてピンホールを発生させやすい弱点部分となる。
伸張性片面粘着防水テープ (しんちょうせいかためんねんちゃくぼうすい)	三面交点の防水措置は、伸張性片面粘着防水テープを使用する。伸ばして張っても縮み戻りが少ないものを選定する。

三面交点の防水措置

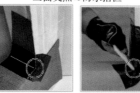

伸張性片面粘着防水テープ（施工例）

窯業系サイディング (ようぎょうけい)	窯業系サイディングは、JIS A 5422(窯業系サイディング)に適合するものまたはこれと同等以上の性能を有するものとする。主原料としてセメント質原料、繊維質原料、および混和材料からなる混合原料を成型、養生硬化した外壁材である。
複合金属サイディング (ふくごうきんぞく)	複合金属サイディングは、JIS A 6711（複合金属サイディング）に適合するものまたはこれと同等以上の性能を有するものとする。板付けされた金属板（表面材）と断熱効果のある裏打材によって構成された外装材である。表面材は、塗装ガルバリウム鋼板、塗装溶融亜鉛めっき鋼板、アルミニウム合金塗装板、塗装ステンレス鋼板を成形加工したものである。裏打材は、硬質プラスチックフォーム、せっこうボード、ロックウール化粧吸音材などを用い、表面材と複合することによって強度を保持するなどの機能を有している。
ラス下地用既調合軽量セメントモルタル (らすしたじようきちょうごうけいりょう)	ラス下地用既調合軽量セメントモルタルは、JIS A 6918（ラス系下地用既調合軽量セメントモルタル）の品質に適合するものとする。ラス下地のモルタル外壁には、既調合軽量セメントモルタル塗りが普及している。作業効率がよいことや、製造工場での調合による品質の安定などのメリットがある。原料としてセメント、軽量骨材、無機質粉体、混和剤などを製造工場であらかじめ調製・調合した粉状のもので、紙製などの容器に入れ、封かんして出荷する。施工の際には水のみを加えて混練するのが基本となる。

4.1　通気構法

4.1.1　通気構法（構造と効果）

通気構法の構造と効果（参考例）

　近年の住宅は、耐震、防火、断熱性能、気密化等が著しく向上した結果、壁体内部での結露が発生することがあります。

　結露が生じると柱や間柱、土台等構造体の腐朽による耐久性能の劣化や、断熱材の濡れによる断熱性能の低下をもたらすことになります。

　これらの不具合を防ぐため、壁体内に通気層を設け、壁体内通気を可能とした構造が「通気構法」です。

1．壁体内に浸入した湿気を屋外に放出します。
　　室内の水蒸気が壁体内に浸入した場合でも、透湿防水シートと通気層の組み合わせによって湿気を屋外に放出することにより、壁体内の乾燥を保ち結露を防ぎます。
2．浸入した雨水を軸組に接触させずに屋外に排出します。
　　外装材から通気層に雨水が浸入した場合でも、通気層内で流下して下部の通気口から排出される利点があります。

縦断面（参考例）

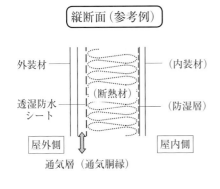

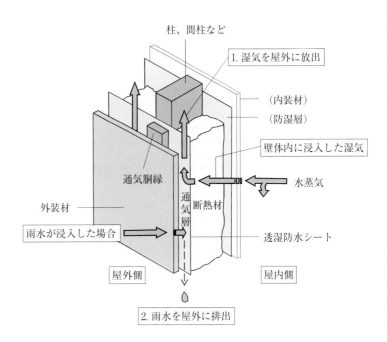

軒天井見切縁から排気する構造（参考例）

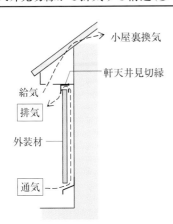

小屋裏に連通する構造（参考例）

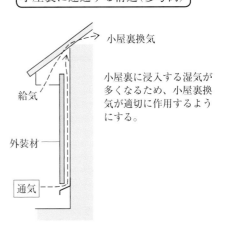

小屋裏に浸入する湿気が多くなるため、小屋裏換気が適切に作用するようにする。

4.1　通気構法

4.1.2（1）　透湿防水シートの施工（張り方）

ポイント

1．透湿防水シートの重ね合わせは、縦は 90mm 以上、横は 150mm 以上とする。
2．透湿防水シートは、たるみ・しわ・波打ちなどが生じないように、下地になじませて張る。
3．下地に面材がない場合、柱・間柱に留め、柱・間柱間で横の重ね合わせを確保する。
4．開口部（サッシ等）上部は、原則「通し張り」とし、中間での「重ね合わせ」は避ける。

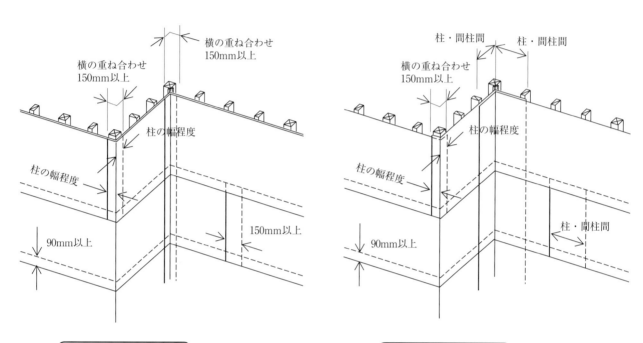

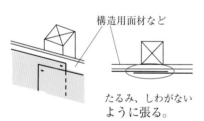

下地に面材がある場合

構造用面材など

たるみ、しわがない
ように張る。

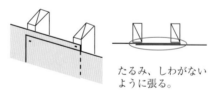

下地に面材がない場合

○ 柱・間柱間で重ね合わせ

たるみ、しわがない
ように張る。

× 間柱で重ね合わせ

たるみ、しわがある
横の重ね合わせ。

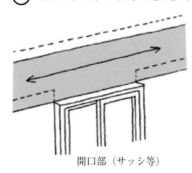

○ 開口部上部は原則、通し張り

開口部（サッシ等）

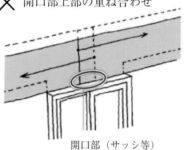

× 開口部上部の重ね合わせ

開口部（サッシ等）

サッシの上方から通気層内へ浸入した雨水が流下して上枠に
滞留した場合、透湿防水シートの重ね合わせ部分は毛細管現象
により、雨水を吸い上げ、躯体側に浸入しやすい傾向があります。

4.1　通気構法

4.1.2（2）　透湿防水シートの施工（注意事項）

ポイント

1. ステープルの打ち込みは必要に応じて最小限に留め、下地と平らに打ち込む。
2. 透湿防水シートは降雨・降雪時、若しくは降雨・降雪が予想される場合、または降雨・降雪後で下地が未乾燥の場合は、施工してはならない。
3. 防腐・防蟻処理された胴縁を使用する場合は、降雨・降雪等で胴縁および透湿防水シートを濡らさないよう、胴縁施工後、速やかに外装材を施工する。

　ステープルは必要以上に留め付けないようにします。透湿防水シートのステープル留付け穴の止水性は一般的に低く、ステープル穴周辺から雨水が浸入するリスクが高くなります。むやみに多数のステープルを打ち込むことは、透湿防水シートを貫通する穴が増えるだけで、防水機能面では好ましくありません。

【透湿防水シートの釘穴シーリング性送風散水試験】

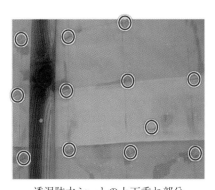

透湿防水シートのステープル留付け部からの雨水浸入
（風速5m/s,散水4分後）ステープル留付け間隔100mm

透湿防水シートの上下重ね部分
（風速5m/s,散水直後）
〇はステープル留付け箇所を示す

透湿防水シートと胴縁を撤去

【上下重ね合わせ部分の「たるみ、しわ」】

　左記施工例では、透湿防水シートの上下重ね合わせ部分に「たるみ、しわ」があります。上下重ね合わせ部分から雨滴の吹き上げが想定される箇所は壁内を劣化させるリスクが高くなります。

　また、製品によっては、端部がカール（捲れ）しやすいものや経年変化でカールするものがあります。「たるみ、しわ」および「カール」が発生しないように要所を防水テープ留めするなどの措置が必要です。

4.1　通気構法

4.1.3　透湿防水シートの施工（参考：補修方法）

ポイント

> 1. 透湿防水シートが損傷した場合は原則「張り直し」とする。
> 2. やむを得ず張り直しができない場合は、透湿防水シートを増し張りする、または防水テープを用い損傷部分を塞ぐなどの処理を施す。

やむを得ず張り直しができない場合

透湿防水シートの増し張り（参考例）

透湿防水シートは損傷部分から、所定の重ね合わせ寸法を確保し、増し張りします。

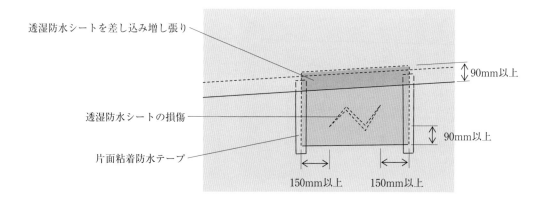

透湿防水シートを差し込み増し張り

90mm以上

透湿防水シートの損傷

90mm以上

片面粘着防水テープ

150mm以上　　150mm以上

防水テープを用い損傷部分を塞ぐ（参考例）

透湿防水シートの損傷部分に防水テープを張ります。

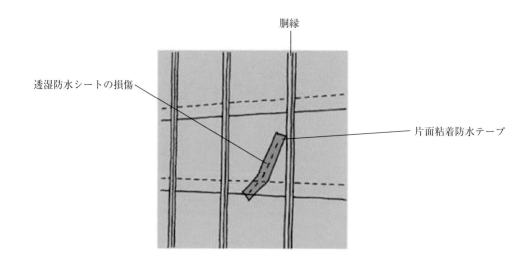

胴縁

透湿防水シートの損傷

片面粘着防水テープ

4.1 通気構法

4.1.4 サッシまわりの面合せ材の施工（下地に面材がある場合）

ポイント

1. サッシまわりは、防水テープの下地となる部分に段差が生じないようにする。
2. 開口部左右の柱は、面合せ材を取り付ける。
3. 開口部上下の下地面材は、まぐさの取合い部はまぐさの下端まで、窓台の取合い部は窓台の上端まで張る。

面合せ材　下地に面材がある場合（参考図）

　サッシまわりの防水テープの下地に段差がある場合、防水テープは圧着不良を起こしやすく、さらに透湿防水シートおよび防水テープに「しわ」が生じ、「しわ」が「水みち」となり雨水が浸入しやすい傾向があります。

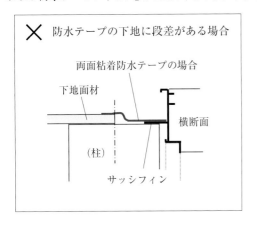

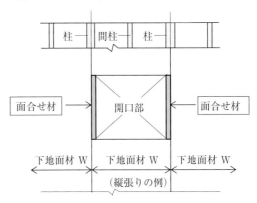

両面粘着防水テープ幅75mmの場合

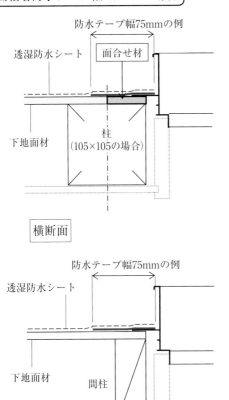

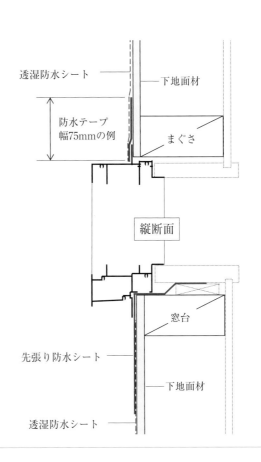

第4章 木造住宅 外壁

4.1　通気構法

4.1.5　サッシまわりの補助下地材の施工（下地に面材がない場合）

ポイント

> 1．サッシまわりの下地に面材がない場合、まぐさと間柱に防水テープの幅全体が下地となるように補助下地材を取り付ける。

補助下地材　下地に面材がない場合（参考図）

　サッシまわりの防水テープ圧着面に下地がない場合、防水テープは圧着不良を起こしやすく、透湿防水シートおよび防水テープに「しわ」が生じ、「しわ」が「水みち」となり雨水が浸入しやすい傾向があります。

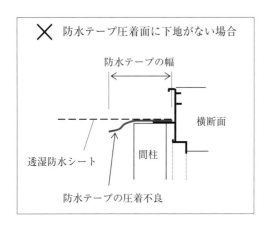

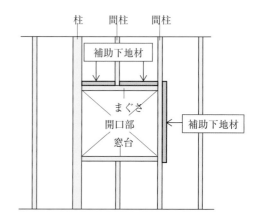

両面粘着防水テープ幅75mmの場合

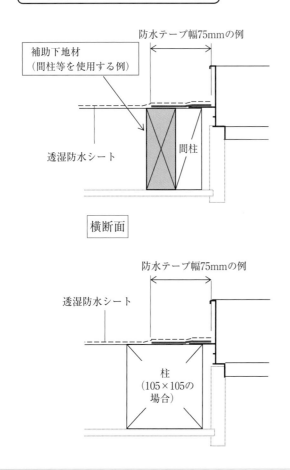

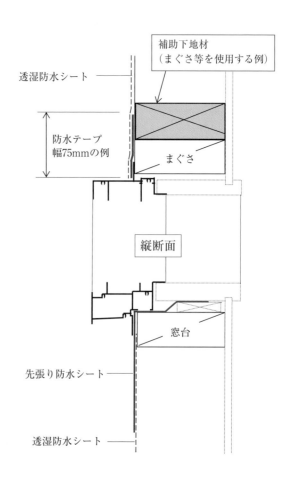

4.1　通気構法

4.1.6（1）　サッシまわり（先張り防水シートの施工）

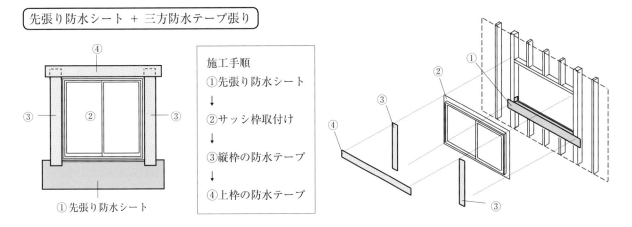

先張り防水シート ＋ 三方防水テープ張り

① 先張り防水シート

施工手順
① 先張り防水シート
↓
② サッシ枠取付け
↓
③ 縦枠の防水テープ
↓
④ 上枠の防水テープ

ポイント

1．サッシ開口部窓台に用いる先張り防水シートは、一般社団法人日本防水材料協会規格 JWMA-A01（先張り防水シート及び鞍掛けシート）に適合またはこれと同等以上の防水性能を有するものとする。
2．先張り防水シートはサッシ枠を取り付ける前に、あらかじめ施工する。
3．窓台両端部は先張り防水シートを立ち上げ水返し部をつくる。
4．窓台は水返し下地材を設置し、緩やかな傾斜がついた水返し部をつくる。

　先張り防水シートの設置の目的は、サッシ下枠と窓台まわり空間で発生する結露や経年劣化によるサッシまわりの防水テープの圧着不良、サッシ枠のフィン嵌合部シーラー材取付部からの漏水をあらかじめ想定し、先張り防水シートで縁切りし、躯体への雨水の浸入を防止することです。

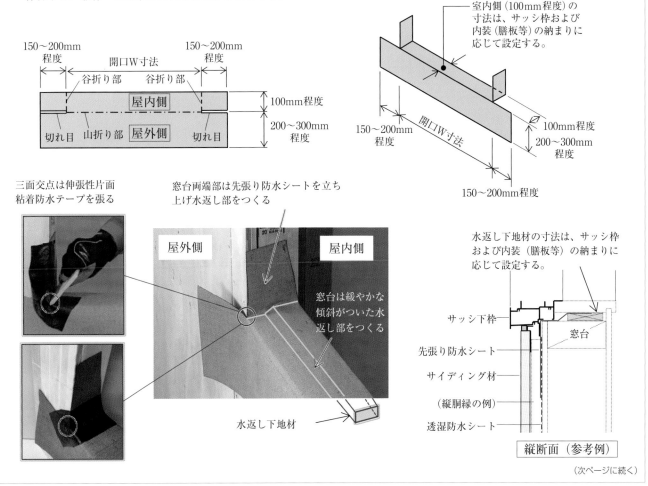

150〜200mm程度　開口W寸法　150〜200mm程度
谷折り部　谷折り部
屋内側　100mm程度
切れ目　山折り部　屋外側　切れ目　200〜300mm程度

室内側（100mm程度）の寸法は、サッシ枠および内装（膳板等）の納まりに応じて設定する。

開口W寸法
150〜200mm程度
100mm程度
200〜300mm程度
150〜200mm程度

三面交点は伸張性片面粘着防水テープを張る

窓台両端部は先張り防水シートを立ち上げ水返し部をつくる

屋外側　屋内側

窓台は緩やかな傾斜がついた水返し部をつくる

水返し下地材

水返し下地材の寸法は、サッシ枠および内装（膳板等）の納まりに応じて設定する。

サッシ下枠
窓台
先張り防水シート
サイディング材
（縦胴縁の例）
透湿防水シート

縦断面（参考例）

（次ページに続く）

4.1　通気構法

（前ページから続く）

4.1.6（2）　サッシまわり（先張り防水シートの施工、水返し）

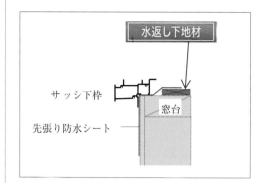

水返し下地材の寸法はサッシ枠および内装の納まりに応じて設定します。

見込み方向の窓台入隅部を浮きがないようしっかり押え込んだうえで、傾斜を確認後、立上り端部をステープルで固定します。

水返し下地材の取付け位置は窓台の後方です。

両端の見込み方向の立上り部を固定したら、下地面材または、間柱等に沿ってカッターの刃を入れ、窓台入隅まで、切込みを入れます。

水返し下地材は窓台の上に、通しで取り付けます。

外壁側の先張り防水シートを前面に垂らし、窓台に沿って折り目を付けます。垂らした先張り防水シートはステープル留めしません。

先張り防水シートの後部を水返し下地材にステープルで留め付けます。外壁側に垂らす部分に折り目を付けず、窓台には、ステープル留めしません。

窓台両端の切込み部「三面交点」は水が浸入しやすくなるため、防水テープを用い適切な防水措置が必要です。

（右上へ）

（次ページに続く）

4.1　通気構法

（前ページから続く）

4.1.6（3）　サッシまわり（先張り防水シートの施工、三面交点）

伸張性片面粘着防水テープの施工方法は 2 通りあります。

三面交点の防水措置は、伸張性片面粘着防水テープを使用します。伸ばして張っても縮み戻りが少ないものを選定します。

背割りのはく離紙を半分剥がし、窓台平部と立上り部に L 型に張り付けます。

はく離紙を半分剥がし、窓台平部と立上り部に L 型に張り付けます。

残りのはく離紙を剥がし、外壁側へ指先で扇形に張り伸ばします。

はじめに、入隅を圧着します。次に、窓台平部と立上り部をしっかりと圧着します。

圧着具を用い、丁寧に圧着します。

はじめに、入隅を圧着します。
次に、窓台平部と立上り部をしっかりと圧着します。

圧着具を用い、丁寧に圧着します。

残りのはく離紙を剥がし、外壁側へ指先で扇形に張り伸ばします。

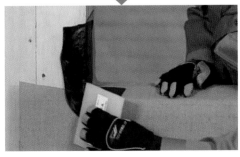

最後に、外壁側をしっかりと圧着します。

最後に、外壁側をしっかりと圧着します。

第4章　木造住宅　外壁

4.1　通気構法

4.1.7　サッシまわり（窓台用防水部材）

ポイント

1．窓台用防水部材は製造者の指定する施工方法を順守する。

窓台用防水部材（参考例）

　窓台用防水部材はあらかじめ「水返し」があり「三面交点」が一体成形になっており、より防水性が高まります。しかし、施工方法の間違いによる雨漏り事故が散見されます。

　下記の施工方法は参考例でおおよその流れです。「③両面粘着防水テープ」を用い「②水返し付き中間部材」と「④水返し付きコーナー部材」の連続性を確保しています。
　実際の施工は、窓台用防水部材製造者の指定する施工方法を順守します。

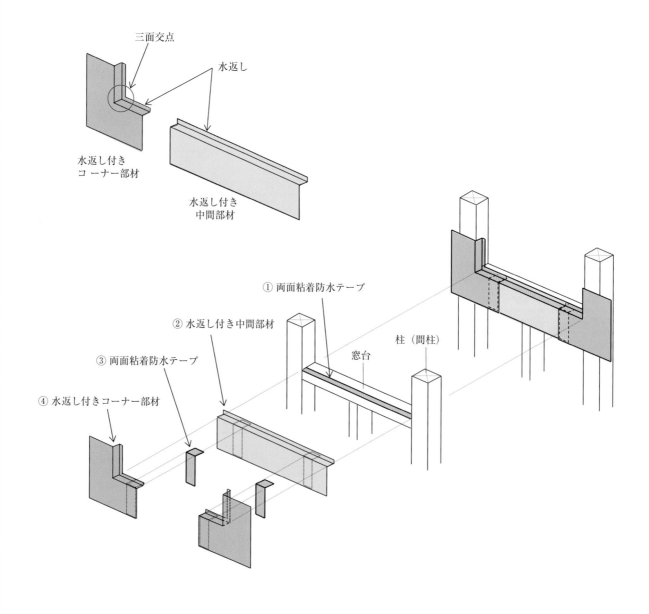

4.1　通気構法

4.1.8　サッシまわり（防水テープの圧着）

1. サッシまわりは、防水テープを用い、サッシフィンと透湿防水シートの連続性を確保する。
2. 防水テープの張り付け面は、油分や水分、汚れ、砂塵等を除去し、きれいにする。
3. 防水テープは「圧着具」を用い、丁寧にしっかり圧力を加えて、粘着材を被着体表面に密着させる。
4. 防水テープは「①サッシ枠嵌合部のフィン不連続部分」「②シーラー材の突起部分」「③ねじ頭部分」の段差を圧着具を用い入念に圧着する。
5. 防水テープおよび透湿防水シートに「しわ」が生じないように圧着する。

①サッシ枠嵌合部の
フィン不連続部分
（すきま幅0.5mm程
度、高さ8mm程度）

②シーラー材の突起部分
（はみ出し0.5mm程度）

③ねじ頭部分

上枠

縦枠

　防水テープの被着体表面は、下地面材とサッシフィンの段差などがたくさんあります。防水テープの粘着材は粘度（粘り気）が大きい液体の性質を持っていますので、「圧着具」を用い、丁寧に、しっかり、圧力を加えて粘着材を被着体表面に密着させないと、防水テープはくっつきません。手で、サッと擦っても圧着したことにはなりません。

圧着具

防水テープは「圧着具」を
用い、丁寧に、しっかり、
圧力を加えて粘着材を被着
体表面に密着させます。

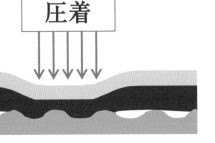

圧着

片面粘着防
水テープの
例

支持体
粘着材
被着体

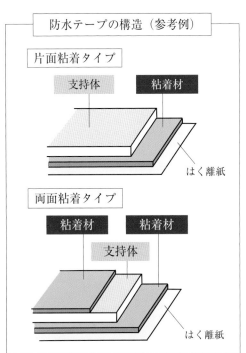

防水テープの構造（参考例）

片面粘着タイプ

支持体　　　粘着材

はく離紙

両面粘着タイプ

粘着材　　　粘着材

支持体

はく離紙

支持体	金属箔、紙、布織物、フィルムなど
粘着材	合成ゴム系（ブチル）、合成樹脂系（アクリル）など

4.1　通気構法

4.1.9　サッシまわり（サッシの留付け、防水テープの幅）

ポイント

> 1．サッシは、サッシ付属品の専用ねじを用い、サッシ製造者の指定する適切なトルクで留める。

サッシは専用ねじを用い適切に留めると、ねじ頭とサッシフィンの段差は、ほぼ平らになります。

アルミ製サッシの例

（参考例）専用ねじ（φ3.1×25）
適正トルク2.0〜2.5N・m程度

サッシフィン

樹脂製サッシの例

サッシフィン

サッシ付属品以外のねじ頭が大きいもので留めた場合、ねじ頭が飛び出し段差が生じます。段差部分は「水みち」になりやすく、雨水の浸入するリスクが大きくなります。

防水テープの「しわ」と「水みち」の再現

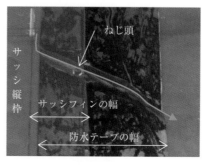

ねじ頭
サッシ縦枠
サッシフィンの幅
防水テープの幅

透明アクリル板を用い、サッシフィンとねじ頭に段差を設けた状況。両面粘着防水テープに「水みち」が発生しています。（透明アクリル板の裏から確認）

ポイント

> 1．サッシまわりの防水テープは両面タイプとし、幅は75mm以上を推奨する。
> 2．防水テープの幅は、胴縁の幅全体の下敷きとなる寸法とする。
> 3．防水テープは、上枠および縦枠から5mm程度のクリアランスを空けて張る。
> 4．サッシまわりの胴縁は通気を確保するため、サッシフィンを外して留める。

　防水テープを上枠および縦枠から5mm程度クリアランスを空けて張る理由は、サッシの上方から雨水が浸入した場合、流下した雨水が上枠に滞留し、毛細管現象等により防水テープや透湿防水シートが雨水を吸い上げ浸入することがあるためです。クリアランスを設け、雨水の吸い上げを防ぎます。縦枠側は縦枠に沿って雨水が流下する時、防水テープ、透湿防水シートを極力濡らさないように、通水路としてクリアランスを設けます。

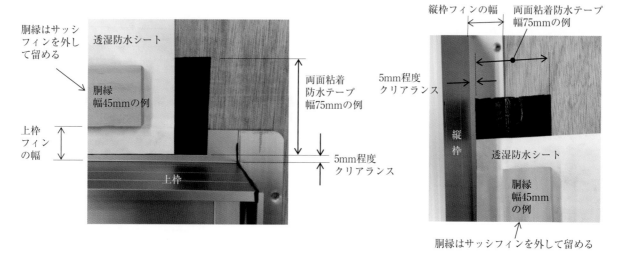

胴縁はサッシフィンを外して留める

透湿防水シート

胴縁
幅45mmの例

両面粘着
防水テープ
幅75mmの例

上枠フィンの幅

上枠

5mm程度
クリアランス

縦枠フィンの幅　両面粘着防水テープ幅75mmの例

5mm程度
クリアランス

縦枠

透湿防水シート

胴縁
幅45mm
の例

胴縁はサッシフィンを外して留める

4.1　通気構法

4.1.10（1）　サッシまわり（防水テープの張り方：縦枠フィン）

ポイント

1. 防水テープの「張り始め」と「張り終り」は、上端はフィン上端から25mm程度上がった位置から張り始め、下端はフィン下端から70mm程度下がった位置で張り終える。
2. 縦枠から5mm程度のクリアランスを空けて張る。

両面粘着防水テープ幅75mm の施工例

縦枠フィンの防水テープ

木造住宅用サッシ

先張り防水シート

5mm程度クリアランス　5mm程度クリアランス

【縦枠から5mm程度クリアランスを設ける理由】

上枠に滞留した雨水が縦枠側に流下する時、防水テープ、透湿防水シートを極力濡らさないように通水路として、クリアランスを設けます。

サッシ枠フィンへの防水テープ張り

幅75mm

両面粘着防水テープ

両面粘着防水テープは幅75mm以上を推奨します。

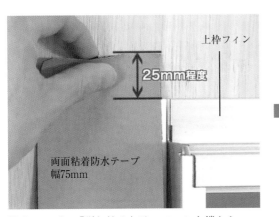

上枠フィン

25mm程度

両面粘着防水テープ幅75mm

防水テープの「張り始め」は、フィン上端から25mm程度上がった位置です。

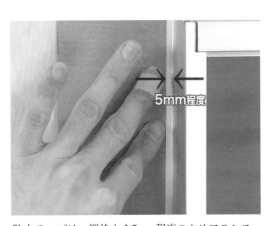

5mm程度

防水テープは、縦枠から5mm程度のクリアランスを空けて張ります。

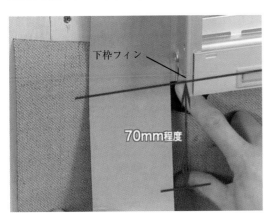

下枠フィン

70mm程度

防水テープの「張り終り」はフィン下端から70mm程度下がった位置です。

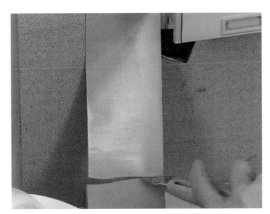

防水テープの「張り終り」の位置が決まったら、先張り防水シートを傷つけないようにカットします。

（次ページに続く）

4.1　通気構法

（前ページから続く）

4.1.10（2）　サッシまわり（防水テープの張り方：上枠フィン）

ポイント

1. 防水テープの「張り始め」と「張り終り」は縦枠側の防水テープから25mm程度張り伸ばす。
2. 上枠から5mm程度クリアランスを空けて張る。
3. シーラー突起部、フィン不連続部分は「圧着具」を用い入念に圧着し、「しわ」がないようにする。
4. 防水テープどうしの密着部分は、縦枠防水テープの粘着面が出るように「はく離紙」をめくる。

両面粘着防水テープ幅75mm の施工例

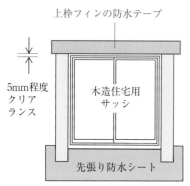

【上枠から5mm程度クリアランスを設ける理由】

上方から流下した雨水が上枠に滞留する場合、毛細管現象等により、防水テープや透湿防水シートが雨水を吸い上げ、浸入することがあります。クリアランスを設け、雨水の吸い上げを防ぎます。

左右の縦枠側に張った防水テープのはく離紙は、上端の交差部のみ、めくっておきます。

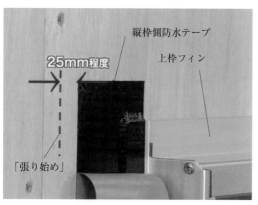

防水テープの「張り始め」と「張り終り」は、縦枠側の防水テープから25mm程度の位置です。

（例）刻印表示
↓ 防水テープはここまで

上枠から5mm程度のクリアランスを空けて、表示ラインの高さで張ります。（表示があるものと、ないものがあります）

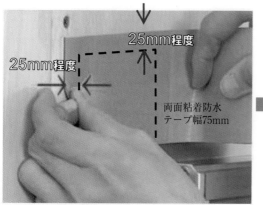

上枠の5mm程度のクリアランス寸法を優先して張ってください。75mm幅であれば、上枠側防水テープの上端は25mm程度になります。

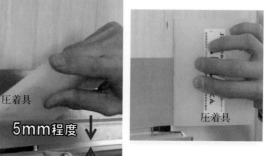

シーラー突起部、フィン不連続部分は「圧着具」を用い丁寧にしっかりと圧着します。

4.1　通気構法

4.1.11（1）　サッシまわり（透湿防水シートの施工）

ポイント

1. 下枠側の先張り防水シートをまくり上げ、透湿防水シートを下枠フィンまで差し込む。
2. 透湿防水シートの重ね合わせは、縦９０mm以上、横は１５０mm以上とする。
3. 上枠側の透湿防水シートは原則「通し張り」とし、中間での「重ね合わせ」は避ける。

　通気構法は、透湿防水シートと通気層（通気胴縁）の施工により、二次防水層が形成されます。外装材ジョイント部のシーリング劣化や、その他の要因等で二次防水層の通気層内に浸入した雨水を透湿防水シートで流下させます。サッシまわりの透湿防水シートは、特に「破れ」「浮き」「しわ」がないように圧着具を使い、丁寧に張ります。

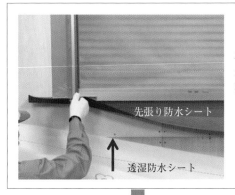

１．先張り防水シートをまくり上げ、透湿防水シートの上端を差し込み、下枠フィンまで張り上げます。

先張り防水シート

透湿防水シート

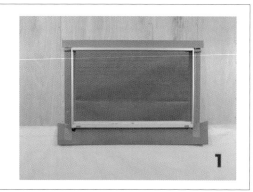

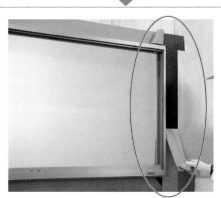

２．サッシ縦枠側の防水テープのはく離紙を剥がし、透湿防水シートを防水テープに沿って張ります。透湿防水シートの上端・下端の縦重ね合わせは、９０mm以上確保します。

縦90mm
以上

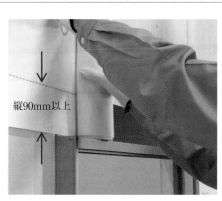

縦90mm以上

３．サッシ上枠側の透湿防水シートは、原則「通し張り」とします。中間での「重ね合わせ」は上方より雨水が流下した場合、サッシ上枠に滞留し重ね合わせ部から毛細管現象で浸入する傾向があります。

通し張り

縦90mm
以上

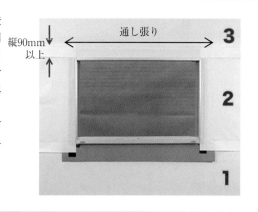

4.1　通気構法

4.1.11（2）　サッシまわり（透湿防水シートの施工不具合）

ポイント

1. サッシまわりの雨漏りで一番多い事故例が、防水テープおよび透湿防水シートの施工不具合。「破れ」「浮き」「しわ」を発生させない丁寧な施工を行う。
2. 透湿防水シートの施工中に「破れ」「浮き」「しわ」が発生したら原則「張り直し」とする。
3. 防水テープおよび透湿防水シートの施工には、必ず圧着具を用いて、入念に圧着する。

【サッシまわりからの雨漏り事故例】

　サッシまわりの透湿防水シートに「破れ」「浮き」「しわ」が生じています。通気層内に雨水が浸入した場合、サッシまわりの透湿防水シートの「破れ」「浮き」「しわ」が「水みち」になって雨水が浸入するリスクが高くなります。また「破れ」により浮いているところからは、直接雨水が浸入するおそれがあります。

破れ、浮き、しわ

「水みち」：部材の取合い箇所にできる筋状の水の浸入経路のこと

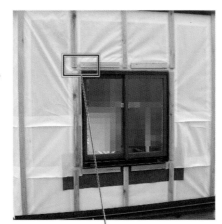

下地に面材がない場合に透湿防水シートを張った状況です。特にサッシ周囲に「しわ」が多く発生しています。

両面粘着防水テープ施工例

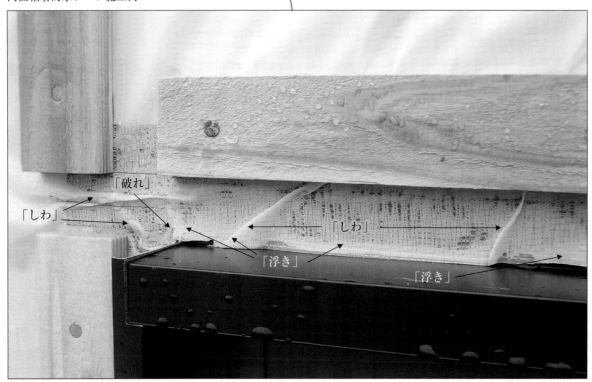

4.1　通気構法

4.1.12　サッシまわりの納まり（木製サッシ：参考例 1）

ポイント

1．木製サッシのたて材とよこ材の接合部は水密性を十分有する製品を使用する。
2．サッシまわりは、サッシ製造者の指定する施工方法を順守する。
3．透湿防水シートおよび先張り防水シートはサッシ枠見付け寸法程度まで巻き込み施工する。
4．サッシ外部に額縁を作り、サッシへの雨掛りを低減する。
5．額縁とサッシ枠は、シーリング等を用い一体化する。
6．サッシ上下の額縁に水切りを設ける（縦枠に水切りを設けてもよい）。
7．外装材と額縁の取合い部にシーリングを施す。

サッシ外部に額縁を設ける場合（上枠は透湿防水シートを巻き込まない例）

縦断面（参考）

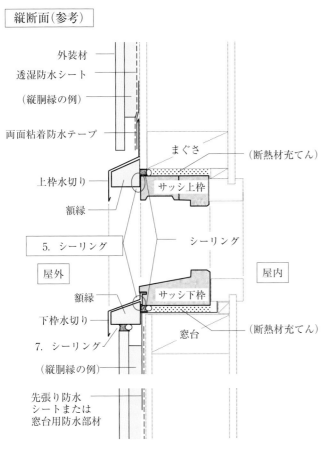

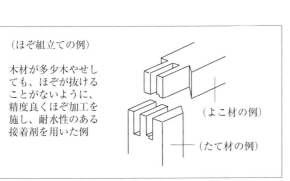

（ほぞ組立ての例）

木材が多少木やせしても、ほぞが抜けることがないように、精度良くほぞ加工を施し、耐水性のある接着剤を用いた例

5．シーリング

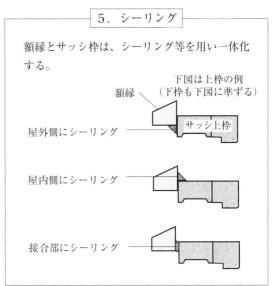

額縁とサッシ枠は、シーリング等を用い一体化する。

横断面（参考）

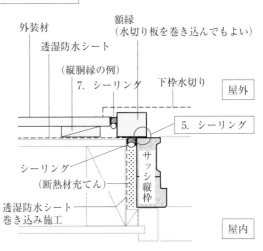

第4章 木造住宅 外壁

4.1　通気構法

4.1.13　サッシまわりの納まり（木製サッシ：参考例2）

ポイント

1．木製サッシのたて材とよこ材の接合部は水密性を十分有する製品を使用する。
2．サッシまわりは、サッシ製造者の指定する施工方法を順守する。
3．透湿防水シートおよび先張り防水シートはサッシ枠見付け寸法程度まで巻き込み施工する。
4．アングルとサッシ枠は、シーリング等を用い一体化する。
5．サッシ枠の上下に水切りを設ける（縦枠に水切りを設けてもよい）。
6．外装材とサッシ枠取合い部にシーリングを施す。

サッシ枠にアングルを設ける場合（上枠は透湿防水シートを巻き込まない例）

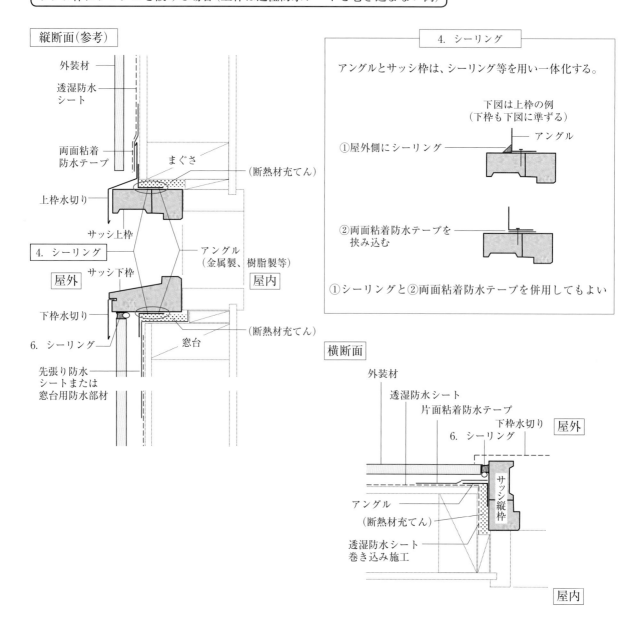

4.1　通気構法

4.1.14　サッシまわり（縦胴縁の配置）

ポイント

1. 胴縁の品質・寸法、留付け釘等の品質・間隔などは、胴縁を留め付ける下地・構造に応じて外装材各製造者の指定する品質および施工方法を順守する。

2. 通気層は、通気胴縁または専用の通気金具を用いて確保する。通気胴縁は、外装材の反り・たわみ等による釘の引き抜き力の発生を想定し外装材の留付けに必要な釘の保持力を確保できる断面寸法とする。幅は45mm以上とし、サイディング材のジョイント部に用いるものは幅90mm以上（45mm以上を2枚あわせたものを含む）とする。なお、木材の寸法は「ひき立て寸法」とする（乾燥収縮により現場で数ミリ縮んでいてもよい）。

3. 通気層は厚さ15mm以上を確保する。ただし、下地面材等を張る場合など断熱材のせり出し防止措置があり、かつ、胴縁の釘保持力を確保できる場合は15mm未満（一般的に12mm以上）とすることができる。

4. 開口部まわりの胴縁は通気を確保するため、サッシフィンを外して留め付ける。

5. 補助胴縁を設ける場合は、製造者の指定する施工方法に基づき必要最小限に配置する。

6. サッシまわりの縦胴縁と補助胴縁の間は通気を確保するため、30mm以上の隙間を設ける。

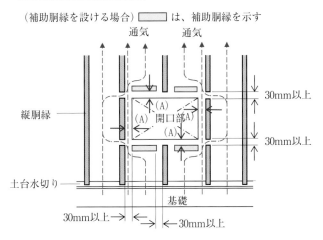

縦胴縁の配置（参考例）

（補助胴縁を設ける場合）▭ は、補助胴縁を示す

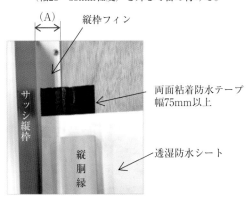

（A）：サッシまわりの胴縁はサッシフィン（幅25〜35mm程度）を外して留め付ける。

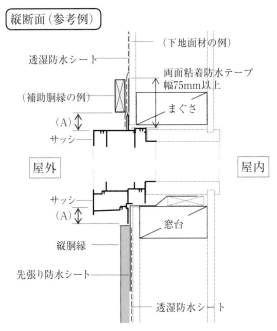

縦断面（参考例）

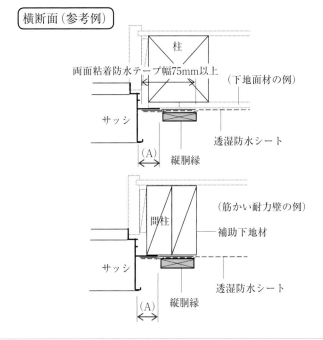

横断面（参考例）

第4章　木造住宅　外壁

4.1　通気構法

4.1.15　サッシまわり（横胴縁の配置）

ポイント

1. 胴縁の品質・寸法、留付け釘等の品質・間隔などは、胴縁を留め付ける下地・構造に応じて外装材各製造者の指定する品質および施工方法を順守する。
2. 通気層は、通気胴縁または専用の通気金具を用いて確保する。通気胴縁は、外装材の反り・たわみ等による釘の引き抜き力の発生を想定し外装材の留付けに必要な釘の保持力を確保できる断面寸法とする。幅は45mm以上とし、サイディング材のジョイント部に用いるものは幅90mm以上（45mm以上を2枚あわせたものを含む）とする。なお、木材の寸法は「ひき立て寸法」とする（乾燥収縮により現場で数ミリ縮んでいてもよい）。
3. 通気層は厚さ15mm以上を確保する。ただし、下地面材等を張る場合など断熱材のせり出し防止措置があり、かつ、胴縁の釘保持力を確保できる場合は15mm未満（一般的に12mm以上）とすることができる。
4. 開口部まわりの胴縁は通気を確保するため、サッシフィンを外して留め付ける。
5. 補助胴縁を設ける場合は、製造者の指定する施工方法に基づき必要最小限に配置する。
6. 横胴縁は通気を確保するため、2m以内に30mm以上の隙間を設ける。
7. サッシまわりの横胴縁と補助胴縁の間は通気を確保するため、30mm以上の隙間を設ける。

横胴縁の配置（参考例）

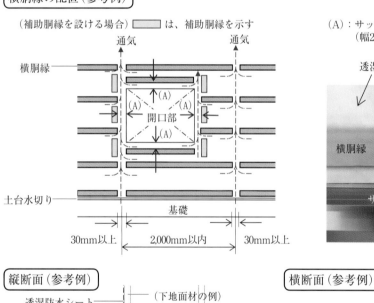

（補助胴縁を設ける場合）▭ は、補助胴縁を示す

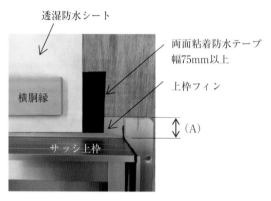

（A）：サッシまわりの胴縁はサッシフィン（幅25〜35mm程度）を外して留め付ける。

縦断面（参考例）

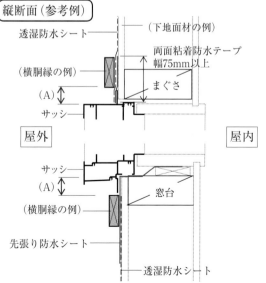

横断面（参考例）

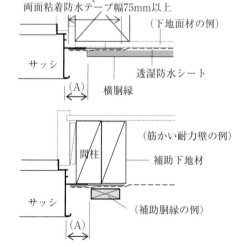

4.1　通気構法

4.1.16　パイプ類貫通部まわり（パイプの固定方法、不具合事例）

ポイント

> １．パイプまわりは、防水テープの圧着が可能な下地（パイプ受け、下地面材等）を設ける。
> ２．パイプ類は、パイプ受けや下地面材等により確実に固定する。

壁貫通口まわりは、防水テープの圧着を行うため下地が必要です。下地がない場合、圧着できません。

防水テープの圧着
（伸張性片面粘着防水テープの例）

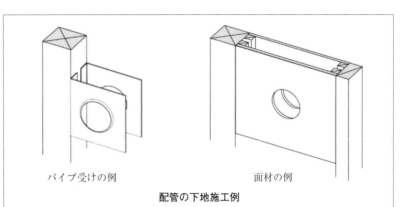

配管の下地施工例

【出典】　国土技術政策総合研究所　国総研資料　第975号　木造住宅の耐久性向上に関わる建物外皮の構造・仕様とその評価に関する研究　第XI章-45

既製品例：フランジ・パイプ一体型

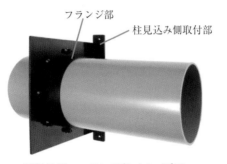

既製品例：フランジ付パイプ受け

下地面材の例

【不具合施工例】

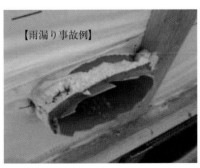

シーリングが剥れ雨水が浸入しました。透湿防水シートと塩ビ系パイプにシーリングを行ってはいけません。現在のところ、接着性の良いシーリング材はありません。

パイプ用防水部材を使用していますが、製造者が指定する施工方法を順守していません。

伸張性のないテープで上から下へ多重張りしています。透湿防水シートを伝ってきた雨水がテープのしわや継ぎ目から浸入するリスクが高くなります。

第４章　木造住宅　外壁

4.1　通気構法

4.1.17（1）　パイプ類貫通部まわり（伸張性片面粘着防水テープの施工）

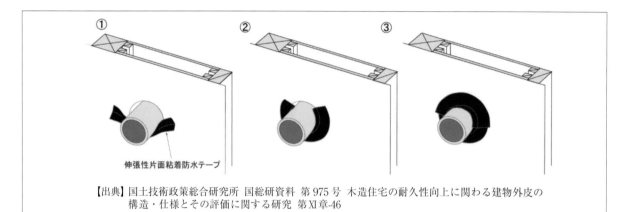

伸張性片面粘着防水テープ

【出典】国土技術政策総合研究所 国総研資料 第 975 号 木造住宅の耐久性向上に関わる建物外皮の
構造・仕様とその評価に関する研究 第XI章-46

> **ポイント**
>
> 1.　伸張性片面粘着防水テープは、製造者の指定する施工方法を順守し、防水テープを無理に伸ばしすぎないよう注意して張る。

伸張性片面粘着防水テープ2枚の施工手順（参考例）

伸張性片面粘着防水テープは、2枚以上の枚数を用いると施工しやすくなります。

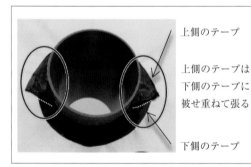

上側のテープ

上側のテープは
下側のテープに
被せ重ねて張る

下側のテープ

手順 1　防水テープは、あらかじめパイプ外周長さを確認し、上側と下側のテープの重ねが確保できる寸法にカットします。

テープの長さ（テープ幅50mmの例）
「パイプ外周長さの1/2+テープの幅程度」

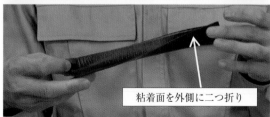

粘着面を外側に二つ折り

（右上へ）

手順 2　下側のテープをパイプに張る

パイプに張るとき伸ばしすぎない

手順 3　透湿防水シートへ指を使って張り広げる

テープに捲れが生じないように張る

透湿防水シートに張るとき無理に伸ばしすぎない

手順 4　圧着具で丁寧にしっかりと圧着する

入隅に圧着具のエッジを
立てて押し付ける

（次ページに続く）

4.1　通気構法

(前ページから続く)

4.1.17（2）　パイプ類貫通部まわり（伸張性片面粘着防水テープの施工）

伸張性片面粘着防水テープ２枚の施工手順（参考例）

手順5　上側のテープは下側のテープの上に重ね張り始める。

張り始め

パイプに張るとき伸ばしすぎない

手順7　透湿防水シートに指を使って張り広げる

透湿防水シートに張るとき無理に伸ばしすぎない

手順6　「張り終り」も必ず下側のテープの上に張る

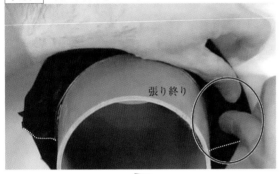

張り終り

(右上へ)

手順8　圧着具でしっかり、丁寧に圧着する

テープの重ね部分は入念に圧着する

可とう管、スパイラル管等は凹凸があります。伸張性片面粘着防水テープを用いる場合、溝（凹部）を入念に圧着します。

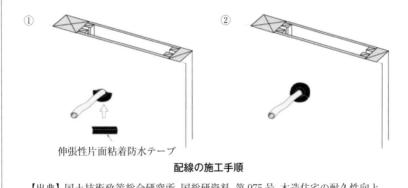

伸張性片面粘着防水テープ

配線の施工手順

【出典】国土技術政策総合研究所　国総研資料　第975号　木造住宅の耐久性向上に関わる建物外皮の構造・仕様とその評価に関する研究　第Ⅺ章-47

合成樹脂製可とう電線管は管径が細いため、テープを伸ばしすぎないよう注意して張ります。

伸張性片面粘着防水テープ２枚の施工例

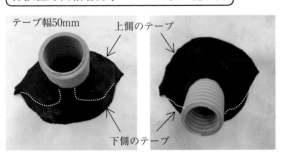

テープ幅50mm
上側のテープ
下側のテープ

伸張性片面粘着防水テープ１枚の施工例

100mm
100mm

4.1　通気構法

4.1.18（1）　パイプ類貫通部まわり（パイプ用防水部材の施工）

ポイント

1．パイプ用防水部材は製造者の指定する施工方法を順守する。
2．パイプの外径・材質・形状等は、パイプ用防水部材製造者の指定するものとする。パイプ用防水部材は丸穴径に応じて使用できるパイプの外径・材質・形状等が指定されている。

　パイプ用防水部材とパイプの取合い部は、パイプ取合い部に片面粘着防水テープを張るタイプ、防水部材でパイプを締め付け密着するタイプ、粘着層付き防水部材でパイプに圧着するタイプがあります。

パイプ取合い部に片面粘着防水テープを張るタイプ（参考例）

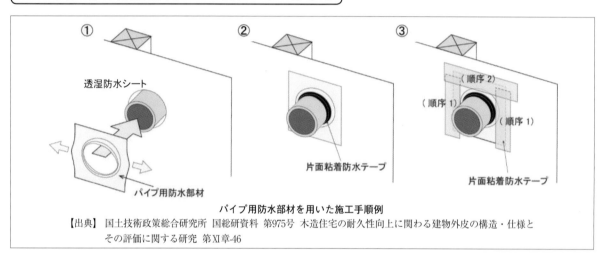

パイプ用防水部材を用いた施工手順例

【出典】国土技術政策総合研究所　国総研資料　第975号　木造住宅の耐久性向上に関わる建物外皮の構造・仕様とその評価に関する研究　第XI章-46

防水部材でパイプを締め付け密着するタイプ（参考例）

　下記の施工方法は参考例でおおよその流れです。実際の施工は、パイプ用防水部材製造者の指定する施工方法を順守します。

手順1	本体中央部を指で広げながらパイプにかぶせます。
手順2	パイプの奥まで（透湿防水シート表面まで）差し込みます。
手順3	両サイドの防水テープを張ります。

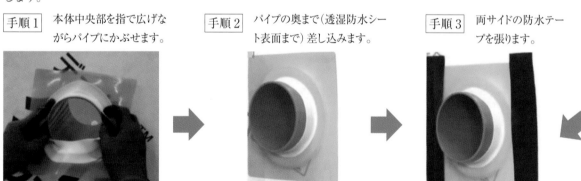

手順4　上端の防水テープを張ります。防水テープは、圧着具を用いしっかり丁寧に圧着します。

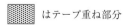　はテープ重ね部分

パイプへの締め付けと密着の状況を確認します。

（次ページに続く）

4.1　通気構法

（前ページから続く）

4.1.18（2）　パイプ類貫通部まわり（パイプ用防水部材の施工）

本体をパイプの奥まで（透湿防水シート表面まで）差し込み、片面粘着防水テープは両サイド、上端の順番で張ります。

（合成樹脂製可とう電線管の例）

手順1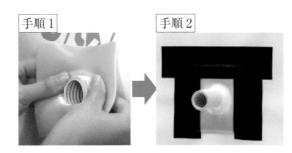

手順2

可とう管周囲は溝（凹部）へ入り込むように密着させます。

粘着層付き防水部材でパイプに圧着するタイプ（参考例）

　下記の施工方法は参考例でおおよその流れです。実際の施工は、パイプ用防水部材製造者の指定する施工方法を順守します。

本体裏面は粘着層で剥離フィルム付きです。剥離フィルムは外側と内側に分かれていてセパレーターを引っ張り剥がします。

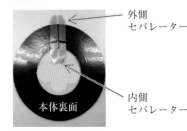
外側セパレーター
本体裏面
内側セパレーター

手順1　本体中央穴端部を立ち上げながらパイプの奥へ差し込みます。

透湿防水シート

手順2　透湿防水シート表面まで差し込みます。

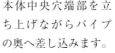
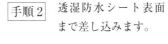
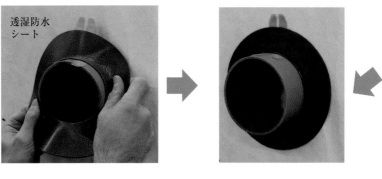

手順3　本体を透湿防水シートに押さえた状態で外側セパレーターを剥がし、圧着具を用いしっかり丁寧に圧着します。位置が決まったら、内側セパレーターも同様に剥がし圧着具を用い圧着します。

このとき外側方向へめくるように引き剥がす（手前に引っ張らないこと）
外側セパレーター

圧着具で圧着する

本体をパイプの奥まで（透湿防水シート表面まで）差し込み、セパレーターを外側、内側の順番で剥がし、圧着具を用い圧着します。

（合成樹脂製可とう電線管の例）

手順1

手順2

可とう管周囲は溝（凹部）を入念に圧着します。

4.1　通気構法

4.1.19　パイプ類貫通部まわり（配線・配管など）

ポイント

1. 壁貫通パイプは屋外側に下り勾配をとる。
2. 壁貫通パイプと透湿防水シートは、伸張性片面粘着防水テープやパイプ用防水部材を用い連続性を確保する。
3. 壁貫通パイプと外装材は、シーリングを用い連続性を確保する。
4. 壁貫通パイプの管端はエントランスキャップやブッシングを使用する。

エントランスキャップ（参考例）

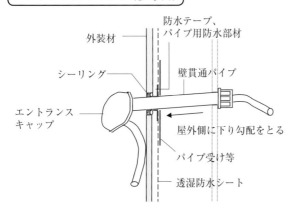

ブッシング（参考例）

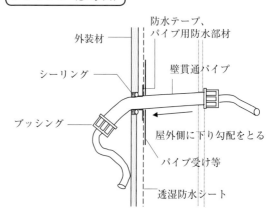

プルボックス（参考例）

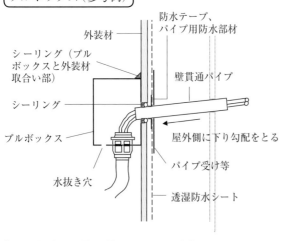

配管化粧カバー等（参考例）

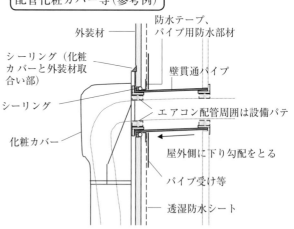

【非硬化性の配管設備パテの不具合】

　築2年でパテと配管の間に隙間が生じました。軒の出が浅く雨掛りが多い場合、雨水の浸入するリスクが高くなります。
　エアコンの配管貫通部は化粧カバーを設けた方が安全です。

配管化粧カバー（参考例）

（次ページに続く）

4.1　通気構法

4.1.20　パイプ類貫通部まわり（外挿タイプのベントキャップ）

ポイント

1．ベントキャップは水切り性能を有する外挿（がいそう）タイプを推奨する。
2．壁貫通パイプは屋外側に下り勾配とし、外装材より30mm程度出す。
3．ベントキャップは製造者の指定する施工方法を順守し、外装材取合い部にシーリングを施す。

換気口：外挿（がいそう）タイプのベントキャップ（参考例）

　ベントキャップは水切り性能を有する外挿（がいそう）タイプを推奨します。壁貫通パイプの水分を含む排気や結露水、パイプ内に吹き込む雨水や雪などをパイプから直接排水し、外装材表面を伝って流れないようにパイプは外装材より30mm程度出します。

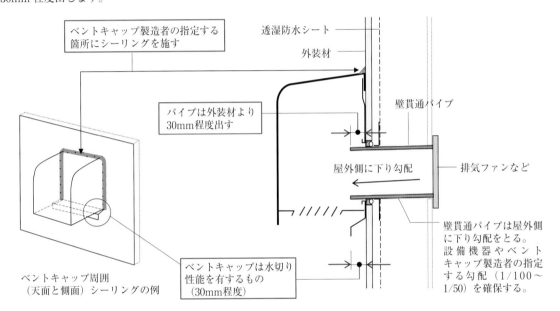

下記の施工方法は参考例でおおよその流れです。
　実際の施工は、ベントキャップ製造者の指定する施工方法を順守します。

壁貫通パイプ周囲と外装材は、シーリングを用い連続性を確保します。

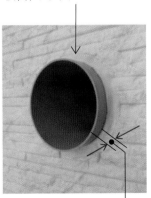

パイプは外装材より30mm程度出す

付属のねじでベースを固定します。（外装材表面の凹凸が大きい場合、あらかじめベース周囲の外装材凹部にシーリングを施します）

外装材への伝い水を防止し、水切り性能を有するものとします。

付属のねじでベントキャップを固定し、ベントキャップと外装材取合い部（天面と側面）にシーリングを施します。

4.1　通気構法

4.1.21　幕板まわり

ポイント　（乾式外壁の場合）

　１．乾式外壁に幕板を設ける場合、外装材製造者の指定する施工方法を順守する。
　２．幕板の上部に水切りを設ける。

外壁を流下する雨水の滞留を防ぐため、幕板の上部に水切りを設けます。

窯業系サイディング（参考例）

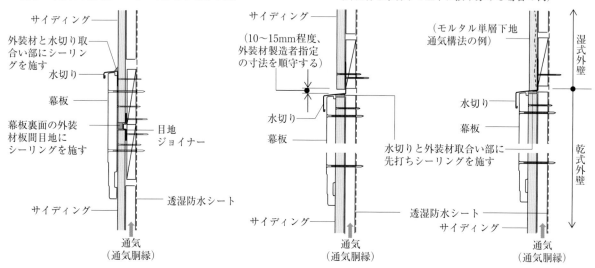

（幕板の裏面に外装材ジョイントがある場合の例）
　サイディング
　外装材と水切り取合い部にシーリングを施す
　水切り
　幕板
　幕板裏面の外装材板間目地にシーリングを施す
　目地ジョイナー
　サイディング
　透湿防水シート
　通気（通気胴縁）

（外装材を水切りで上下に張り分ける場合の例）
　サイディング
　（10〜15mm程度、外装材製造者指定の寸法を順守する）
　水切り
　幕板
　サイディング
　通気（通気胴縁）

（モルタル単層下地通気構法の例）
　水切り
　幕板
　水切りと外装材取合い部に先打ちシーリングを施す
　透湿防水シート
　サイディング
　通気（通気胴縁）
　湿式外壁
　乾式外壁

ポイント　（湿式外壁の場合）

　１．湿式外壁に幕板を設ける場合、幕板はモルタル表面に塗装等の仕上材を施した後に取り付ける。
　２．幕板の上部に水切りを設ける。

1. モルタル表面に塗装等の仕上材を施す
2. 幕板固定ねじの「下穴」にシーリングを施す
3. 幕板裏面に釘穴シーリング性が良好なテープ等を張る

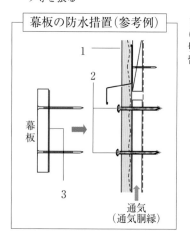

幕板の防水措置（参考例）
　1
　2
　幕板
　3
　通気（通気胴縁）

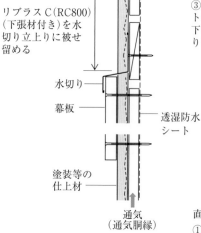

（単層下地通気構法の例）
　リブラスC（RC800）（下張材付き）を水切り立上りに被せ留める
　水切り
　幕板
　透湿防水シート
　塗装等の仕上材
　通気（通気胴縁）

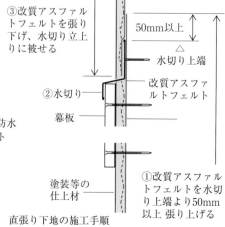

（直張り下地構法の例）
（二層下地通気構法の場合も下図に準じる）
　③改質アスファルトフェルトを張り下げ、水切り立上りに被せる
　50mm以上
　△水切り上端
　②水切り
　改質アスファルトフェルト
　幕板
　①改質アスファルトフェルトを水切り上端より50mm以上張り上げる
　塗装等の仕上材

直張り下地の施工手順
①改質アスファルトフェルトを張り上げ
②水切り取り付け
③改質アスファルトフェルトを張り下げ

4.1　通気構法

4.1.22　土台水切りまわり

ポイント

1．外装材下端の土台取合い部は、土台水切りを設ける。
2．透湿防水シートは土台水切りの上にかぶせ、防水テープ等を用い土台水切りと一体化する。
3．「ねこ土台」を用い床下換気措置を行う場合は、床下換気用の土台水切り（床下換気に必要な有効面積を有し、ねずみ等の侵入を防ぐもの）を使用する。
4．外装材と水切りのクリアランス寸法（通気兼排水口）は、外装材製造者の指定する寸法を順守する。

土台まわりは、壁面および通気層内を流下する雨水や地面から跳ね返る雨水の回り込みを防ぐため、土台水切りを設けます。

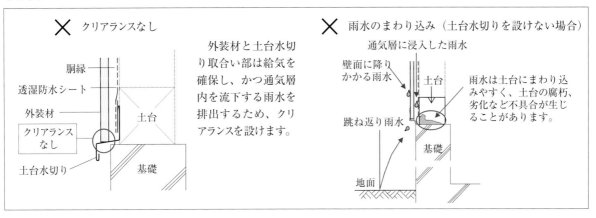

土台水切り（参考例）

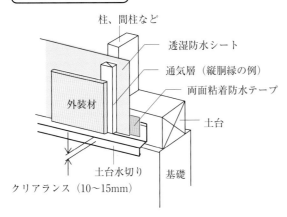

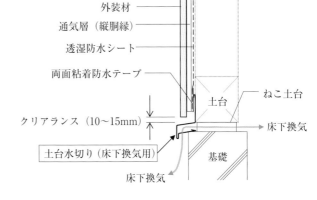

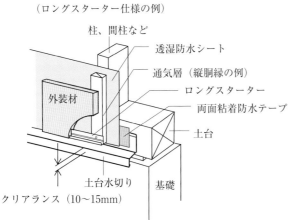

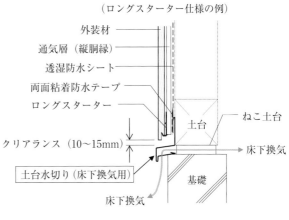

4.1　通気構法

4.1.23　寒冷地仕様の場合（胴縁の配置）

ポイント

1. 使用する外装材に外装材製造者指定の寒冷地域仕様がある場合は、各製造者の指定する施工方法を順守する。また、一般地域であっても積雪・凍結を考慮する必要のある地域は、寒冷地域に準じた設計・施工が必要である。
2. 補強用の胴縁および下地材等は外装材製造者の指定するものを使用し、各製造者の指定する補強方法を順守する。

胴縁の断面寸法、材質等は、外装材製造者の指定品等を使用します。

縦胴縁の場合（参考例）

　積雪による荷重が外壁にかかる場合、積雪高さまで躯体に「補強用下地材」を入れ、胴縁ピッチ 455mm 以下の間にもう一本「補強用胴縁」を入れます。下屋根部分も同様にします。

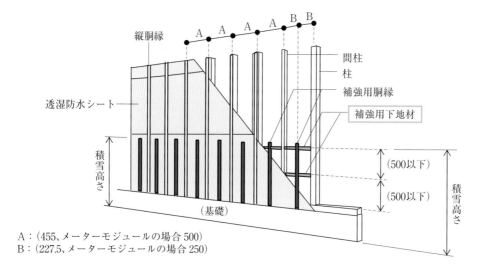

A：（455、メーターモジュールの場合 500）
B：（227.5、メーターモジュールの場合 250）

横胴縁の場合（参考例）

　横胴縁の取付け間隔は、積雪高さまで 303mm 以下とします。下屋根部分も同様とします。

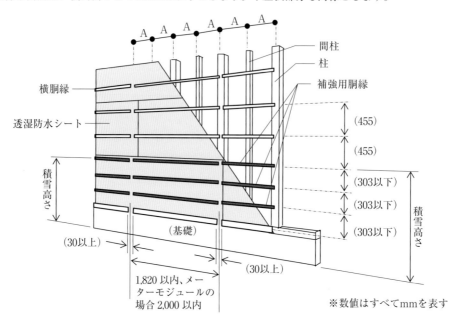

※数値はすべてmmを表す

4.2　乾式の外壁仕上げ

4.2.1　窯業系サイディング（サッシまわりの納まり）

ポイント

1．窯業系サイディングは、サイディング製造者の指定する施工方法を順守する。
2．サッシまわりのサイディングは、10mm程度のクリアランスを設け、シーリング工事を行う。
3．シーリング材およびプライマーは、サイディング製造者の指定するものを使用する。
4．シーリング材およびプライマーは、各製造者の指定する施工方法を順守する。
5．上枠部に排水路を設ける場合は、サイディング製造者の指定する施工方法を順守する。

窯業系サイディング（参考）

　実際の施工にあたっては、サイディング製造者の指定する施工方法に基づいて実施する必要があります。

　排水路は、通気層内に浸入した雨水や結露水などを、サッシ上枠に滞留させず排出する目的で使用します。

　排水路の設置の有無については、建設地の与条件を考慮し、必要に応じて設置します。サッシ上部に軒、ひさし等が設置されているなど、サッシ上部の外壁への雨掛りが少ない場合は設けない場合もあります。

排水路を設置する場合の配置例（参考）

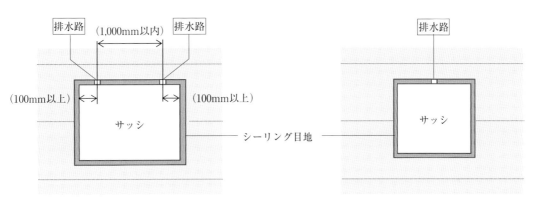

サッシまわり、ボンドブレーカー付き目地ジョイナーの例

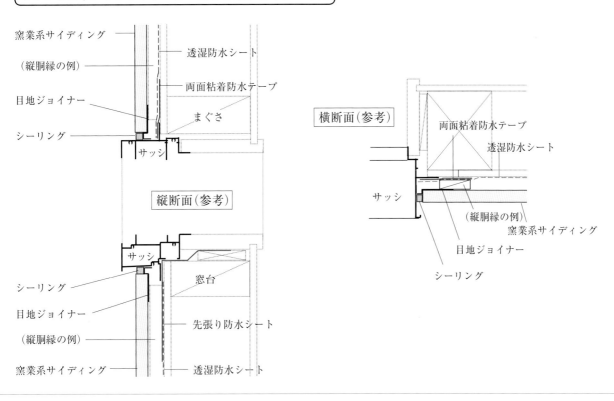

4.2　乾式の外壁仕上げ

4.2.2　複合金属サイディング（サッシまわりの納まり）

ポイント

1. 複合金属サイディングは、サイディング製造者の指定する施工方法を順守する。
2. サッシまわりのサイディング見切縁は、10mm程度のクリアランスを設け、シーリング工事を行う。
3. シーリング材およびプライマーは、サイディング製造者の指定するものを使用する。
4. シーリング材およびプライマーは、各製造者の指定する施工方法を順守する。
5. 排水路を設ける場合は、サイディング製造者の指定する施工方法を順守する。

複合金属サイディング（参考）　サッシまわりの見切縁は、排水孔付きの使用例です。

実際の施工にあたっては、サイディング製造者の指定する施工方法に基づいて実施する必要があります。

排水路は、通気層内に浸入した雨水や結露水などを、サッシ上枠に滞留させず排出する目的で使用します。

排水路の設置の有無については、建設地の与条件を考慮し、必要に応じて設置します。サッシ上部に軒、ひさし等が設置されているなど、サッシ上部の外壁への雨掛りが少ない場合は設けない場合もあります。

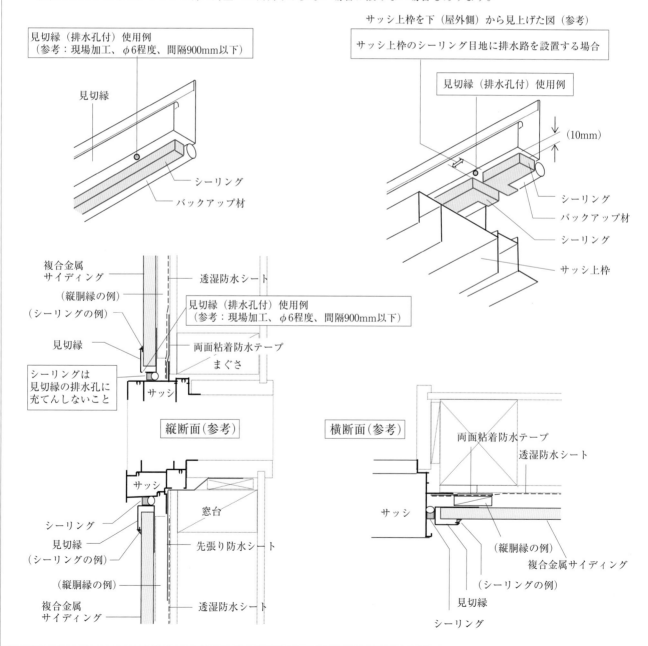

4.2　乾式の外壁仕上げ

4.2.3　シーリング（シーリング材の品質、2 面接着、設計目地幅と目地深さ）

ポイント

1. シーリング材は、JIS A 5758（建築用シーリング材）に適合するもので、JIS の耐久性による区分の 8020 の品質またはこれと同等以上の耐久性能を有するシーリング材を用い、適切な防水措置を施す。
2. シーリング材およびプライマーは、外装材製造者の指定するものを使用する。
3. シーリング材およびプライマーは、各製造者の指定する施工方法を順守する。
4. 木造住宅の外壁の目地シーリングは、目地の伸縮に自由に追従できるように、ワーキングジョイントとし、ボンドブレーカーまたはバックアップ材等を使用し、「2 面接着」とする。

ワーキングジョイント、2 面接着と 3 面接着のシーリング材の伸び状態の違い（イメージ図）

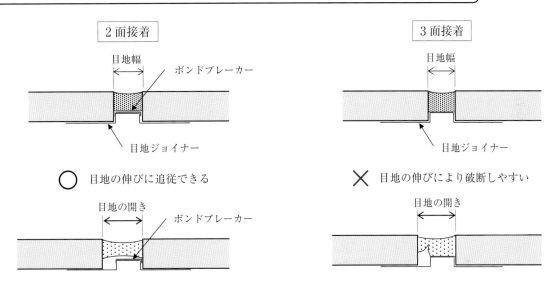

ポイント

1. 目地幅と目地深さは、外装材（サイディング等）製造者の指定寸法を順守する。

　2 面接着の場合、目地の伸縮だけを考えるならば、幅が広いほど安全と考えられます。しかし、目地幅が広すぎるとシーリング材の充填作業が困難になったり、逆に狭すぎると確実に充填することができなくなります。また、意匠上、耐久性上、経済上も好ましくありません。

ワーキングジョイントの目地深さD（Depth）の寸法の取り方

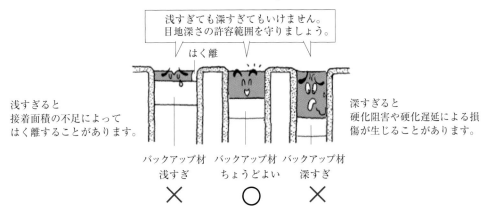

4.2　乾式の外壁仕上げ

4.2.4　シーリング（被着体の組合せとシーリング材の種類）

被着体の組合せとシーリング材の種類

被着体の組合せ			シーリング材の種類	
			記号	主成分による区分
金属	金属		MS-2	変成シリコーン系
	コンクリート			
	ガラス		SR-1	シリコーン系
	FRP 系塗膜防水層（防水用ポリエステル樹脂）		MS-1	変成シリコーン系
	石，タイル		MS-2	変成シリコーン系
	ALC	仕上げなし	MS-2	変成シリコーン系
		仕上げあり（注 1）	PU-2	ポリウレタン系
	押出し形成セメント板		MS-2	変成シリコーン系
	窯業系サイディング	仕上げなし	MS-1	変成シリコーン系
		仕上げあり（注 1）	PU-1	ポリウレタン系
	複合金属サイディング		MS-2	変成シリコーン系
ポリ塩化ビニル樹脂形材（樹脂製建具）（注 2）	ポリ塩化ビニル樹脂形材（樹脂製建具）（注 2）		MS-2	変成シリコーン系
	コンクリート			
	石，タイル			
	ガラス		SR-1	シリコーン系
ガラス	ガラス		SR-1	シリコーン系
石	石	外壁乾式工法の目地	MS-2	変成シリコーン系
		上記以外の目地	PS-2	ポリサルファイド系
コンクリート	プレキャストコンクリート		MS-2	変成シリコーン系
	打継ぎ目地 ひび割れ誘発目地	仕上げなし	PS-2	ポリサルファイド系
		仕上げあり（注 1）	PU-2	ポリウレタン系
	石，タイル		PS-2	ポリサルファイド系
	ALC	仕上げなし	MS-2	変成シリコーン系
		仕上げあり（注 1）	PU-2	ポリウレタン系
	押出成形セメント板	仕上げなし	MS-2	変成シリコーン系
		仕上げあり（注 1）	PU-2	ポリウレタン系
ALC	ALC	仕上げなし	MS-2	変成シリコーン系
		仕上げあり（注 1）	PU-2	ポリウレタン系
押出成形セメント板	押出成形セメント板	仕上げなし	MS-2	変成シリコーン系
		仕上げあり（注 1）	PU-2	ポリウレタン系
窯業系サイディング	窯業系サイディング	仕上げなし	MS-1	変成シリコーン系
		仕上げあり（注 1）	PU-1	ポリウレタン系
複合金属サイディング	複合金属サイディング		MS-2	変成シリコーン系
水回り	浴室・浴槽		SR-1	シリコーン系（注 3）
	キッチン・キャビネット回り			
	洗面・化粧台回り			
タイル	タイル（伸縮調整目的）		PS-2	ポリサルファイド系
アルミニウム製建具等の工場シール（注 4）				

（注）　1.　「仕上げあり」とは，シーリング材表面に仕上塗材，塗装等を行う場合を示す。
　　　　2.　ポリ塩化ビニル樹脂形材は，JIS A 5558（無可塑ポリ塩化ビニル製建具用形材）による。
　　　　3.　防カビタイプの 1 成分形シリコーン系とする。
　　　　4.　現場施工のシーリング材と打継ぎが発生する場合の工場シーリング材を示す。
　　　　5.　異種シーリング材が接する場合は，監督職員と協議する。
　　　　6.　材料引張強度の低いものは，50 ％ モジュラスが材料引張強度の 1/2 以下のものを使用する。
　　　　　　なお，被着体が ALC パネルの場合は，50 ％ モジュラスが 0.2 N/mm^2 以下とする。

【出典】公共建築木造工事標準仕様書 平成 31 年版をもとに日本住宅保証検査機構作成

4.2　乾式の外壁仕上げ

4.2.5　シーリング（プライマー、バックアップ材、ボンドブレーカー）

ポイント

1. シーリング材の本来の防水機能を発揮させ、目地の構成材に十分接着させるためには、プライマーが必要になる。プライマーは接着性の確保という重要な役割をもっている。
2. プライマーの選定においては、シーリング材、被着体ごとに種類が異なる場合があるので、必ずシーリング材製造者の指定するプライマーを使用する。
3. シーリングの目地幅と目地深さは外装材製造者の指定する寸法を確保する。
4. シーリングの目地底が深い場合、バックアップ材を目地底に設け、外装材製造者の指定する目地深さを確保する。
5. ボンドブレーカー付き目地ジョイナーは外装材製造者の指定するシーリング目地幅と目地深さを確保できるものを使用する。

プライマーの役割

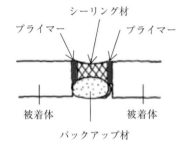

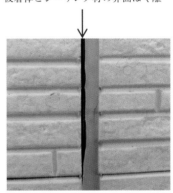
被着体とシーリング材の界面はく離

バックアップ材（参考例）

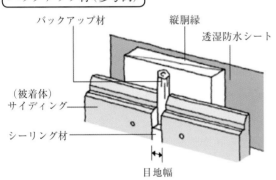

2面接着（イメージ図）

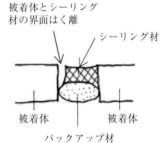

バックアップ材を目地底に設け、外装材製造者指定の目地深さを確保する。

ボンドブレーカー付き目地ジョイナー（参考例）

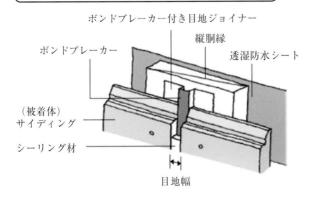

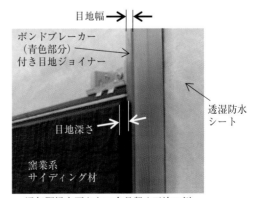

通気胴縁を要さない金具留め工法の例

4.2　乾式の外壁仕上げ

4.2.6(1)　シーリングの施工手順

> **ポイント**
>
> 1. シーリング材およびプライマーは各製造者の指定する施工方法を順守する。
> 2. プライマーは、使用するシーリング材製造者の指定するものを使用する。
> 3. プライマーは、シーリング材製造者の指定する有効期間を過ぎたもの、開封時に異常が認められるものは使用しない。
> 4. バックアップ材およびボンドブレーカーは、シーリング材と接着せず、またシーリング材の性能を低下させないものとする。
> 5. バックアップ材およびボンドブレーカーは、適切な形状・寸法のものを使用する。
> 6. マスキング(養生)テープは粘着材およびはく離剤が清掃溶剤またはプライマーの溶剤によって溶解しても、シーリング材の硬化や接着性に悪影響を与えないものを使用する。

手順1　作業環境の確認(降雨、降雪、気温)

　シーリング工事は天候がよい日に行ってください。前日が雨や雪などの場合は、下地が充分乾燥している状態を確認のうえ、施工します。

　シーリング材の接着性能は、施工時の構成材または接着面の水分状態により大きく左右されます。降雨・降雪時または降雨・降雪が予想される場合や被着体が5℃以下または50℃以上になるおそれのある場合は、すみやかに施工を中止してください。

　気温が著しく低い場合や高い場合の施工は、所定の性能を確保することが難しく、耐久性の低下を生じさせることになります。施工時の温度環境とシーリング材の性能については、シーリング材製造者と事前の協議を行う必要があります。

手順2　接着面の確認、清掃

　被着面の接着を阻害する水分(下地の含水状態、降雨後の乾燥状態、結露など)、切粉、塵あい、油分などの有無を確認します。

　切粉、塵あい、油分などをハケや布等で清掃します。清掃溶剤を用いる場合は、トルエンに替わるものを使用します。

手順3　バックアップ材の装填

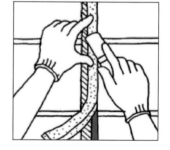

　バックアップ材は外装材製造者が指定する目地深さとなるように装填します。バックアップ材の装填は目地底に一様に張り付けます。

✕ 不均一な目地深さ　　　○ 外装材製造者が指定する目地深さ

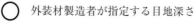
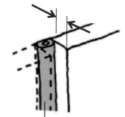

バックアップ材の波打ち　　　バックアップ材

　目地ジョイナーを用いる場合はボンドブレーカー付きのものとします。

(次ページに続く)

4.2　乾式の外壁仕上げ

（前ページから続く）

4.2.6（2）　シーリングの施工手順

手順4　マスキング（養生）テープ張り

　マスキングテープは、プライマー塗布前の所定の位置に通りよく張ります。シーリング工事用の紙粘着テープ（粘着剤が残存しないもの）を使用します。マスキングテープ張りはその日の工事範囲内とします。

マスキングテープ張りの位置（参考）

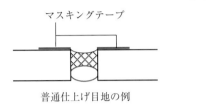 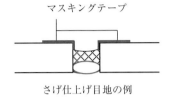

普通仕上げ目地の例　　　　　　　　さげ仕上げ目地の例

手順5　プライマー塗布

　プライマーは、必要分だけ小分けし、目地の内部がよく塗れるような「はけ」を使用して、塗り残しのないように均一に塗り、乾燥させます。プライマーの塗布は、当日のシーリング工事範囲のみとします。

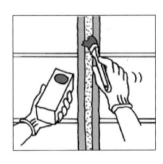

※オープンタイム（乾燥時間）の必要性：プライマーが性能を発揮するためには、接着性を担う成分が、被着体の表面で皮膜化する必要があります。そのため、プライマーを使用する場合はオープンタイムが必要とされています。製造者指定のオープンタイム（t）を確保します。

> （参考例）
> $30 分 < t < 360 分$
> 30分以上6時間以内です。

手順6　シーリング材の充てん

　プライマー塗布後は製造者指定のオープンタイム（乾燥時間）を確保し、所定時間内にシーリング材を充てんしてください。目地幅に合ったノズルで被着体に十分な圧力がかかり、目地底部まで充てんできるようにノズルの角度と充てん速度を考慮しながら、すき間・打残し・気泡が入らないように行います。

　目地の交差部から充てんをはじめ、打ち止めは交差部を避けてください。

（次ページに続く）

4.2　乾式の外壁仕上げ

（前ページから続く）

4.2.6（3）　シーリングの施工手順

[手順7]　へら仕上げ

　へら仕上げは、シーリング材充てん後、すみやかに行ってください。シーリング材の可使用時間内に行います。ヘラは目地幅に合ったものを使用し、充てんされたシーリング材が被着面によく密着するようにへらで押さえ、表面を平滑に仕上げます。

[手順8]　マスキングテープのはがし

　ヘラ仕上げ終了後、すみやかにマスキングテープをはがします。テープの粘着剤が被着体に移行することがあるため、速やかに除去します。（特に夏季は注意します）

[手順9]　清掃

　仕上げ後のシーリング目地表面には手をふれないよう注意します。
　マスキングテープの張り跡やプライマーのはみ出しがある場合には、すみやかに清掃します。
　充てん箇所以外（サイディング材など）に付着したシーリング材は、ただちに構成材の表面を侵さない溶剤などを使用して拭き取ります。シリコーン系シーリング材の場合は硬化後除去するのが好ましい場合があります。（事前にシーリング材製造者に確認してください）

[手順10]　仕上がりのチェック

　充てん作業終了後、目視にてシーリング材の打ち残し、表面の凸凹、気泡の有無などの仕上がり状態をチェックし、手直しがある場合は、足場のあるうちに速やかに行ってください。

4.2　乾式の外壁仕上げ

4.2.7　シーリング材の充てん、打継ぎ

ポイント

1．シーリング材およびプライマーは各製造者の指定する施工方法を順守する。
2．目地への打始めは、原則として、目地の交差部またはコーナー部から行う。
3．打継ぎ箇所は、目地の交差部およびコーナー部を避け、斜めに打ち継ぐ。

シーリング材充てんの順序（参考例）

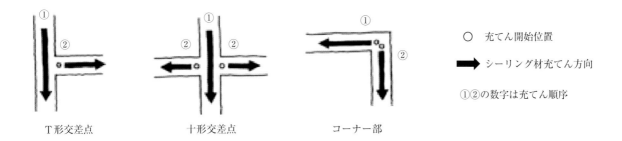

T形交差点　　　　　　十形交差点　　　　　　コーナー部

○　充てん開始位置
➡　シーリング材充てん方向
①②の数字は充てん順序

シーリング材の打継ぎ（参考例）

打継ぎの条件（参考例）
1．先打ちシーリング材は十分に硬化していること。
2．打継ぎ面は溶剤洗浄を行うこと。または、カットして新しい面を出すこと。
3．あと打ちシーリング材のプライマーを打継ぎ面に塗布すること。

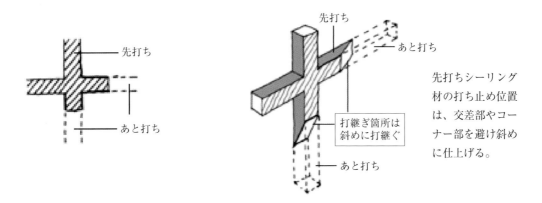

先打ちシーリング材の打止め位置は、交差部やコーナー部を避け斜めに仕上げる。

異種シーリング材の打継ぎ（注意事項）

　種類の異なるシーリング材を打ち継ぐことは、原則避けます。異種シーリング材を打ち継ぐと、組合せによっては接着不良や成分の移行による硬化不良および変色などを生ずるおそれがあります。やむを得ず異種シーリング材の打継ぎが生ずる場合は、シーリング材の適否、施工手順、プライマーの選択などをシーリング材製造者に確認します。

4.3　湿式の外壁仕上げ

4.3.1（1）　モルタル外壁（ラス）

ポイント（ラス）

1. ラスは、JIS A 5505（メタルラス）または JASS 15 M-101（力骨付きラスの品質基準）の規定に適合する波形ラス W700、こぶラス K800、力骨付きラス BP700、リブラス C（RC800）のいずれかのラス、または同等以上の性能を有するものとする。

木造住宅のモルタル外壁に使用するラスとして、以下の種類があります。

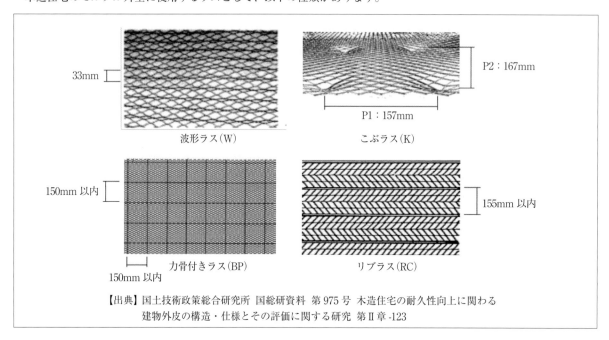

33mm　波形ラス（W）

P2：167mm
P1：157mm
こぶラス（K）

150mm 以内
150mm 以内
力骨付きラス（BP）

155mm 以内
リブラス（RC）

【出典】国土技術政策総合研究所　国総研資料　第 975 号　木造住宅の耐久性向上に関わる
建物外皮の構造・仕様とその評価に関する研究　第 II 章 -123

ポイント（補強用ラス）

1. 出入隅部および開口の隅角部に留め付ける補強用ラスは、JIS A 5505（メタルラス）の規定に適合する平ラス F450、または同等以上の性能を有するものとする。
2. 補強用に用いる平ラスは、単独の使用を禁じる。

　平ラスは単独で使用してはいけません。平ラスをアスファルトフェルトへ留め付けた場合、ラスの裏側にモルタルがまわりにくいため、ラスが腐食しやすく、強度や耐久性が確保できません。

○　波形ラスの例　　　　　　　　　　　　　　　　✕　補強用ラス（平ラス）を単独で使用

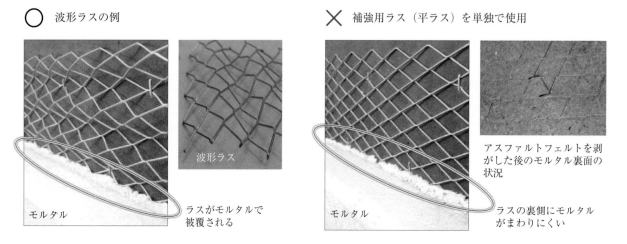

波形ラス

モルタル
ラスがモルタルで被覆される

アスファルトフェルトを剥がした後のモルタル裏面の状況

モルタル
ラスの裏側にモルタルがまわりにくい

4.3　湿式の外壁仕上げ

4.3.1（2）　モルタル外壁（ラス、ステープルの留付け）

ポイント

1. ラスを留め付けるステープルは、JIS A 5556（工業用ステープル）の規定に適合するもの、または同等以上の性能を有するものとする。
2. ステンレス鋼ラスを留め付けるステープルは、異種金属の接触による腐食の問題があるため、ステンレス鋼のステープルを使用する。

モルタル外壁の構法と使用するラス・ステープルとして、以下の種類があります。

構法／ラス	二層下地通気構法、直張り下地構法	単層下地通気構法
波形ラス W700	①（L1019J）	―
こぶラス K800	②（L719M）	―
力骨付きラス BP700	③（L719M）	―
リブラス C（RC800）	―	④（L825T）

（　）内はステープル呼び名を示す

ポイント（ステープル）

①：線径 J 線、足の長さ19mmのステープルを用い、縦横100mm以内に留め付ける。
②：線径 M 線、足の長さ19mmのステープルを用い、すべてのこぶの谷部を留め付ける。
③：線径 M 線、足の長さ19mmのステープルを用い、力骨の交点を留め付ける。
④：線径 T 線、足の長さ25mm以上、かつ通気胴縁を貫通し、構造躯体に留め付けられる長さのものを用い、縦155mm以内にリブと通気胴縁の交点を留め付ける。
―：対象外

種 類	種類を表す記号	主な用途
ラス留め用	L	主にラスを木質系下地などに留め付けるのに用いる。
建築・家具・木工およびこん包用	K	ラス留めを除く建築・家具・木工およびこん包に用いる。

ステープルは「ラス留め用 L」を使用します。

「建築・家具・木工およびこん包用 K」を使用してはいけません。

【JIS A 5556 工業用ステープル製品の呼び方】

例）　L　10　19　J　S

- 材料を表す記号（鉄：F、ステンレス鋼：S）
- 素線径を表す記号
- 足長さ
- 内幅
- 種類を表す記号（ラス留め用L）

【ステープルの形状・寸法】

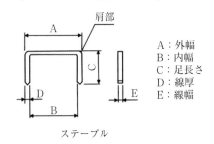

A：外幅
B：内幅
C：足長さ
D：線厚
E：線幅

ステープル

各種ステープルの断面の比較（参考例）

J線 0.6×1.15mm	M線 0.85×1.25mm	T線 1.37×1.58mm

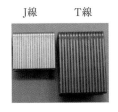

J線　T線

線径はアルファベットA〜Zの順で太くなります。

4.3　湿式の外壁仕上げ

4.3.2　モルタル外壁（セメントモルタル、ひび割れ防止用ネット）

ポイント　（現場調合普通セメントモルタル塗り工法）

1. 現場調合普通セメントモルタル塗り工法は、塗り厚、ラスの山高、施工工程などをもとに2回塗り工法、3回塗り工法から選択する。
2. 総塗り厚は防火性を考慮し 20 mm 以上とする。
3. 材料の調合・練り混ぜは、計量し機械練りを原則とする。勘や目分量で行わない。
4. 下塗り（ラス付け）表面は、普通モルタルがラスを十分に被覆するようにし、ラスが変形しない程度にこて圧を調整し、表面は粗面とする。
5. 下塗り層は、できる限り長期間養生して、乾燥収縮による寸法変化がなくなるように安定させ、塗り面またはラスの継目などに生ずるひび割れを十分発生させる。
6. 下層の塗り面の水の吸込みが均一になるように吸水調整材を塗布する。
7. 中塗り（3回塗り工法の場合）は、あらかじめ施工された下層塗り面のひび割れなどを点検し、これを処置する。
8. 上塗りは、仕上げの種類によって、金ごて押さえ、木ごて押さえ、刷毛引きとする。
9. 上塗り時に、ひび割れ防止用ネットをふせ込む。

ポイント　（既調合軽量セメントモルタル塗り工法）

1. 既調合軽量セメントモルタル塗り工法に使用する既調合軽量セメントモルタルは、JIS A 6918（ラス系下地用既調合軽量セメントモルタル）の品質に適合するものとする。
2. 既調合軽量セメントモルタルの施工は、各製造者の指定する施工方法を順守する。
3. 総塗り厚は、15mm 以上とする。ただし、防火構造等の告示仕様の場合は 20mm 以上、国土交通大臣の認定を受けた構造方法の場合は、認定条件に従って総塗り厚を確保する。
4. 下塗り（ラス付け）表面は、軽量モルタルがラスを十分に被覆するようにし、ラスが変形しない程度にこて圧を調整し、表面は粗面とする。
5. 上塗りまでの工程間隔時間は、各製造者が指定する時間を順守する。
6. 下塗り面が十分硬化乾燥してから上塗りを施すときは、下塗り面の水の吸込みが均一になるように吸水調整材を塗布してから上塗りを施工する。ただし、製造者の仕様によっては省くことができる。
7. 総塗付け厚さが厚く、上塗りの塗り厚さが著しく厚くなる場合は、上塗りの工程前に中塗りの工程を行う。
8. 上塗りは、仕上げの種類によって、金ごて押さえ、木ごて押さえ、刷毛引きとする。
9. 中塗りを行った場合は、中塗りの硬化具合を確認し、追かけ塗りまたは1日以上の養生期間を設けて上塗りを行う。
10. 上塗り後、ただちにひび割れ防止用ネットをふせ込む。重ね幅は 50mm 程度とする。

ポイント　（ひび割れ防止用ネット）

1. ひび割れ防止用ネットは、セメントのアルカリに耐えうる耐アルカリ性の材質とし、ひび割れの抑制に効果があることが確認されたものを選択する。
2. 既調合軽量セメントモルタル塗り工法の場合は、各製造者の指定する施工方法を順守する。

　モルタルのひび割れに有効な措置として、ひび割れ防止用ネットの施工があげられ、耐アルカリ性、不燃性を満たす耐アルカリ性ガラス繊維ネット等の施工実績が多くなっています。モルタルのひび割れを防ぐためには、なるべく表層に近い位置でふせ込むことが望まれます。

4.3　湿式の外壁仕上げ

4.3.3　モルタル外壁（仕上塗材）

ポイント

1．仕上塗材は、防水性やモルタルのひび割れへの追従性が高い塗材を推奨する。
2．仕上塗材は、各製造者の指定する施工方法を順守する。

仕上塗材の品質は、JIS A 6909「建築用仕上塗材」に規定されています。

モルタル外壁は、現場調合普通セメントモルタル、既調合軽量セメントモルタルの何れにおいても透水性の高い材料であるため、防水性やモルタルのひび割れへの追従性が高い塗材の使用を推奨します。

防水性能が大きいのは、透水性や透湿度が小さく塗膜がゴムのように伸び縮みする防水形の仕上塗材（複層弾性、単層弾性）です。

新築時は、複層塗材、外装厚塗材、可とう形外装薄塗材が多く使用されています。外装薄塗材E（アクリルリシン）の防水性はこれらの塗材に比べて劣ります。

モルタル外壁に使用されている JIS A 6909「建築用仕上塗材」の種類と透水性、透湿度、ひび割れ追従性に関する性能の考え方を下表に示します。

JIS A 6909 呼び名 （参考 塗り厚）	通称例	透水性 (ml/24h)	透湿度 (g/m²·24h)	ひび割れ 追従性
防水形複層塗材E または RE（3〜5mm）	ダンセイタイル 複層弾性	0〜0.2	10〜25	有
防水形外装薄塗材E （3mm 程度以下）	単層ダンセイ	0〜0.2	15〜45	有
複層塗材E （3〜5mm 程度）	吹付けタイル アクリルタイル	0.1〜0.2	35〜70	無
外装厚塗材E （4〜10mm 程度）	樹脂スタッコ	0〜70	25〜160	無
可とう形外装薄塗材E （3mm 程度以下）	ダンセイリシン	0〜70	60〜110	やや有
外装薄塗材E （3mm 程度以下）	アクリルリシン	30〜135	200〜500	無

リシン仕上げ　　吹付けタイル仕上げ　　スタッコ仕上げ

特殊模様仕上げ（左官仕上げ）　　　　石材調仕上げ

【出典】国土技術政策総合研究所　国総研資料　第975号　木造住宅の耐久性向上に関わる建物外皮の構造・仕様とその評価に関する研究　第Ⅱ章 -129,130

※表中の数値は、製品データや過去の研究データ等を参考として概算値を示しています。

個々の製品によってデータが変わってきますので、実際の施工にあたっては使用する製品のデータを製造者へ確認する必要があります。

4.3　湿式の外壁仕上げ

4.3.4（1）　モルタル外壁（サッシまわりのシーリング）

ポイント

> 1. モルタル外壁に用いるシーリング材は、JIS A 5758（建築用シーリング材）に適合するもので、JISの耐久性による区分の8020の品質またはこれと同等以上の耐久性能を有する「シリコーン系以外の1成分形シーリング材」を用いる。
> 2. 左官工事前に、サッシ枠のシーリング接着面は養生テープ等を用い養生を行う。

　モルタル外壁において、サッシまわりのシーリングについて仕様書等にはあまり明確に示されていません。モルタル層に有効なひび割れ防止対策を採用し、防水性やひび割れへの追従性の高い仕上塗材を施せば、ひび割れからの雨水浸入は相当程度防ぐことはできますが、熱膨張や地震等の揺れなどにより肌別れが生じやすくなることやアルカリ腐食、電食（異種金属接触腐食）等から守ることと、モルタルとサッシまわりなどの開口部材との取合い部の水密性を向上させるため、サッシまわり等の開口部はシーリング材を施すことを推奨します。

　シーリングについては、シリコーン系シーリング材は雨掛りの目地周辺が汚れやすく塗装も施せないため、モルタル外壁には適しません。混練が不要で施工が比較的容易な「シリコーン系以外の1成分形シーリング材」とします。

　シーリング材の選定にあたっては、施工前にシーリング材製造者へ問い合わせを行い、被着体（サッシ、モルタルなど）との接着性について十分に確認することが必要です。シーリング材およびプライマーは、各製造者が指定する施工方法を順守します。

(参考) モルタル外壁に適したシーリング材の種類、表示記号と成分名

条件：製品形態は現場混練が不要な1成分形とする

仕上塗装なし ⇒ MS-1（変成シリコーン系）

仕上塗装あり ⇒ PU-1（ポリウレタン系）

　※シーリング材製造者によっては、同じシーリング材の種類と製品形態であっても塗装仕上げができるものとできないものがある場合があります。必ずシーリング材製造者へ確認が必要です。

（次ページに続く）

4.3　湿式の外壁仕上げ

（前ページから続く）

4.3.4（2）　モルタル外壁（サッシまわりのシーリング）

ポイント

1. 開口部まわりからの雨水浸入対策として開口部まわりにシーリングを施す場合は、目地棒を取り付けて「箱目地」を形成するか、面ごてで「左官目地」を形成する。「三角シーリング」は長期使用に適さないため推奨しない。
2. 「箱目地」の目地棒は、2回塗りの場合は下塗り表面に取り付け、上塗り後に目地棒を取り外し箱目地を形成する。3回塗りの場合は中塗り時に取付けを行う。
3. 「左官目地」を形成する場合は、上塗り時に面ごてで三角形の目地を形成する。
4. 左官工事前に、サッシ枠のシーリング接着面は養生テープ等を用い養生を行う。

サッシまわりのシーリング施工方法（参考例）

止水性能と耐久性　高 ←→ 低

箱目地シーリング

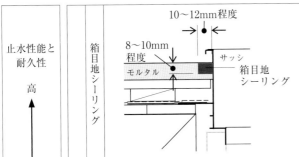

下塗り表面に目地棒（幅10〜12mm程度、深さ8〜10mm程度）を埋設し、上塗り後に取り外して箱目地を成形します。

左官工事前にサッシ枠の養生を行う。
（左官目地シーリングや三角シーリングの場合も同様に、サッシ枠のシーリング接着面の養生を行う）

左官目地シーリング（推奨）

上塗り時に面ごてで、窓まわりに幅10〜12mm程度、深さ8〜10mm程度の左官目地を形成します。

× サッシ際を盛り付ける悪い例

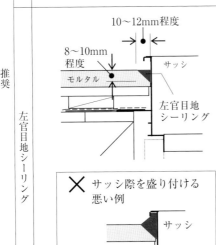

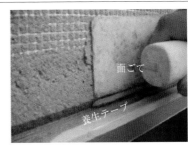

【出典】写真は国土技術政策総合研究所 国総研資料
　　　　第779号木造住宅モルタル外壁の設計・施工に関する技術資料

左官目地にシーリングを充てんする場合、サッシ際を盛り付けると界面を引き剥がす応力が生じるため、表面は必ずモルタル表面と面一になるようシーリング材を施工します。

三角シーリング（参考）

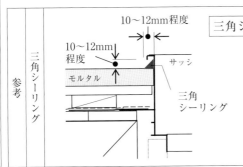

三角シーリングは、長期使用に適さないため推奨しません

三角シーリングは、劣化等によりシーリング材がはく離するなど不具合が生じることがあるため、止水性能および耐久性は低くなります。

モルタル硬化後プライマーを塗布し、窓まわりに10〜12mm程度の三角形状にシーリング材を施工します。

第4章　木造住宅　外壁

4.3 湿式の外壁仕上げ

4.3.5 モルタル外壁（単層下地通気構法：一般部）

ポイント

下地	透湿防水シートの張り方	通気胴縁	ラス		ステープル			
			種類	重ね	線径	長さ	呼び名例	留付け間隔
単層下地通気構法	P.80〜82参照	厚さ15mm以上 留付け N65くぎ @303以内	リブラスC（RC800）以上（1）	上下の重ね部はリブ山を重ねる 左右の重ねは通気胴縁上を中心に30mm以上60mm以内	T線以上	25mm以上（2）	L825T	通気胴縁へ155mm以内

（1） リブラスC（RC800）または同等以上の性能を有し、ターポリン紙などの裏打ち材と一体化したものとする。
（2） 25mm以上でかつ通気胴縁を貫通し、構造躯体へ留め付けられる長さとする。

単層下地通気構法（参考例） （筋かい耐力壁の例）

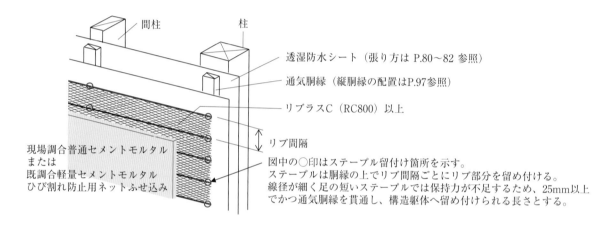

間柱　柱

透湿防水シート（張り方は P.80〜82 参照）

通気胴縁（縦胴縁の配置はP.97参照）

リブラスC（RC800）以上

リブ間隔

現場調合普通セメントモルタル
または
既調合軽量セメントモルタル
ひび割れ防止用ネットふせ込み

図中の○印はステープル留付け箇所を示す。
ステープルは胴縁の上でリブ間隔ごとにリブ部分を留め付ける。
線径が細く足の短いステープルでは保持力が不足するため、25mm以上でかつ通気胴縁を貫通し、構造躯体へ留め付けられる長さとする。

一般部、土台部（参考例） （構造用面材耐力壁の例）

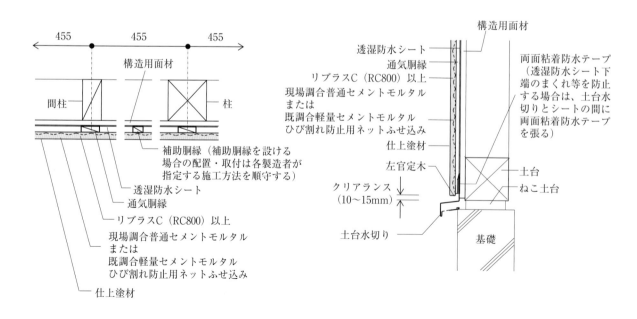

455　455　455

構造用面材

間柱　柱

補助胴縁（補助胴縁を設ける
場合の配置・取付は各製造者が
指定する施工方法を順守する）

透湿防水シート

通気胴縁

リブラスC（RC800）以上

現場調合普通セメントモルタル
または
既調合軽量セメントモルタル
ひび割れ防止用ネットふせ込み

仕上塗材

構造用面材

透湿防水シート

通気胴縁

リブラスC（RC800）以上

現場調合普通セメントモルタル
または
既調合軽量セメントモルタル
ひび割れ防止用ネットふせ込み

仕上塗材

左官定木

クリアランス
（10〜15mm）

土台水切り

両面粘着防水テープ
（透湿防水シート下
端のまくれ等を防止
する場合は、土台水
切りとシートの間に
両面粘着防水テープ
を張る）

土台

ねこ土台

基礎

4.3　湿式の外壁仕上げ

4.3.6　モルタル外壁（単層下地通気構法：ラスの接合部、開口部の隅角部）

ポイント

1. ラスの配置・留付け等は、ラス製造者の指定する施工方法を順守する。
2. ラスはリブの谷部を下地側とし、建築物の下部の出入隅部より横方向に張り始め、千鳥状に張り上げる。
3. ラスの左右の重ねは、通気胴縁上を中心として重ね、30mm以上60mm以内とする。上下の重ね部はリブ山を重ねる。
4. ラスの継ぎ目は開口部隅角部以外に設ける。
5. 縦のステープルの留付け間隔が155mm以内となるよう、リブの谷部と通気胴縁の交点をステープルで留め付ける。
6. 開口部の隅角部に留め付ける補強用ラスは、JIS A 5505（メタルラス）の規定に適合する平ラスF450または同等以上の性能を有するものとする。
7. 開口部の隅角部は、張り上げたリブラスの外側から補強用ラスを張り重ね、結束線などで留め付ける。

ラスの接合部（参考例）

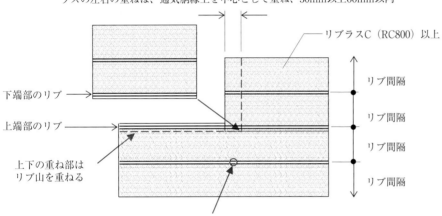

ラスの左右の重ねは、通気胴縁上を中心として重ね、30mm以上60mm以内

リブラスC（RC800）以上

下端部のリブ　上端部のリブ　上下の重ね部はリブ山を重ねる

リブ間隔

縦のステープルの留付け間隔が155mm以内となるよう、リブの谷部と通気胴縁の交点をステープルで留め付ける

ラスの千鳥張り（参考例）

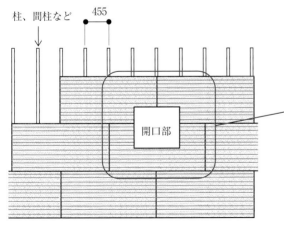

柱、間柱など　455　開口部

開口部まわりのラスの補強方法は、ラス製造者が指定する施工方法を順守します。

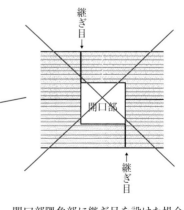

✕ ラスの継ぎ目を開口部隅角部に設けた例

継ぎ目　開口部　継ぎ目

開口部隅角部に継ぎ目を設けた場合、ひび割れ等の不具合が生じることがある。開口部隅角部に継ぎ目を設けてはならない。左図のように、開口部を避けて継ぐ。

4.3　湿式の外壁仕上げ

4.3.7　モルタル外壁（単層下地通気構法：出隅・入隅部）

ポイント

1. ラスの配置・留付け等は、ラス製造者の指定する施工方法を順守する。
2. 出入隅部のリブラスは突合せとし、補強用ラスなどを90度に曲げて、リブラスの外側から張り重ね、膨れ・浮き上がりがないように留め付ける。
3. 出入隅部に留め付ける補強用ラスは、JIS A 5505（メタルラス）の規定に適合する平ラス F450または同等以上の性能を有するものとする。

　　出隅部および入隅部に胴縁がない場合、ラスの固定が出来ずひび割れ等の不具合が生じることがあります。ラス製造者が指定する施工方法を順守して胴縁を適切に配置します。

出隅部、入隅部（参考例）

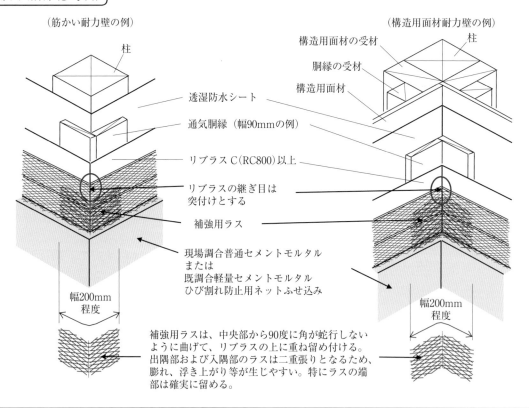

（筋かい耐力壁の例）

柱
透湿防水シート
通気胴縁（幅90mmの例）
リブラス C（RC800）以上
リブラスの継ぎ目は突付けとする
補強用ラス
現場調合普通セメントモルタルまたは既調合軽量セメントモルタルひび割れ防止用ネットふせ込み

（構造用面材耐力壁の例）

構造用面材の受材
胴縁の受材
構造用面材
柱

幅200mm程度

補強用ラスは、中央部から90度に角が蛇行しないように曲げて、リブラスの上に重ね留め付ける。出隅部および入隅部のラスは二重張りとなるため、膨れ、浮き上がり等が生じやすい。特にラスの端部は確実に留める。

✕　リブラスを折り曲げて張る悪い例

　　出隅部および入隅部のリブラスを折り曲げて留め付けると、リブ部分が潰れラスの膨れ等を招き、モルタルのひび割れなど不具合が生じることがある。リブラスの継ぎ目は突付けとする。

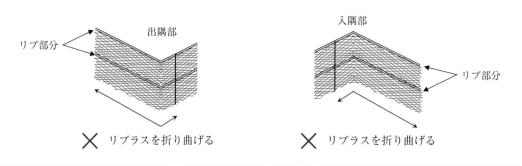

出隅部
リブ部分
✕　リブラスを折り曲げる

入隅部
リブ部分
✕　リブラスを折り曲げる

4.3　湿式の外壁仕上げ

4.3.8　モルタル外壁（二層下地通気構法：一般部）

ポイント

下地	透湿防水シートの張り方	通気胴縁	アスファルトフェルトの重ね	ラス		ステープル			
				種類	重ね	線径	長さ	呼び名例	留付け間隔
二層下地通気構法	P.80～82参照	厚さ15mm以上 留付け N65くぎ @303以内	改質アスファルトフェルトを推奨	波形ラス W700以上	上下・左右 50mm以上	J線以上	19mm以上	L1019J	上下・左右 100mm以内
				こぶラス K800以上	こぶで重ねる（1）	M線以上	19mm以上	L719M	こぶ間隔 157×167
			上下・左右 90mm以上	力骨付きラス BP700以上	上下・左右 30mm以上	M線以上	19mm以上	L719M	力骨の交点

（1）ラスの重ねは原則としてこぶで重ねる。こぶで重ねることが困難な場合、左右の重ねはメッシュ部分を3目重ね、上下の重ねはメッシュ部分を4目重ねる。

二層下地通気構法（参考例）

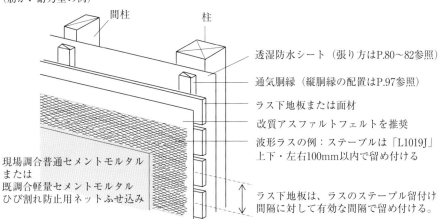

（筋かい耐力壁の例）

間柱
柱
透湿防水シート（張り方はP.80～82参照）
通気胴縁（縦胴縁の配置はP.97参照）
ラス下地板または面材
改質アスファルトフェルトを推奨
波形ラスの例：ステープルは「L1019J」上下・左右100mm以内で留め付ける
現場調合普通セメントモルタルまたは既調合軽量セメントモルタル ひび割れ防止用ネットふせ込み
ラス下地板は、ラスのステープル留付け間隔に対して有効な間隔で留め付ける。

一般部、土台部（参考例）

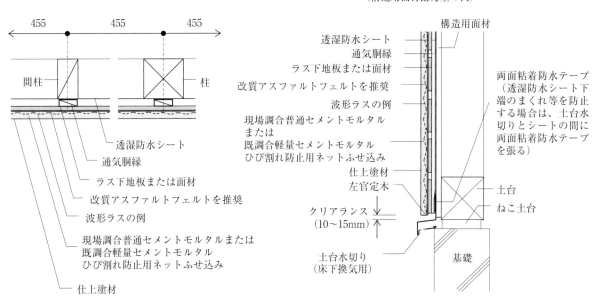

（筋かい耐力壁の例）

455　455　455

間柱
柱
透湿防水シート
通気胴縁
ラス下地板または面材
改質アスファルトフェルトを推奨
波形ラスの例
現場調合普通セメントモルタルまたは既調合軽量セメントモルタル ひび割れ防止用ネットふせ込み
仕上塗材

（構造用面材耐力壁の例）

構造用面材
透湿防水シート
通気胴縁
ラス下地板または面材
改質アスファルトフェルトを推奨
波形ラスの例
現場調合普通セメントモルタルまたは既調合軽量セメントモルタル ひび割れ防止用ネットふせ込み
仕上塗材
左官定木
クリアランス（10～15mm）
土台水切り（床下換気用）
両面粘着防水テープ（透湿防水シート下端のまくれ等を防止する場合は、土台水切りとシートの間に両面粘着防水テープを張る）
土台
ねこ土台
基礎

第4章 木造住宅 外壁

4.3　湿式の外壁仕上げ

4.3.9　モルタル外壁（二層下地通気構法：波形ラスの接合部、開口部の隅角部）

ポイント

1. ラスの配置・留付け等は、ラス製造者の指定する施工方法を順守する。
2. 波形ラスは、建築物の下部の出入隅部より横方向に張り始め、千鳥状に張り上げる。
3. 波形ラスの重ねは、上下左右とも50mm以上とし、開口部の隅角部に継ぎ目を設けない。
4. ステープル（L1019J以上）は上下・左右とも100mm以内で留め付ける。
5. 開口部の隅角部に留め付ける補強用ラスは、JIS A 5505（メタルラス）の規定に適合する平ラスF450または同等以上の性能を有するものとする。
6. 波形ラスの開口部の隅角部は、外側から補強用ラスを張り重ね、ステープルで留め付ける。
7. こぶラスおよび力骨付きラスの接合部と開口部の隅角部は、ラス製造者の指定する施工方法を順守する。

波形ラスの接合部（参考例）

横方向の接合は50mm以上重ねる

縦方向の接合は50mm以上重ねる

ラス下地板の場合、ステープルは防水紙を損傷しないように目透し部分を避けた位置に留め付ける。

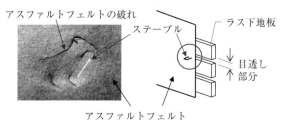

✕　ステープルをラス下地板の目透し部分に留め付けアスファルトフェルトが損傷した例

アスファルトフェルトの破れ
ステープル
ラス下地板
目透し部分
アスファルトフェルト

【出典】国土技術政策総合研究所　国総研資料　第779号　木造住宅モルタル外壁の設計・施工に関する技術資料をもとに日本住宅保証検査機構作成

波形ラスの千鳥張り（参考例）

（開口部の大きさ、配置などは参考です）

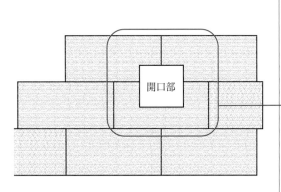

開口部

✕　ラスの継ぎ目を開口部隅角部に設けた例

継ぎ目

開口部

継ぎ目

開口部隅角部に継ぎ目を設けた場合、ひび割れ等の不具合が生じることがある。
開口部隅角部に継ぎ目を設けてはならない。
左図のように、開口部を避けて継ぐ。

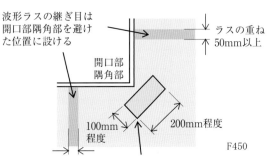

波形ラスの継ぎ目は開口部隅角部を避けた位置に設ける

ラスの重ね50mm以上

開口部隅角部

100mm程度

200mm程度

F450

ラスの重ね50mm以上

補強用ラス：平ラスF450または同等以上の性能を有するもの

4.3　湿式の外壁仕上げ

4.3.10（1）　モルタル外壁（二層下地通気構法：波形ラスの出隅・入隅部）

ポイント

1. 防水紙（改質アスファルトフェルトを推奨）は、たるみ・しわ等が生じないように下地になじませて張る。
2. 出入隅部に留め付ける補強用ラスは、JIS A 5505（メタルラス）の規定に適合する平ラス F450 または同等以上の性能を有するものとする。
3. 出入隅部の波形ラスは突付けとし、補強用ラスを中央部から 90 度に曲げて、下張りした波形ラスの外側から張り重ね、膨れ・浮き上がりがないようにステープルで留め付ける。
4. こぶラスおよび力骨付きラスの出入隅部の補強は、ラス製造者の指定する施工方法を順守する。

　出隅部および入隅部に下地（ラス下地板や面材など）がない場合、ラスの固定が出来ずひび割れ等の不具合が生じることがあります。胴縁およびラス下地板または面材などは、それらが反りやむくりを生じないように、強固に留め付けます。

出隅部、入隅部（波形ラスの例）

　下図は二層下地通気構法の波形ラスの例を示します。直張り下地構法の波形ラスの施工方法は下図に準じます。

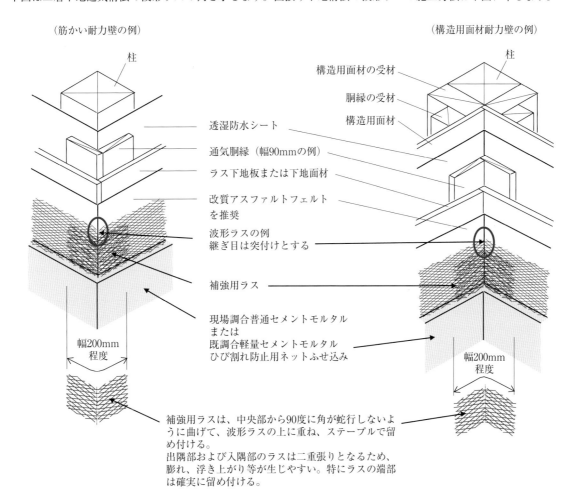

（筋かい耐力壁の例）　　　　　　　　　　　　　（構造用面材耐力壁の例）

柱
構造用面材の受材
胴縁の受材
構造用面材
柱

透湿防水シート
通気胴縁（幅90mmの例）
ラス下地板または下地面材
改質アスファルトフェルトを推奨
波形ラスの例　継ぎ目は突付けとする
補強用ラス
現場調合普通セメントモルタルまたは既調合軽量セメントモルタルひび割れ防止用ネットふせ込み

幅200mm程度
幅200mm程度

補強用ラスは、中央部から90度に角が蛇行しないように曲げて、波形ラスの上に重ね、ステープルで留め付ける。
出隅部および入隅部のラスは二重張りとなるため、膨れ、浮き上がり等が生じやすい。特にラスの端部は確実に留め付ける。

4.3　湿式の外壁仕上げ

4.3.10（2）　モルタル外壁（出隅コーナー定木の取付け）

ポイント

1．出隅部にコーナー定木を使用する場合、コーナー定木はモルタル下塗り時にモルタルで固定する。
2．ステープル等によるコーナー定木の取り付けを禁じる。
3．モルタルの上塗りは、コーナー定木を固定したモルタルが硬化したあとに行う。

　出隅部にコーナー定木を使用する場合は、コーナー部分に水糸を張って、埋め込むようにコーナー部全体にモルタルを塗り、上塗りの塗り厚を考慮してコーナー定木の位置を決め、必ずモルタルで固定します。モルタルの上塗りは、コーナー定木を固定したモルタルが硬化後に行います。

　ステープル等による定木の取り付けを禁じます。（ステープル等で固定すると、裏に空隙が発生し、強度が不足してひび割れが発生しやすくなります。また、コーナーの塗り厚は全体に影響しますので、防火上の問題が発生することも考えられます。）

出隅部コーナー定木取付け（波形ラスの例）

コーナー定木をモルタル下塗り時に埋め込むようにモルタルを塗り込んで固定し、硬化後に上塗りを行います。

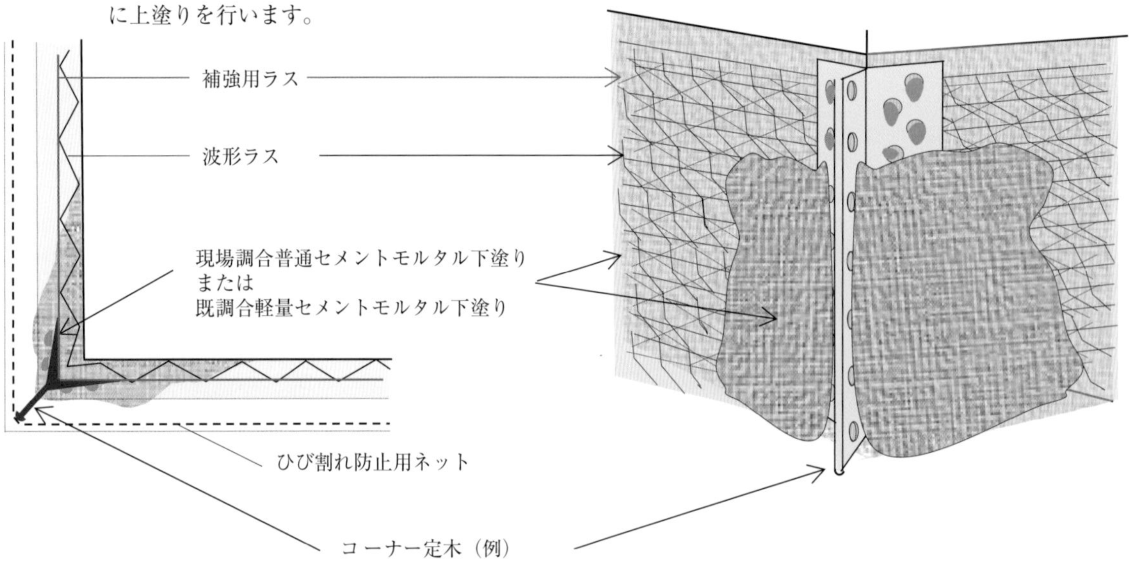

補強用ラス

波形ラス

現場調合普通セメントモルタル下塗り
または
既調合軽量セメントモルタル下塗り

ひび割れ防止用ネット

コーナー定木（例）

4.3 湿式の外壁仕上げ

4.3.11 モルタル外壁（単層下地通気構法、二層下地通気構法：笠木まわり）

ポイント

1. 手すり壁・パラペットの上端部は、金属製の笠木を設置するなど適切な防水措置を施す。
2. バルコニー手すり壁およびパラペット等の上端部に用いる鞍掛けシートは、一般社団法人日本防水材料協会規格JWMA−A01（先張り防水シート及び鞍掛けシート）に適合またはこれと同等以上の防水性能を有するものとする。
3. 手すり壁・パラペットの上端には左官定木等を設置し、笠木下のモルタルおよび仕上塗材は上端まで確実に塗り付ける。

手すり壁・パラペットの上端部は、水切れのよい金属製の笠木を設置して下方壁面の汚れや浸食、雨水のまわり込みを防ぎます。雨水は風の影響などによって笠木下のモルタル上端までまわり込む場合があるため、「下り寸法」は30mm程度、「間隙寸法」は10mm程度とします。また、モルタルおよび仕上塗材は上端まで確実に塗り付けます。

笠木まわり（参考例） 下図は単層下地通気構法を示します。二層下地通気構法も下図に準じます。

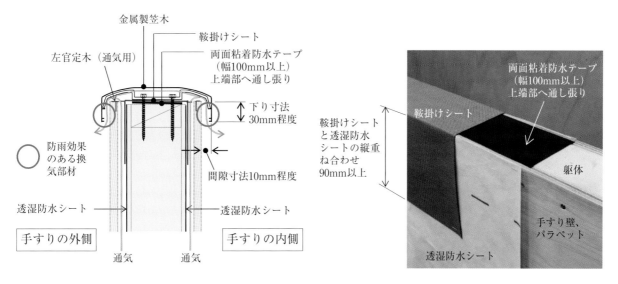

（単層下地通気構法の例、手すり壁の両側で通気をとる場合）

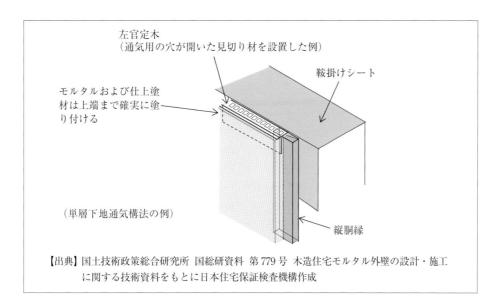

【出典】国土技術政策総合研究所 国総研資料 第779号 木造住宅モルタル外壁の設計・施工に関する技術資料をもとに日本住宅保証検査機構作成

4.3　湿式の外壁仕上げ

4.3.12　参考：モルタル直張り下地構法

ポイント

1. 直張り下地構法としても問題が少ないのは、「軒の出が大きく、壁面の雨掛りが軽微である。かつ壁内の通気が自由で、乾燥しやすい条件にある。」などの場合に限られるため、雨掛りと湿気や浸入水の劣化対策について設計段階で十分に検討する。
2. 防水紙は、一般社団法人日本防水材料協会規格 ARK 14^W（改質アスファルトフェルト）に適合またはこれと同等以上の防水性能を有するものとする。
3. 改質アスファルトフェルトやラスのステープルの打ち込み数は必要に応じて最小限に留める。
4. 仕上塗材は、防水性やモルタルのひび割れへの追従性が高い塗材とする。

■注意

　　直張り下地構法は、一般的にラス下地板や構造用面材などの上にアスファルトフェルトを張り、その上にラスをステープルで留め付け、モルタルを塗る構法です。モルタル層に雨水の浸入があった場合、通気層がないため躯体側へ雨水が浸入するリスクが通気構法より高くなります。

　　モルタルは、現場調合普通セメントモルタル、既調合軽量セメントモルタルの何れにおいても透水性の高い材料であるため、ひび割れ等の不具合部分から多量の水分を吸収したモルタル外壁がその後の好天時に日射を受けると、高温に達したモルタルから多量の水蒸気が発生します。通気構法ではこの水分は通気層内に拡散し外部に放出されますが、直張り下地構法では防水紙の重ね部分およびステープルの留付け部から下地を湿潤させ、雨水の浸入および躯体の劣化を招く危険が通気構法より大きくなります。

モルタル外壁に雨水の浸入があった場合

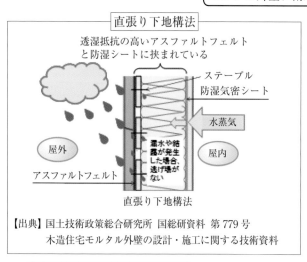

直張り下地構法

【出典】国土技術政策総合研究所　国総研資料　第 779 号
　　　　木造住宅モルタル外壁の設計・施工に関する技術資料

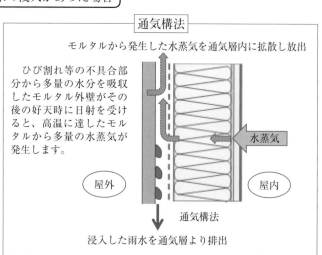

通気構法

直張り下地構法（イメージ図）

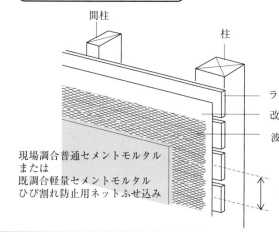

直張り下地構法の施工方法は二層下地通気構法に準じます。
一般部は P.127 参照
ラスの接合部は P.128 参照
出隅部、入隅部は P.129 参照

4.3　湿式の外壁仕上げ

4.3.13　参考：モルタル直張り構法（ラス下地板）

ポイント

1．サッシまわりは、防水テープの幅全体の下敷きとなる部分に段差を設けない。
2．面合せ材はラス下地板などを用い、防水テープを圧着できる十分な幅を確保する。

　サッシまわりの防水テープの下地に段差がある場合、防水テープは圧着不良を起こしやすく、防水テープに「しわ」が生じ、「しわ」が「水みち」となり雨水が浸入しやすい傾向があります。

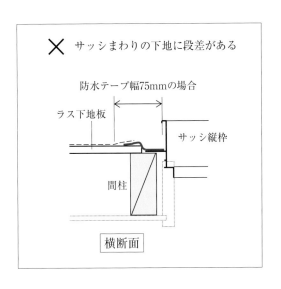

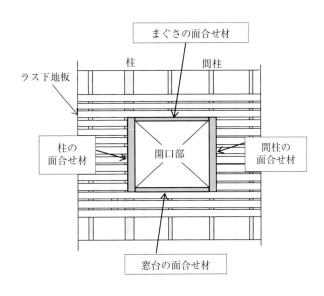

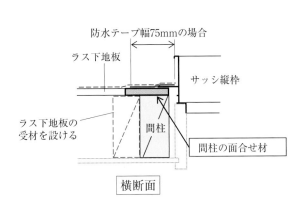

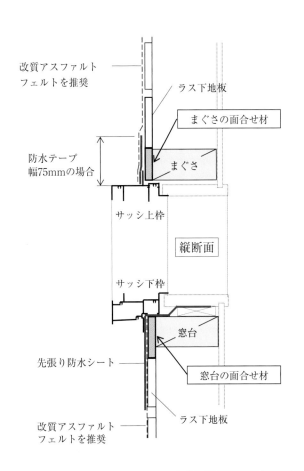

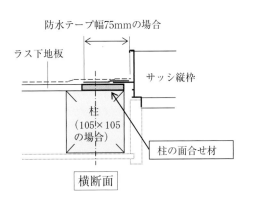

4.3　湿式の外壁仕上げ

4.3.14　参考：モルタル直張り構法（笠木まわり）

ポイント

1. 手すり壁・パラペットの上端部は、金属製の笠木を設置するなど適切な防水措置を施す。
2. 手すり壁・パラペット等の上端部に用いる鞍掛けシートは、一般社団法人日本防水材料協会規格 JWMA-A01（先張り防水シート及び鞍掛けシート）に適合またはこれと同等以上の防水性能を有するものとする。
3. 上端部の鞍掛けシートとモルタルの取合い部は、シーリング材を施工し、笠木下のモルタルおよび仕上塗材は上端まで確実に塗り付ける。
4. モルタル外壁に用いるシーリング材は、JIS A 5758（建築用シーリング材）に適合するもので、JISの耐久性による区分の8020の品質またはこれと同等以上の耐久性能を有する「シリコーン系以外の1成分形シーリング材」を用いる。

笠木まわり（参考例）

A：鞍掛けシートと改質アスファルトフェルトの縦重ね合わせ90mm以上

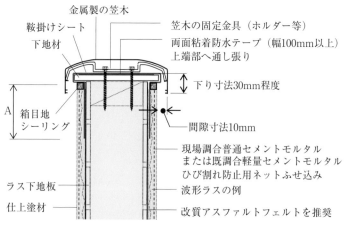
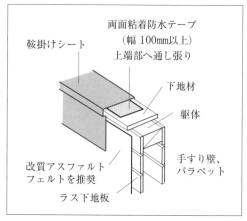

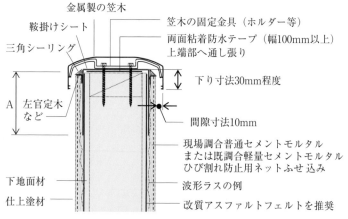
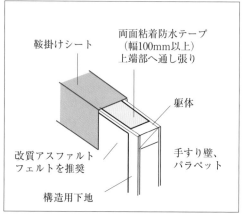

（参考）モルタル外壁に適したシーリング材の種類、表示記号と成分名

条件：製品形態は現場混練が不要な1成分形とする

仕上塗装なし ⇒ MS-1（変成シリコーン系）

仕上塗装あり ⇒ PU-1（ポリウレタン系）

※シーリング材製造者によっては、同じシーリング材の種類と製品形態であっても塗装仕上げができるものとできないものがある場合があります。必ず製造者へ確認が必要です。

第5章

RC造住宅
防水工法

用語

防水層（ぼうすいそう）	防水機能を果たすための不透水性の層。 メンブレン防水：（membrane）メンブレンとは膜を意味し、メンブレン防水は、不透水性の膜を防水が必要な箇所に形成することを言う。施工形態により、液状の樹脂類を用いる塗膜防水工法、あらかじめ膜状となっているものを現場で貼り付けるシート防水工法、膜状のものを液状のもので隙間なく張り合わせる複合防水工法とに分けられる。 メンブレン防水工事：建築物の屋根、ひさし、開放廊下、バルコニー等に不透水性連続皮膜を形成することにより防水する工事の総称。
ドレン	（drain）雨水や汚水などを排水するための管や溝などの排水口に設置して排水管と接続する部品。短時間大雨対策として、面積の大小を問わず複数のドレン設置が望まれる。
排水溝（はいすいこう）	（drain gutter）雨水を誘導して流すため、床に設けられた溝。
排水口（はいすいこう）	（drain inlet）排水の為に設ける穴、または排水管に接続する口。
出隅（ですみ）	（external corner）二つの面の角度が出合ってできる外側凸状の角部分。
入隅（いりずみ）	（internal corner）二つの面の角度が出合ってできる内側凹状の角部分。
立上りの出隅	立上りの面どうしの角度が出合ってできる外側凸状の角部分。
立上りの入隅	立上りの面どうしの角度が出合ってできる内側凹状の角部分。
緩衝材（かんしょうざい）	物どうしがぶつかり合う際の衝撃力を和らげるための材料。
伸縮目地（しんしゅくめじ）	（expansion joint）温度差、振動、地震による伸縮でコンクリートに亀裂が発生すると予測される場合に、亀裂の影響を最小限にするために設ける弾力性を持たせた目地。
防水工事用シール材	JASS 8で規定する一般部のシーリング材と異なり防水副資材として防水材製造者が指定する専用シール材を示す。
打継ぎ（うちつぎ）	（construction joint）硬化または硬化し始めたコンクリートに接して、新たにコンクリートを打設して打ち継ぐこと。その部分に設ける目地を「打継ぎ目地」と言う。
ひび割れ誘発目地 （ひびわれゆうはつめじ）	コンクリート構造物は、打設時のセメント水和熱や外気温変化、乾燥収縮等により変形が生じ、この変形を拘束されるとコンクリート内部に大きな引張力が発生し、特に収縮時コンクリートの許容引張力を超えた際にひび割れが発生する。よって、あらかじめ定められた位置に断面欠損部を設け、コンクリートの許容引張力が小さい部分を作ることで、ひび割れの発生位置をコントロールする事が出来る。この断面欠損部となる「ひび割れ誘発目地」を設けることで、ランダムに発生するひび割れを制御する。
パラペットあご	＝水切りあご。防水工事の納まりとして設けられるパラペットや壁面から突き出した部分。下側に溝型等の水切りが施されている。

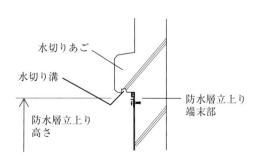

5.1　防水下地と排水ドレン

5.1.1　防水下地、勾配

ポイント　（下地）

1．防水下地の種類は、現場打ち鉄筋コンクリートまたはプレキャスト鉄筋コンクリート部材とする。
2．防水施工に先立ち、下地の乾燥状態および表面状態を点検し、防水施工上支障のないことを確認する。

　スラブコンクリートの乾燥が不十分な場合、プライマーなどの付着が悪くなり防水層に膨れなどの不具合が生じることがあります。防水施工に先立ち防水施工上支障が生じないように、下地の乾燥状態および表面状態を点検します。コンクリート打設後の養生期間の目安は、4 週間以上かつ防水工事に支障が生じない乾燥状態を確認し、防水工事に着手します。

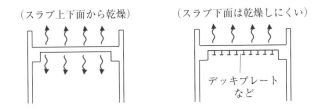

（スラブ上下面から乾燥）　　（スラブ下面は乾燥しにくい）

デッキプレート
など

ポイント　（勾配）

1．下地の勾配は躯体の設計段階で検討する。
2．防水層立上り高さは、水上の床仕上レベルを基準に決め、防水材製造者の指定する寸法を順守する。
3．下地の勾配は躯体でとる。勾配は 1/50 以上とする。ただし、保護コンクリート等により表面排水が行いやすい場合の勾配は、1/100 以上とすることができる。
4．コンクリート打設時は、勾配のレベル管理を確実に行う。
5．平場のコンクリート表面は、金ごて仕上げとし、平たんでこてむらがなく、浮き・レイタンス・脆弱部および突起部などがない良好な状態にする。

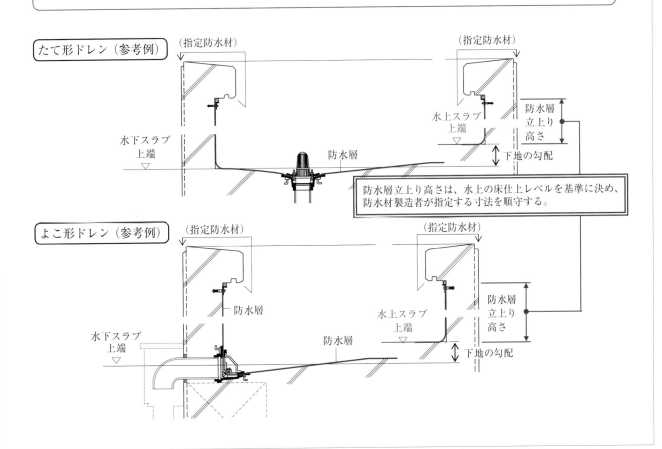

たて形ドレン（参考例）

（指定防水材）

水下スラブ
上端

防水層

水上スラブ
上端

防水層
立上り
高さ

下地の勾配

防水層立上り高さは、水上の床仕上レベルを基準に決め、
防水材製造者が指定する寸法を順守する。

よこ形ドレン（参考例）

（指定防水材）

防水層

水下スラブ
上端

防水層

水上スラブ
上端

防水層
立上り
高さ

下地の勾配

5.1　防水下地と排水ドレン

5.1.2　勾配の不具合

（ドレンに向かって勾配をとる例）

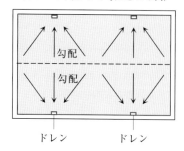

（排水溝を設け勾配をとる例）

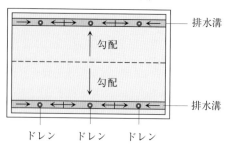

事象	平場の勾配と排水溝の勾配が緩く水溜りが生じた。露出防水で常時水溜りが発生している場合は、防水層の劣化を早める場合がある。
原因	コンクリート打設時、勾配のレベル管理が不十分であった。
対策	勾配は躯体でとる。コンクリート打設時のレベル管理を確実に行う。

排水溝の勾配不良

平場の勾配不良

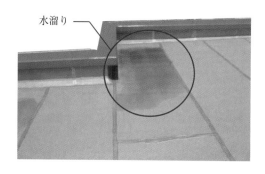

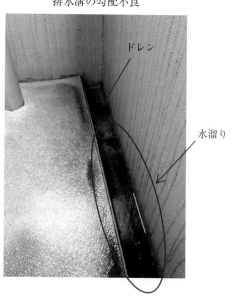

ポイント

1．ドレンまわりはゴミや飛来物などが詰まりやすいため、建物所有（管理）者に日常の点検清掃をお願いする。

ドレンまわりのゴミや飛来物

5.1　防水下地と排水ドレン

5.1.3　たて形ドレンの位置

ポイント

1. ドレンは堅固に取り付け、コンクリートに打ち込むことを原則とする。
2. ドレンつばの上端レベルは周辺コンクリート上端より約 30〜50mm ほど下げ、コンクリート上端部ならしは、半径 600mm 前後をドレンに向かって斜めにすりつける。

　ドレン設置は、ドレンつば・コンクリート下地への防水層の張りかけまたは塗りかけが確実に行えるように、立上り面から一定の距離を保つ必要があります。

ポイント

1. ドレンの位置は、ドレン径に応じてパラペット内側から防水材製造者の指定する寸法を順守する（目安としてパラペット内側からドレンつば外側まで 200mm 以上離す）。

たて形ドレンまわりの勾配不良

水溜り

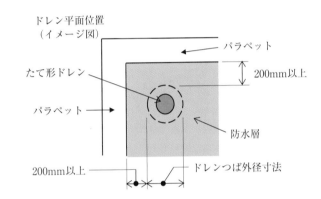

ドレン平面位置（イメージ図）

パラペット

200mm以上

たて形ドレン

パラペット

防水層

200mm以上

ドレンつば外径寸法

たて形ドレン（参考例）

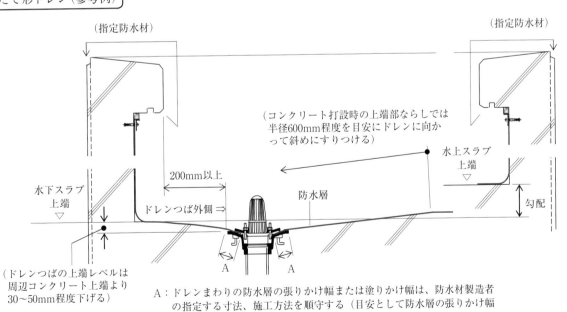

（指定防水材）

（指定防水材）

（コンクリート打設時の上端部ならしでは半径600mm程度を目安にドレンに向かって斜めにすりつける）

水上スラブ上端

200mm以上

水下スラブ上端

ドレンつば外側 ⇒

防水層

勾配

A　　　A

（ドレンつばの上端レベルは周辺コンクリート上端より 30〜50mm 程度下げる）

A：ドレンまわりの防水層の張りかけ幅または塗りかけ幅は、防水材製造者の指定する寸法、施工方法を順守する（目安として防水層の張りかけ幅または塗りかけ幅100mm以上）。

（次ページに続く）

5.1　防水下地と排水ドレン

（前ページから続く）

5.1.4　たて形ドレンの位置の不具合

✕　ドレンがパラペットコーナー部に接近しすぎた

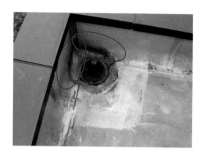

事象	ドレンへの防水層の張りかけが確実に施工できなかった。
原因	ドレンを、パラペットコーナー部に接近しすぎた位置に設けた。
対策	ドレンの位置は、ドレンまわりの防水層の張りかけを確実に施工できるように、パラペットから適切な距離をとる（防水材製造者が指定する寸法を順守する）。

5.1　防水下地と排水ドレン

5.1.5　よこ形ドレンの位置

ポイント

1．ドレンの位置は、ドレン径に応じてパラペット内側から防水材製造者の指定する寸法を順守する（目安としてパラペット内側からドレンつば外側まで200mm以上離す）。

　ドレン設置は、ドレンつば・コンクリート下地への防水層の張りかけまたは塗りかけが確実に行えるように、立上り面から一定の距離を保つ必要があります。

よこ形ドレンまわりの勾配不良

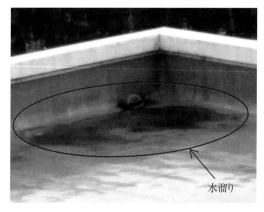

水溜り

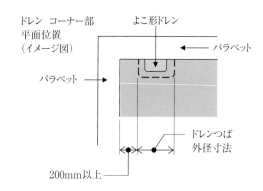

ドレン　コーナー部
平面位置
（イメージ図）

よこ形ドレン
パラペット
パラペット
ドレンつば
外径寸法
200mm以上

よこ形ドレン（参考例）

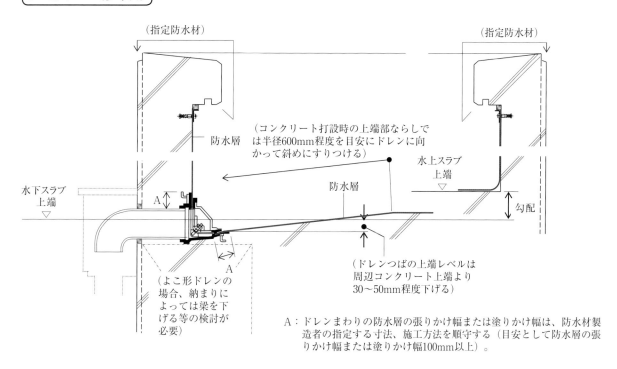

（指定防水材）　　　　　　　　　　　　　（指定防水材）

防水層

（コンクリート打設時の上端部ならしでは半径600mm程度を目安にドレンに向かって斜めにすりつける）

水上スラブ
上端

水下スラブ
上端

防水層

勾配

（よこ形ドレンの場合、納まりによっては梁を下げる等の検討が必要）

（ドレンつばの上端レベルは周辺コンクリート上端より30〜50mm程度下げる）

A：ドレンまわりの防水層の張りかけ幅または塗りかけ幅は、防水材製造者の指定する寸法、施工方法を順守する（目安として防水層の張りかけ幅または塗りかけ幅100mm以上）。

（次ページに続く）

5.1　防水下地と排水ドレン

（前ページから続く）

5.1.6　よこ形ドレンの位置の不具合

✕　ドレンがパラペットコーナー部に接近しすぎた

✕　ドレンつばがスラブより高い

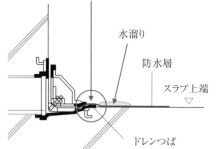

水溜り
防水層
スラブ上端
ドレンつば

事象	ドレンへの防水層の張りかけが確実に施工できなかった。
原因	ドレンを、パラペットコーナー部に接近しすぎた位置に設けた。
対策	ドレンの位置は、ドレンまわりの防水層の張りかけを確実に施工できるように、パラペットから適切な距離をとる（防水材製造者が指定する寸法を順守する）。

事象	ドレンつばをスラブより高く設置したため、ドレンまわりに水溜りが生じた。水溜りはドレン周囲の防水層の劣化を早める場合がある。
原因	ドレンをコンクリートに打ち込み金ごて押さえを行う際、ドレンつばをスラブに埋め込み、ならさなかった。
対策	ドレンつばはスラブコンクリートに埋め込み、スラブはドレンに向かって斜めにすりつける。

5.1　防水下地と排水ドレン

5.1.7（1）　防水層の張りかけ、塗りかけ

ポイント

1．排水ドレンの設置は、建設地における降水量の記録に基づき、適切なものとする。
2．ドレンまわりの防水層は、適切な補強措置および取合い部の止水措置を施す。
3．ドレンつばへの防水層の張りかけ幅または塗りかけ幅は、防水材製造者の指定する寸法、施工方法を順守する。（目安として防水層の張りかけ幅または塗りかけ幅 100mm 以上）
4．ドレンは防水材製造者の指定する防水層の張りかけ幅または塗りかけ幅が確保できるものとする。

　　ドレンまわりは、防水材製造者の指定する施工方法を順守し、適切な「防水層の補強措置」および「取合い部の止水措置」を施します。

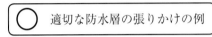

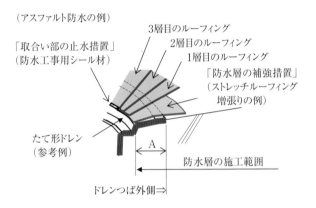

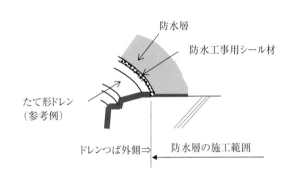

A：ドレンまわりの防水層の張りかけ幅または塗りかけ幅は、防水材製造者の指定する寸法、施工方法を順守する。
　　（目安として防水層の張りかけ幅または塗りかけ幅 100mm 以上）

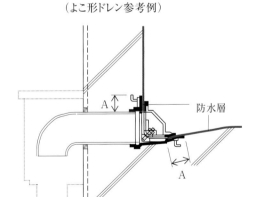

（よこ形ドレン参考例）

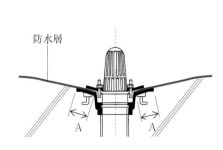

（たて形ドレン参考例）

防水工事用シール材：JASS 8 で規定する一般部のシーリング材と異なり防水副資材として防水材製造者の指定する専用シール材を示す。

（次ページに続く）

5.1　防水下地と排水ドレン

（前ページから続く）

5.1.7（2）　防水層の張りかけ、塗りかけ

【防水層の張りかけつば 100mm ルーフドレンの紹介】

　JASS 8 防水工事では、防水層の張りかけ幅および塗りかけ幅が 100mm 程度以上確保できるドレンを標準としています。

1．100mm の張りかけ幅では、ドレンの外径寸法が大きくなるので、スラブのすりつけ面積やつばのテーパー部分による床スラブの厚みに注意する。

2．よこ形ドレンの場合、ドレン高さが高くなるので、パラペット防水層立上り高さを十分に確保する。

3．ドレンまわりは、防水材製造者の指定する施工方法を順守する。

防水層の張りかけつば 25mm の例

防水層の張りかけつば 100mm の例

※ 100mm の場合、防水面で非常に優位になります。

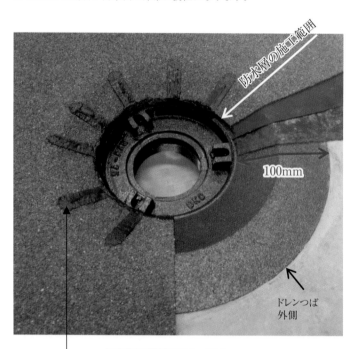

施工例の防水層は 3 層の張りかけ
ルーフドレン：陸屋根用たて形 呼び 75

・1 層目：ドレンの傾斜になじませます。
・2 層目：切れ目を円錐状に数ヶ所入れます。
・3 層目：2 層目の切れ目とずらして
　　　　　切れ目を数ヶ所入れます。
・切れ目まわりはアスファルト系シーリング（防水工事用シール材）を施工します。
・ドレンとの取合い端末部に防水工事用シールを施工します（防水工事用シール材は防水材製造者の指定するものを使用）。

防水工事用シール材：JASS 8 で規定する一般部のシーリング材と異なり防水副資材として防水材製造者の指定する専用シール材を示す。

144

5.1　防水下地と排水ドレン

5.1.8　出隅・入隅

ポイント

1．出隅・入隅は、防水材製造者の指定する形状・寸法を順守する。

　実際の施工にあたっては、出隅・入隅は防水層の剥がれ・剥落等を防ぎ、防水層を下地へよくなじませるため、防水材製造者の指定する形状・寸法を順守します。

出隅・入隅の形状（参考例）

（A）：防水材製造者の指定する形状・寸法とする。
（R）：防水材製造者の指定する形状・寸法（半径）とする。

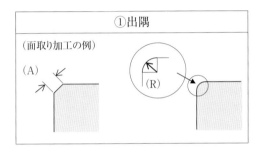

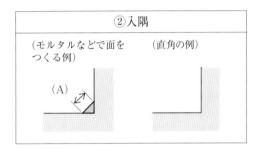

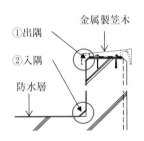

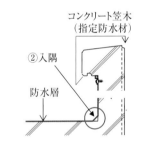

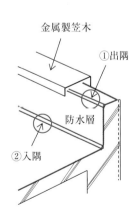

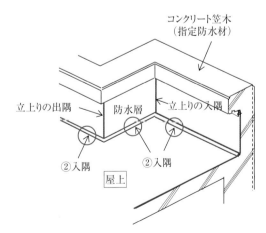

5.2　メンブレン防水

5.2.1　保護防水断熱工法

ポイント

1. 防水工法は、防水材製造者の指定する施工方法を順守する。
2. 防水の主材料は、JIS規格に適合するもの、またはこれと同等以上の防水性能を有するものとする。

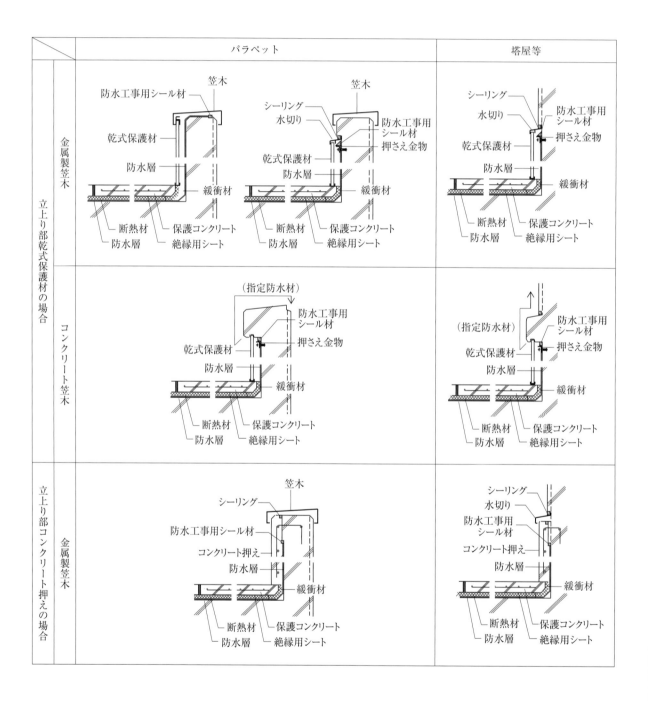

防水工事用シール材：JASS 8で規定する一般部のシーリング材と異なり防水副資材として防水材製造者の指定する専用シール材を示す。

5.2　メンブレン防水

5.2.2　保護防水工法

> **ポイント**
>
> 1．防水工法は、防水材製造者の指定する施工方法を順守する。
> 2．防水の主材料は、JIS規格に適合するもの、またはこれと同等以上の防水性能を有するものとする。

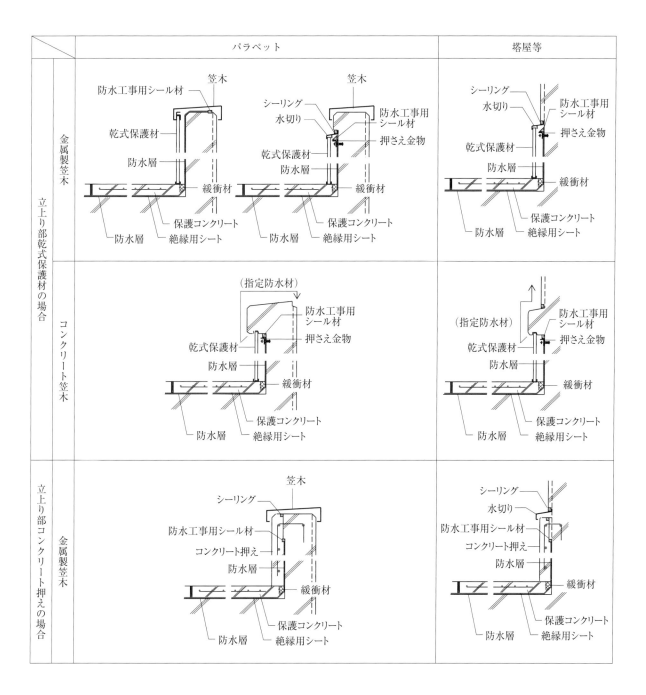

防水工事用シール材：JASS 8で規定する一般部シーリング材と異なり防水副資材として防水材製造者の指定する専用
　　　　　　　　　　シール材を示す。

5.2　メンブレン防水

5.2.3 保護層（現場打ちコンクリート）、緩衝材の不具合

ポイント

1. 防水層の完成後、平場に絶縁用シートを全面に敷き込み、成形伸縮目地材を設置し、コンクリートを施工する。
2. コンクリートには溶接金網を挿入する。
3. 立上りパラペット周辺の際および塔屋などの立上り際には成形緩衝材を設置する。
4. 成形伸縮目地材の割付けは、縦・横は間隔 3m 程度、立上りパラペット周辺の際および塔屋などの立上り際から 600mm 以内とする。
5. 成形伸縮目地材は、目地材製造者の指定する施工方法を順守する。
6. 成形伸縮目地材は、平場の絶縁用シートから保護コンクリート表面に達するものとする。

　絶縁用シートの上に施工される保護コンクリートは、乾燥収縮およびその後の温度・水分に伴う伸縮が大きくなります。この挙動を分散してひび割れを生じにくくするために伸縮目地を設けます。

　溶接金網（φ 3.2〜6.0 − 100 × 100mm 程度）は保護コンクリートのひび割れを防止するために用います。保護コンクリート厚のほぼ中央に設置します。

　立上り際の成形緩衝材は、保護コンクリートの伸縮応力を防水層に伝達しないように取り付けます。

　外断熱保護防水工法や寒冷地の場合は、一般的に保護コンクリートの年間温度差が大きくなるため、成形伸縮目地材の割付けは縦・横は 2.0〜2.5m 程度とするなど間隔を狭くします。

　成形伸縮目地材の据付けは、目地材製造者の指定する施工方法を順守します。

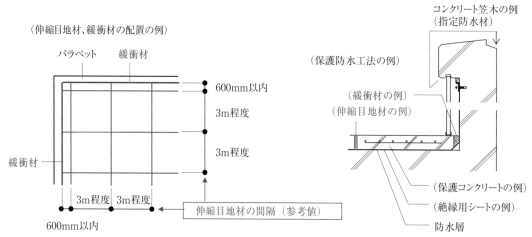

（伸縮目地材、緩衝材の配置の例）

（保護防水工法の例）

コンクリート笠木の例
（指定防水材）

（緩衝材の例）
（伸縮目地材の例）

（保護コンクリートの例）
（絶縁用シートの例）
防水層

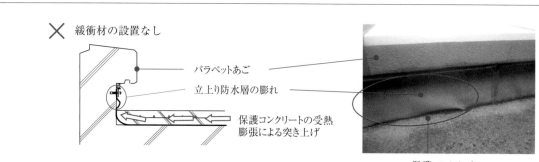

× 緩衝材の設置なし

パラペットあご
立上り防水層の膨れ
保護コンクリートの受熱膨張による突き上げ

保護コンクリート

事象	防水層立上り部に膨れが発生した。膨れは防水層の劣化を早め漏水に至る場合がある。
原因	パラペット防水立上り際に緩衝材の設置がなかった。防水層立上り部が保護コンクリートの熱膨張により突き上げられ膨れが生じた。
対策	保護コンクリートを設置する場合、パラペット防水層立上り際に緩衝材を設ける。

5.2　メンブレン防水

5.2.4　露出防水断熱工法、露出防水工法

ポイント

1．防水工法は、防水材製造者の指定する施工方法を順守する。
2．防水の主材料は、JIS 規格に適合するものまたはこれと同等以上の防水性能を有するものとする。

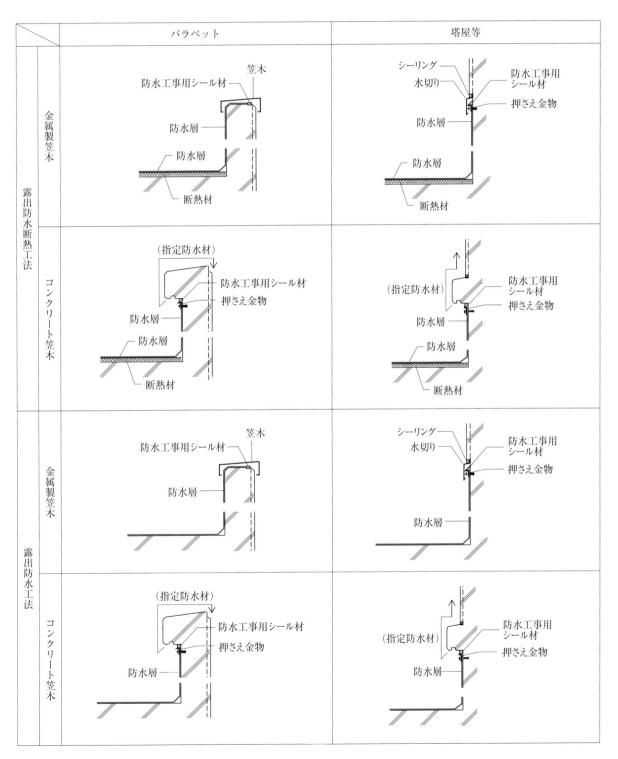

防水工事用シール材：JASS 8 で規定する一般部のシーリング材と異なり防水副資材として防水材製造者の指定する専用シール材を示す。

5.3　パラペット

5.3.1　形状、打継ぎ部、打継ぎ部の不具合

ポイント

1．パラペット、バルコニー手すり壁、防水立上り頂部のあごのコンクリートは、一体打ちを原則とする。
2．打継ぐ場合、打継ぎ面はパラペットに接するスラブの水上上端から100mm程度上がった位置とする。

【パラペット】

　パラペットのコンクリートは原則として屋根スラブと同時に打設します。やむを得ず打継ぐ場合は、目安としてパラペットに接するスラブ上端から 100mm 程度上がった位置とします。

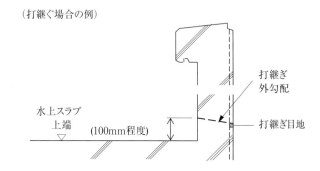

（打継ぐ場合の例）

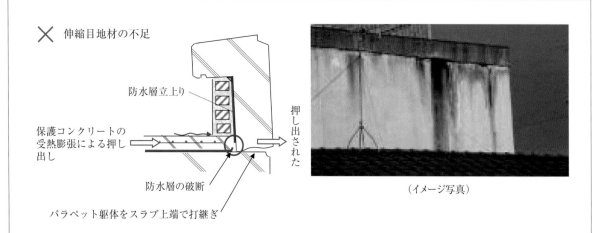

✕　伸縮目地材の不足

（イメージ写真）

事象	パラペットは押し出され傾き、外壁を汚損した。防水層の破断によって雨水浸入が懸念される。
原因	保護コンクリートの伸縮目地材が不足していた。また、パラペット立上りコンクリートは床面で水平に打継ぎしたため、保護コンクリートの熱膨張に耐えられず、シングル配筋のパラペットが押し出され防水層が破断した。
対策	パラペットを打継ぐ場合は、目安としてスラブ上端から 100mm 程度上がった位置を打継ぎ面とする。保護コンクリートには伸縮目地材を設置し、パラペット防水層立上り際に緩衝材を設置する。伸縮目地材、緩衝材について P.148 を参照。

5.3　パラペット

5.3.2　防水層立上り高さの不具合

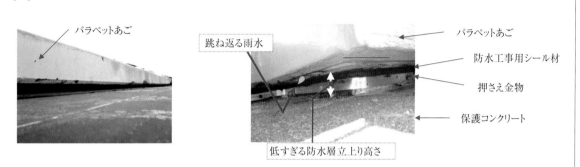

✕　パラペット防水層立上り高さの不具合

パラペットあご

跳ね返る雨水

パラペットあご

防水工事用シール材

押さえ金物

保護コンクリート

低すぎる防水層立上り高さ

事象　パラペットが低すぎたため、跳ね返る雨水や風の影響により吹き寄せられる雨水などが防水層立上り端末部にまわり込みやすく、端末部の劣化が早まり、漏水に至る場合がある。

原因　防水層立上り高さを水下の床レベルを基準としたため、水上で寸法が不足した。下地の勾配や保護コンクリートの厚みを考慮していなかった。

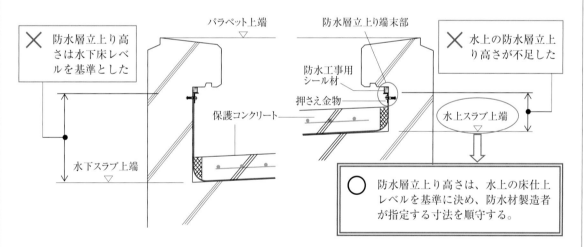

✕　防水層立上り高さは水下床レベルを基準とした

パラペット上端

防水層立上り端末部

✕　水上の防水層立上り高さが不足した

防水工事用シール材

押さえ金物

保護コンクリート

水下スラブ上端

水上スラブ上端

◯　防水層立上り高さは、水上の床仕上レベルを基準に決め、防水材製造者が指定する寸法を順守する。

対策　パラペットの立上り高さは、水上の床レベルを基準に決める。防水層立上り高さは、防水材製造者の指定する寸法を順守する（目安として、保護層がある場合は保護層上端から防水層立上り端末部まで 150mm 以上とする）。

第5章　RC造住宅　防水工法

5.3　パラペット

5.3.3　防水層立上り端末部

ポイント

1. 立上りのコンクリートは打放し仕上げとする。型枠締め付け材にはコーンを使用し、脱型後に穴埋めし平たんに仕上げる。
2. 立上りは凹凸などの少ない良好な面とし、目違い部はグラインダー掛けなどにより調整する。
3. 防水層立上り高さは、防水材製造者の指定する寸法を順守する。
4. 防水層立上り端末部は、防水材製造者の指定する施工方法を順守し、押さえ金物や防水工事用シール材等を用い雨水の浸入を防止するための有効な措置を施す。

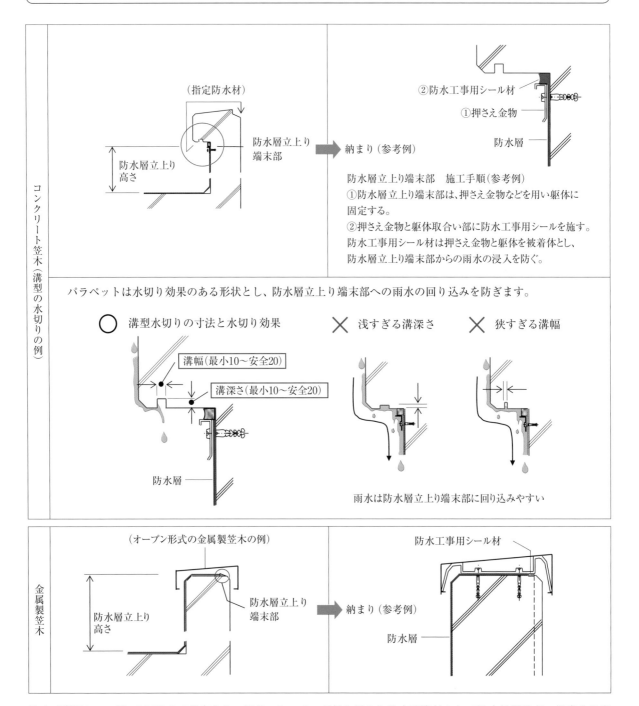

防水層立上り端末部　施工手順(参考例)
①防水層立上り端末部は、押さえ金物などを用い躯体に固定する。
②押さえ金物と躯体取合い部に防水工事用シールを施す。
防水工事用シール材は押さえ金物と躯体を被着体とし、防水層立上り端末部からの雨水の浸入を防ぐ。

パラペットは水切り効果のある形状とし、防水層立上り端末部への雨水の回り込みを防ぎます。

○　溝型水切りの寸法と水切り効果
溝幅(最小10～安全20)
溝深さ(最小10～安全20)
防水層

✕　浅すぎる溝深さ
✕　狭すぎる溝幅

雨水は防水層立上り端末部に回り込みやすい

(オープン形式の金属製笠木の例)
防水層立上り高さ
防水層立上り端末部
納まり(参考例)
防水工事用シール材
防水層

防水工事用シール材：JASS 8 で規定する一般部のシーリング材と異なり防水副資材として防水材製造者の指定する専用シール材を示す。

5.3　パラペット

5.3.4　防水層立上り端末部の不具合

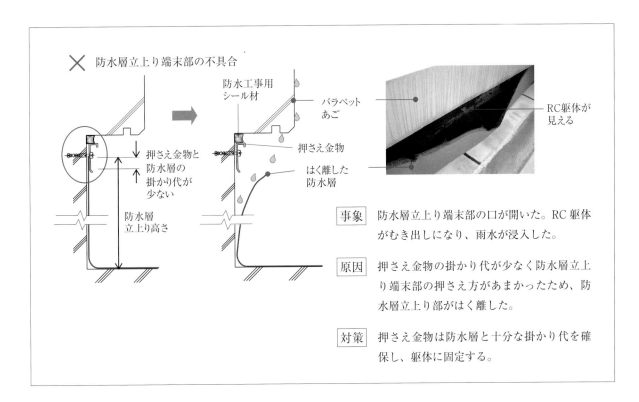

事象	防水層立上り端末部の口が開いた。RC 躯体がむき出しになり、雨水が浸入した。
原因	押さえ金物の掛かり代が少なく防水層立上り端末部の押さえ方があまかったため、防水層立上り部がはく離した。
対策	押さえ金物は防水層と十分な掛かり代を確保し、躯体に固定する。

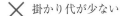

防水層立上り端末部と押さえ金物（参考例）

✕ 掛かり代が少ない

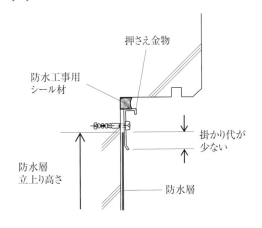

◯ 十分な掛かり代を確保する

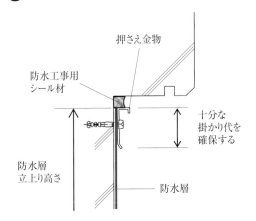

5.3　パラペット

5.3.5　パラペットと塔屋壁のあご部

ポイント

> 1. 塔屋等の建具下のあごと一般部のパラペットあごが取合う場合は、双方の上端を合わせ防水層立上り高さをそろえる。

(塔屋等の建具下のあごと一般部パラペットあごの上端を合わせた例)

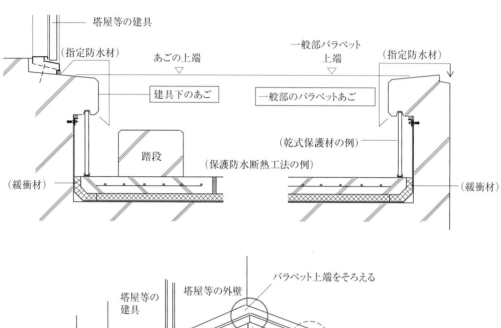

(上図は、乾式保護材、踏段、パラペット手すりなどは省略しています)

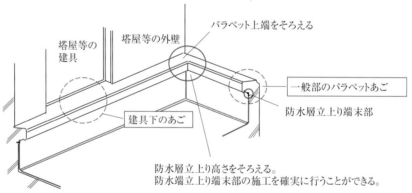

✕ パラペット段違い不具合事例

防水層立上り端末部の段差

事象	パラペットあごに段差が生じたため、防水層立上り端末部にも段差が生じた。段差部は雨水が回り込みやすい。
原因	防水層立上り高さをそろえる設計・施工でなかった。
対策	パラペットあご相互が取合う場合は、パラペット上端をそろえ、防水層立上り端末部に段差をつくらないように設計段階で検討する。

5.3　パラペット

5.3.6　ひび割れ誘発目地

１．パラペット等のひび割れ誘発目地は、躯体の構造、形状などに応じて適切な間隔で設ける。

　パラペット等のコンクリートは外部環境の影響を受けやすく、またパラペットは高さが低く梁の拘束が大きいためパラペット上端部からひび割れが発生しやすい傾向があります。ひび割れ誘発目地は、躯体の構造方法やパラペットの形状・寸法などに応じて適切な間隔に配置し、その位置にひび割れを集中的に発生させることを目的とします。誘発目地を設けない場合は、発生したひび割れから雨水は躯体に浸入し、屋内へ漏水することがあります。

　一般的に誘発目地のピッチは３m 内外といわれています。また、バルコニー手すり壁の高さが大きく変わる場合は、その部分に目地を設けます。

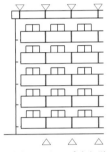

（パラペットひび割れ誘発目地
3m 内外又はそれ以下の間隔の例）

（バルコニー・外廊下などの手すり壁にひび割れ誘発
目地を設ける例、3m 内外又はそれ以下の間隔）

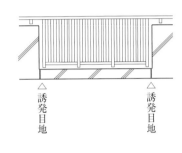

手すり壁の高さが大きく変わる場合（参考例）

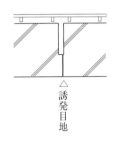

誘発目地　誘発目地　誘発目地

バルコニー・外廊下等の誘発目地（参考例）

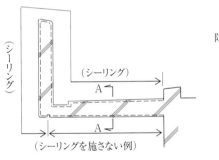

（シーリング）

（シーリング）

（シーリングを施さない例）

A

A

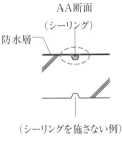

AA断面

（シーリング）

防水層

（シーリングを施さない例）

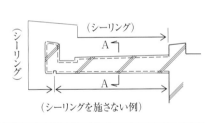

（シーリング）

（シーリング）

A

A

（シーリングを施さない例）

パラペット誘発目地（参考例）

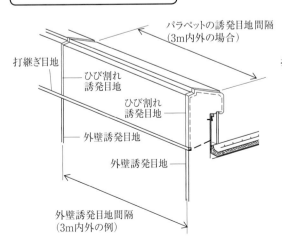

パラペットの誘発目地間隔
（3m内外の場合）

打継ぎ目地
ひび割れ誘発目地
ひび割れ誘発目地
外壁誘発目地
外壁誘発目地

外壁誘発目地間隔
（3m内外の例）

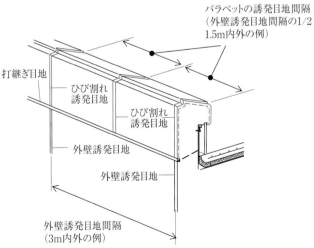

パラペットの誘発目地間隔
（外壁誘発目地間隔の1/2
1.5m内外の例）

打継ぎ目地
ひび割れ誘発目地
ひび割れ誘発目地
外壁誘発目地
外壁誘発目地

外壁誘発目地間隔
（3m内外の例）

5.3　パラペット

5.3.7　逆梁の不具合

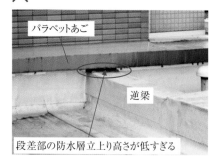

✕ 防水層立上り高さ不足（逆梁の上端を下げた例）

パラペットあご

逆梁

段差部の防水層立上り高さが低すぎる

事象	段差部の防水層立上り高さが低すぎ、防水層端末部の施工を確実に行うことができていない。雨水の浸入が懸念される。
原因	段差部の防水層立上り高さが低く、防水施工を確実に行うことができる寸法を確保できなかった。
対策	パラペットと逆梁に段差を設ける場合、段差部の防水層立上り高さは、防水材製造者の指定する寸法（目安として150mm 以上）とし、設計段階で検討する。

ポイント

1．逆梁と一般部のパラペットが取合う場合は、双方の上端を合わせ防水層立上り高さをそろえる。
2．逆梁と一般部のパラペットに段差が生じる場合は、段差部の防水層立上り高さは防水材製造者の指定する寸法とする。

【逆梁】

（逆梁と一般部パラペットの上端を合わせた例）

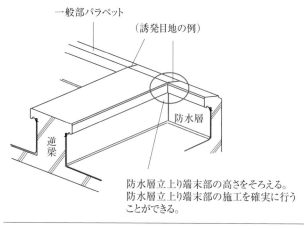

一般部パラペット

（誘発目地の例）

防水層

逆梁

防水層立上り端末部の高さをそろえる。
防水層立上り端末部の施工を確実に行うことができる。

（逆梁の上端を下げた例）

段差部の防水層立上り高さは、施工に支障が生じないように防水材製造者の指定する寸法とする（目安150mm 以上）

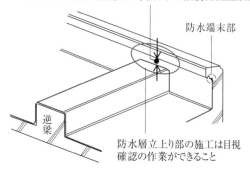

防水端末部

逆梁

防水層立上り部の施工は目視確認の作業ができること

（ドレン設置の例）

　逆梁で分割された屋根の場合（下図の場合、①～⑥まで 6 分割）、ドレンは梁で分割された屋根面ごとに設置します。梁を貫通する横引き排水管の設置は好ましくありません。

逆梁で区画された屋上防水（平面の例）

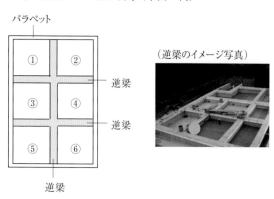

パラペット

① ②
③ ④
⑤ ⑥

逆梁

逆梁

逆梁

（逆梁のイメージ写真）

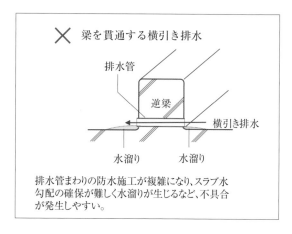

✕ 梁を貫通する横引き排水

排水管

逆梁

横引き排水

水溜り　　水溜り

排水管まわりの防水施工が複雑になり、スラブ水勾配の確保が難しく水溜りが生じるなど、不具合が発生しやすい。

5.4　搭屋壁などの防水層立上り

5.4.1　防水層立上り端末部

ポイント

1. 立上りのコンクリートは打放し仕上げとする。型枠締め付け材にはコーンを使用し、脱型後に穴埋めし平たんに仕上げる。
2. 立上りは凹凸などの少ない良好な面とし、目違い部はグラインダー掛けなどにより調整する。
3. 防水層立上り高さは、防水材製造者の指定する寸法を順守する。
4. 防水層立上り端末部は、防水材製造者の指定する施工方法を順守し、押さえ金物や防水工事用シール材等を用い雨水の浸入を防止するための有効な措置を施す。

あご部は水切り効果のある形状とし、防水層立上り端末部への雨水の回り込みを防ぎます。

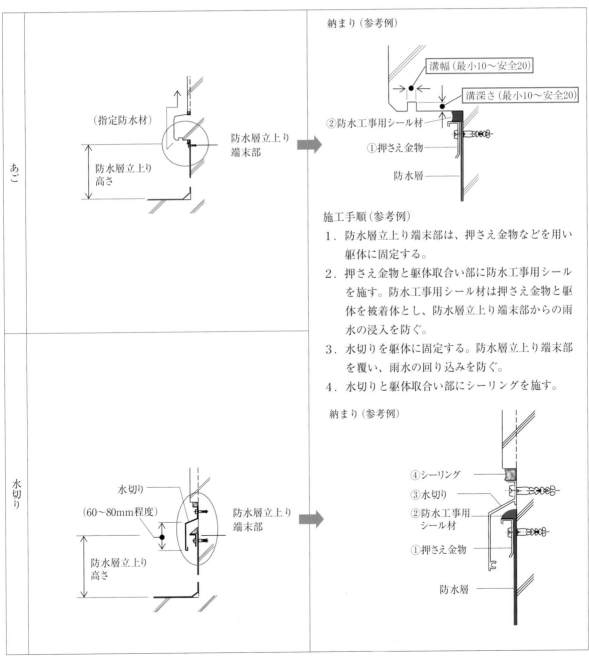

納まり（参考例）

溝幅（最小10〜安全20）
溝深さ（最小10〜安全20）
②防水工事用シール材
①押さえ金物
防水層

施工手順（参考例）
1. 防水層立上り端末部は、押さえ金物などを用い躯体に固定する。
2. 押さえ金物と躯体取合い部に防水工事用シールを施す。防水工事用シール材は押さえ金物と躯体を被着体とし、防水層立上り端末部からの雨水の浸入を防ぐ。
3. 水切りを躯体に固定する。防水層立上り端末部を覆い、雨水の回り込みを防ぐ。
4. 水切りと躯体取合い部にシーリングを施す。

納まり（参考例）

④シーリング
③水切り
②防水工事用シール材
①押さえ金物
防水層

防水工事用シール材：JASS 8 で規定する一般部のシーリング材と異なり防水副資材として防水材製造者の指定する専用シール材を示す。

5.4　搭屋壁などの防水層立上り

5.4.2　防水層立上りあご部の不具合

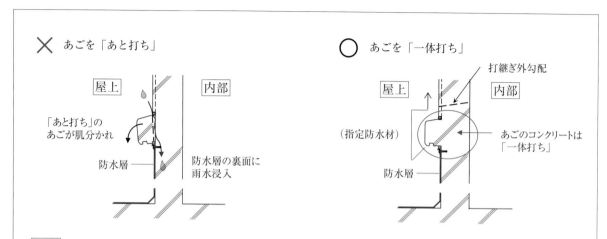

事象	あごが傾き、ひび割れ部分から雨水が浸入した。
原因	あごを垂直面で「あと打ち」したため、打継ぎ面が肌分かれをおこした。雨水は防水層立上り端末部の裏面に回りこみ浸入した。
対策	防水立上り頂部のあごのコンクリートは垂直面で打継ぎせず、一体打ちとする。搭屋壁の打継ぎ面は、あご上端より上がった位置とする。

5.4　搭屋壁などの防水層立上り

5.4.3　設備架台の不具合

ポイント

1．パラペットの上端部は、金属製笠木の設置、または防水材料の施工等、雨水の浸入を防止するための有効な措置を施す。

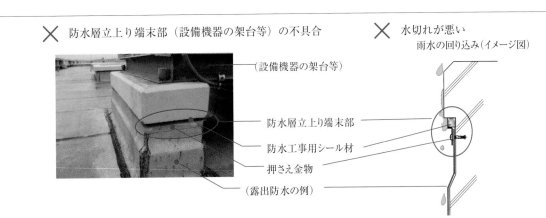

✕　防水層立上り端末部（設備機器の架台等）の不具合　　　✕　水切れが悪い
雨水の回り込み（イメージ図）

（設備機器の架台等）

防水層立上り端末部

防水工事用シール材

押さえ金物

（露出防水の例）

事象	コンクリートあごがないため水切れが悪く、雨水は防水層立上り端末部に回り込みやすい。シーリングが劣化した場合には、雨水が防水層の裏面に回り込み浸入することがある。
原因	コンクリートあごや水切りなどの設置がなかった。
対策	パラペットは、あごや水切りを設けるなど水切り効果がある形状とし、防水層立上り端末部に雨水が回り込まない納まりとする。保護防水の場合は、保護材を立上り部に設ける。

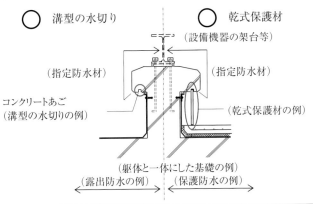

○　溝型の水切り　　　○　乾式保護材

（設備機器の架台等）

（指定防水材）　　　（指定防水材）

コンクリートあご
（溝型の水切りの例）

（乾式保護材の例）

（躯体と一体にした基礎の例）
（露出防水の例）　（保護防水の例）

――――――――
パラペット「防水材料の施工」不具合事例
――――――――

✕　塗膜防水のひび割れ

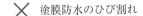

（設備架台の塗膜防水の例）

塗膜防水のひび割れ

✕　塗膜防水の塗り厚不足

（パラペット塗膜防水の例）
メッシュが浮いて見える

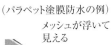

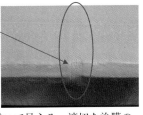

| 事象 | 躯体コンクリートにひび割れが入り、塗膜防水にもひび割れが生じた。雨水がひび割れ部分から防水層立上り裏面に回り込み浸入に至る場合がある。 |
| 対策 | （参考）躯体コンクリートにひび割れが生じやすい箇所については、下地の亀裂追従性に優れた防水工法（塗膜防水の場合、メッシュを挿入する仕様など）を設計段階で選定する。 |

事象	メッシュが一部浮いて見える。適切な塗膜の厚みを確保していない。
原因	施工時の塗布量が不足していた。
対策	設計図書の仕様をよく確認し、メッシュを挿入する仕様を施工する場合は、防水材製造者が指定する施工方法を順守し、塗膜厚の施工管理を確実に行う。

第5章　RC造住宅　防水工法

5.5　斜壁

5.5.1　斜壁の防水施工

ポイント

> 1．斜壁（傾斜した外壁）は、防水層の施工等、雨水の浸入を防止するために有効な措置を施す。

斜壁は垂直壁に比べて雨掛りが増え壁面を流れる雨水が多いため、屋根と同等の防水措置を施します。

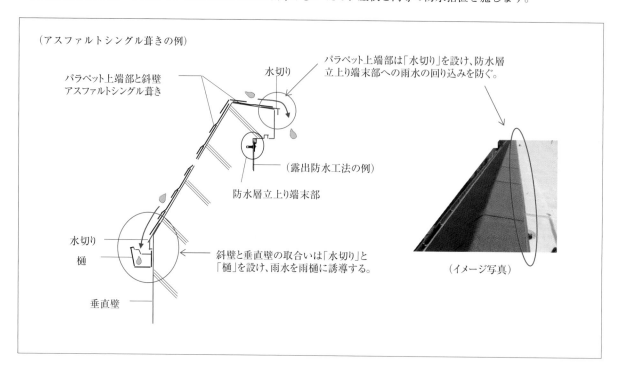

（アスファルトシングル葺きの例）

パラペット上端部と斜壁
アスファルトシングル葺き

水切り

パラペット上端部は「水切り」を設け、防水層
立上り端末部への雨水の回り込みを防ぐ。

（露出防水工法の例）

防水層立上り端末部

水切り
樋

斜壁と垂直壁の取合いは「水切り」と
「樋」を設け、雨水を雨樋に誘導する。

垂直壁

（イメージ写真）

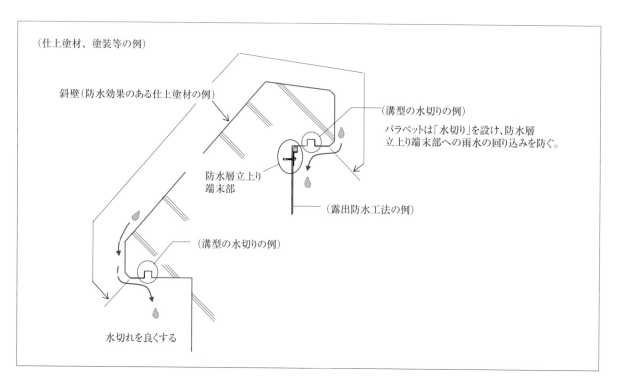

（仕上塗材、塗装等の例）

斜壁（防水効果のある仕上塗材の例）

（溝型の水切りの例）

パラペットは「水切り」を設け、防水層
立上り端末部への雨水の回り込みを防ぐ。

防水層立上り
端末部

（露出防水工法の例）

（溝型の水切りの例）

水切れを良くする

RC 造住宅
外壁

用語

シーリング材	建築物の部材と部材の接合部の目地に充填し、硬化後両部材に接着して、水密性、気密性を確保する不定形材料。
シーリングジョイント	シーリング材を充填することにより水密性と気密性を確保する接合部。
ムーブメント	部材接合部の目地に生ずる伸縮やずれの挙動またはその量。
ワーキングジョイント	ムーブメントの大きい目地。
ノンワーキングジョイント	ムーブメントを生じないか、またはムーブメントが非常に小さい目地。
2面接着	目地に充填されたシーリング材が構成材と相対する2面で接着している状態。
3面接着	目地に充填されたシーリング材が構成材と相対する2面と目地底の3面で接着している状態。
1成分形シーリング材	あらかじめ施工に供する状態に調製されているシーリング材。
2成分形シーリング材	施工直前に基剤と硬化剤を調合し、練り混ぜて使用するシーリング材。
基剤	2成分形シーリング材のうち主成分を含んでいるもの。
硬化剤	2成分形シーリング材のうち基剤と混合して硬化させるもの。
プライマー	被着面とシーリング材との接着性を良好にするために、あらかじめ被着面に塗布する材料。
バックアップ材	シーリング材の目地深さを所定の寸法に保持するために、目地に装填する成型材料。
ボンドブレーカー	シーリング材を3面接着させない目的で、目地底に張り付けるテープ状材料。
ポリマーセメントモルタル	(polymer cement mortar)セメント、細骨材にポリマーディスパージョンまたは再乳化形粉末樹脂を混合したモルタル。合成樹脂と細骨材だけで構成される樹脂モルタルとは区分されている。セメントモルタルに比較して接着性、防水性、乾燥収縮性、耐薬品性、耐磨耗性、耐衝撃性などが向上し、中性化の抑制にも効果がある。
ブリーディング	(bleeding)フレッシュコンクリートやフレッシュモルタル中において、その構成材料の中で比重の最も小さい水(練混ぜ水)が、骨材、セメント粒子の沈降または分離に伴い遊離してコンクリート上方に移動する現象を言う。ブリーディングが著しい場合、密実性を損ないコンクリートの沈下ひび割れの原因となる。
レイタンス	(laitance)コンクリートが打ち込まれた後、セメントの主に石灰石よりなる微粒子や骨材の微粒分が、ブリーディング水とともにコンクリート上面に浮上して表面に形成される脆弱な泥膜層のこと。多加水が行われた場合に発生しやすい。コンクリート表面にレイタンスが存在する状態でコンクリートを打ち継ぐと、コンクリート同士の付着性を阻害し、ひび割れの原因となるので取り除く必要がある。

6.1　シーリング

6.1.1（1）　シーリング材、プライマー

ポイント

> 1．シーリング材は、JIS A 5758（建築用シーリング材）に適合するもので、JIS の耐久性による区分8020 の品質又はこれと同等以上の耐久性能を有するものとする。
> 2．シーリングの施工は、シーリング材製造者の指定する施工方法を順守する。
> 3．プライマーは、使用するシーリング材製造者の指定するものを使用する。
> 4．目地の構造は、次の各号に適合するものとする。
> 　①ワーキングジョイントの場合は、シーリング材を目地底に接着させない２面接着の目地構造とし、ノンワーキングジョイントの場合は、３面接着の目地構造を標準とする。
> 　②目地の構成材およびその接着面は、シーリング材が十分接着可能なものとする。
> 5．次の各号に掲げる部分は、シーリング材を施す。
> 　①各階の外壁コンクリート打継ぎ目地
> 　②外壁材（プレキャストコンクリート部材、ＡＬＣパネル等）のジョイント目地
> 　③耐震スリット目地
> 　④外壁開口部の周囲
> 　⑤外壁を貫通する管等の周囲
> 　⑥その他雨水浸入のおそれのある部分（ひび割れ誘発目地など）

　シーリング材が本来の防水機能を発揮するためには、シーリング材そのものの耐久性が必要であるとともに目地の構成材に十分接着することが基本です。しかし、構成材は多種多様であり、さらに表面塗装や表面処理などを加えると、その種類は無数にあります。また、構成材として新しい製品が次々と開発市販されていて、シーリング材をこれらのあらゆる構成材に十分接着させるためには、プライマーが必要になります。

　プライマーは接着性の確保という重要な役割をもっています。プライマーの選定においては、その相性として、シーリング材、被着体ごとに種類が異なる場合があります。プライマーは、使用するシーリング材製造者の指定するものを使用します。

（次ページに続く）

6.1　シーリング

（前ページから続く）

6.1.1（2）　シーリング材（設計目地幅と目地深さ）

　目地はシーリング材に対するムーブメント（部材接合部の目地に生ずる伸縮やずれの挙動またはその量）の影響の程度により、ワーキングジョイントとノンワーキングジョイントに分類されます。

ワーキングジョイントの目地寸法（参考）

　ワーキングジョイントの目地幅は表1の範囲に納まるように設定し、目地深さは表2の範囲に納まるように設定します。

表1 ワーキングジョイントの設計目地幅の許容範囲

（単位：mm）

シーリング材の種類		目地幅の許容範囲	
主成分	記号	最大値	最小値
シリコーン系	SR	40（25）	10（5）
変成シリコーン系	MS	40	10
ポリサルファイド系	PS	40（25）	10（5）
アクリルウレタン系	UA	40	10
ポリウレタン系	PU	40	10
アクリル系	AC	20	10

（　）内の数値はガラスまわりの場合の寸法

表2　ワーキングジョイントの目地断面寸法の目安

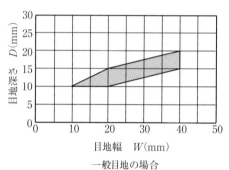

一般目地の場合

ノンワーキングジョイントの目地寸法（参考）

　ノンワーキングジョイントの場合は、ムーブメントを考慮する必要がないので、シーリング材の種類ごとに決められた目地幅および目地深さの許容範囲の中で目地形状で決定します。目地幅は表1の範囲に納まるように設定し、目地深さは表3の範囲に納まるように設定します。

表3　ノンワーキングジョイントの目地深さ D の許容範囲

（単位：mm）

シーリング材の種類			目地深さの許容範囲	
主成分・硬化機構		記号	最大値	最小値
反応硬化2成分形	シリコーン系	SR-2	20	10
	変成シリコーン系	MS-2	30	10
	ポリサルファイド系	PS-2	30	10
	アクリルウレタン系	UA-2	20	10
	ポリウレタン系	PU-2	20	10
湿気硬化1成分形	シリコーン系	SR-1	20	10
	変成シリコーン系	MS-1	20	10
	ポリサルファイド系	PS-1	20	10
	ポリウレタン系	PU-1	20	10
乾燥硬化1成分形	アクリル系	AC-1	15	10

　ノンワーキングジョイントとして、打継ぎ目地やひび割れ誘発目地があります。詳しくはP.167、P.172参照。

6.1　シーリング

6.1.1（3）　シーリング材（適材適所表）

ポイント

1. シーリング材は、外装材製造者の指定するものを使用する。
2. 外装材製造者の指定するシーリング材がない場合、「表1　適材適所表」を参考に選定する。
3. シーリング材は外壁等の目地（ワーキングジョイントおよびノンワーキングジョイント）における構法・部位・構成材により適否があるため適切なものを選定する。
4. 実際の施工にあたっては、シーリング材製造者に問い合わせを行い、シーリング材の相性について十分に確認する。

表1は一般的な目安を示します。実際の適用にはシーリング材製造者に問い合せを行い、相性が良い組み合わせになっているか確認が必要です。

表1　適材適所表（構法・部位・構成材とシーリング材の適切な組合わせ）

主な構法・部位・構成材	種類	ガラス・マリオン方式 ガラス回り目地	方立無目ジョイント	メタルカーテンウォール ガラス回り目地	プレキャストコンクリートカーテンウォール 部材間目地	石打込み・タイル打込み吹付塗装 部材間目地	窓枠回り目地	ガラス回り目地	①ALCパネル（ロッキング構法、アンカー構法） 窓枠回り目地・ALCパネル間 塗装あり(2)	ALCパネル間 塗装なし	塗装アルミニウムパネル〈強制乾燥・焼付塗装〉 パネル間目地	塗装鋼板、ほうろう鋼板パネル パネル間目地・窓枠回り目地	GRCパネル、押出成形セメント板 パネル間目地・窓枠回り目地 塗装あり(2)	窓枠回り目地 塗装なし	窯業系サイディング パネル間目地・窓枠回り目地 塗装あり(2)	パネル間目地・窓枠回り目地 塗装なし
シリコーン系(3)	2成分形 低モジュラス	○	○	○	○(4)			○(4)			○(4)					
	1成分形 高・中モジュラス															
	1成分形 低モジュラス	○		○				○(4)			○(4)					
変成シリコーン系	2成分形(5)				○	○	○		○		○	○	○		○(7)	
	1成分形								○							
ポリサルファイド系	2成分形					○	○	○	○			○	○			
	1成分形															○
アクリルウレタン系	2成分形								○				○			
ポリウレタン系	2成分形								○				○			
	1成分形								○						○(8)	○(8)
アクリル系	1成分形								○(6)							

（次ページに続く）

6.1　シーリング

（前ページから続く）

6.1.1（4）　シーリング材（適材適所表）

表 1　適材適所表（構法・部位・構成材とシーリング材の適切な組合わせ）続き

目地の区分		ワーキングジョイント						ノンワーキングジョイント						
		金属建具			笠木			コンクリート壁						
		ガラス回り	建具回り		金属笠木	石材笠木	プレキャスト鉄筋コンクリート笠木	現場打ち鉄筋コンクリート壁、壁式プレキャストコンクリート鉄筋		湿式石張り（石打込みプレキャストコンクリート、石目地を含む）	（石打込みプレキャストコンクリート、石目地を含む）	タイル張り（タイル打込みプレキャスト鉄筋コンクリートを含む）		
主な構法・部位・構成材		ガラス回り目地	水切・皿板目地	建具間目地	笠木間目地	笠木間目地	笠木間目地	打継ぎ目地・ひび割れ誘発目地・窓枠回り目地〔塗装あり(2)〕	塗装なし	石目地	窓枠回り目地	タイル目地	タイル下躯体目地	窓枠回り目地
シリコーン系(3)	2 成分形 低モジュラス	○	○(4)			○(4)								
	1 成分形 高・中モジュラス	○												
	1 成分形 低モジュラス	○												
変成シリコーン系	2 成分形(5)		○	○	○	○(9)	○		○		○(9)	○		○
	1 成分形								○		○(9)	○		
ポリサルファイド系	2 成分形		○			○(9)	○			○(9)	○(9)	○		○
	1 成分形									○(9)		○		
アクリルウレタン系	2 成分形							○						
ポリウレタン系	2 成分形							○					○	
	1 成分形							○					○	
アクリル系	1 成分形														

(1)　経年時の 50 ％引張応力が 0.3N/mm² 以下となる材料を目安とする。
(2)　シーリング材への表面塗装については事前確認することが必要である。
(3)　SSG 構法に適用される構造シーラントは、対象外とする。
(4)　外装材表面の付着汚染が生ずる可能性がある。
(5)　シーリング材の厚さが薄いと硬化が阻害される場合があるので、薄層部が生じないよう注意する。
(6)　経時でシーリング材が硬くなり、柔軟性が低下するものもあるので事前検討を十分に行う。また、窓枠回り目地には適用できない。
(7)　窯業系サイディングを用途とする応力緩和型を使用する。
(8)　窯業系サイディングを用途とした専用材料を使用する。
(9)　石材によっては内部浸透汚染が生ずる可能性があるため、事前確認することが必要である。

※モジュラス：modulus、弾性率のこと。ゴム弾性体に、一定のひずみを与えたときの応力（原型を保つために抵抗しようとする力）のこと。元の形に戻ろうとする力で、50 ％のひずみを与えたときの応力を 50 ％モジュラスと呼び、単位は一般に N/mm² で表す。
　　【モジュラスの高低区分】
　　　　低モジュラス 0.2N/mm² 未満
　　　　中モジュラス 0.2N/mm² 以上 0.4N/mm² 未満
　　　　高モジュラス 0.4N/mm² 以上

6.1　シーリング

6.1.2　打継ぎ目地

各階の外壁コンクリート打継ぎ目地

ポイント

1．打継ぎ目地とタイル目地のシーリングの同時施工は避ける。

コンクリート打継ぎ目地のシーリングを確実に施工した後、タイル工事（伸縮調整目地シーリング）に着手します。

（タイル張りの例）

（バックアップ材の例）
（貧調合モルタルの例）
外装タイル
（モルタル下塗り　むら直し、中塗りの例）
屋内
屋外
10
20
打継ぎ目地シーリング深さ20（3面接着の例）
伸縮調整目地シーリング（10×10）
バックアップ材などを用い躯体と縁切りする
20　30〜35

（増打ちコンクリート厚さ20mmの例）

（コンクリート打放し、コンクリート打放しの上仕上塗材、塗装等の例）

目地底
屋内
10
打継ぎ面
屋外
20
打継ぎ目地シーリング深さ20（3面接着の例）
20

（増打ちコンクリート厚さ20mmの例）

ポイント

1．コンクリート打継ぎ面は、脆弱なコンクリート（レイタンス等）、ごみ等を取り除き、新たに打込むコンクリートと一体となるように処置する。

打継ぎが不適切な場合、完全な一体化とはなりにくく、雨水浸入・鉄筋の腐食等の原因になり耐久性の低下をもたらし、時には構造耐力の低下につながることもあります。打継ぎ面の処置は慎重に行います。

レイタンスとは、コンクリート打込み後のブリーディングに伴って、コンクリート中の微細な粒子が浮遊水とともに浮き上がり、コンクリート表面に形成する脆弱な薄膜をいいます。

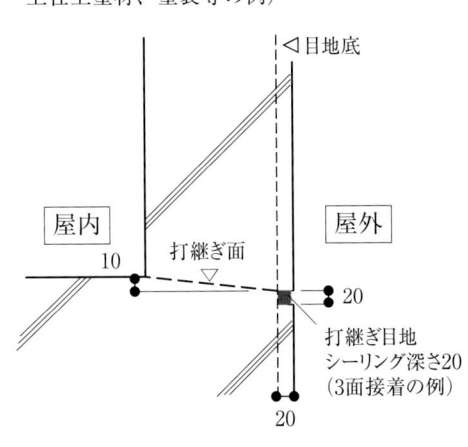

ジェット水による洗浄
レイタンスを除去
ワイヤーブラシ
（鉄筋）
（せき板）

打継ぎ面にレイタンス等がある場合、ジェット水による洗浄やワイヤーブラシがけ等により脆弱層の除去を行い、健全なコンクリート表面が現れるまで洗い出します。

新しいコンクリートの打込み前に、打継ぎ部のコンクリート面を清掃し散水などにより湿潤状態に保つ必要があります。打継ぎ面に水膜が残っているとコンクリートの一体化が損なわれるため、溜まった水は取り除きます。

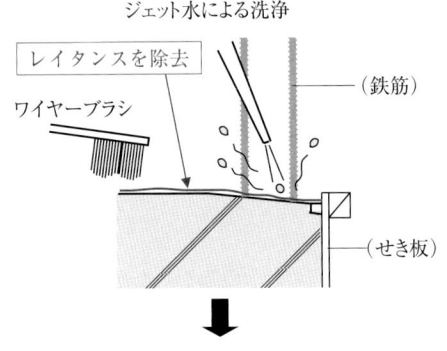

新しいコンクリート
屋内
屋外
打継ぎ面
（せき板）

打継ぎ面は清掃し、散水などにより湿潤状態に保つ（溜まった水は取り除く）

第6章　RC造住宅　外壁

6.1　シーリング

6.1.3　耐震スリット目地、プレキャストコンクリート部材の目地

外壁材のジョイント目地（プレキャストコンクリート部材）

　シーリング被着面のプレキャストコンクリート部材にモルタル等の付着がある場合は、被着面の清掃、ケレンを入念に行います。

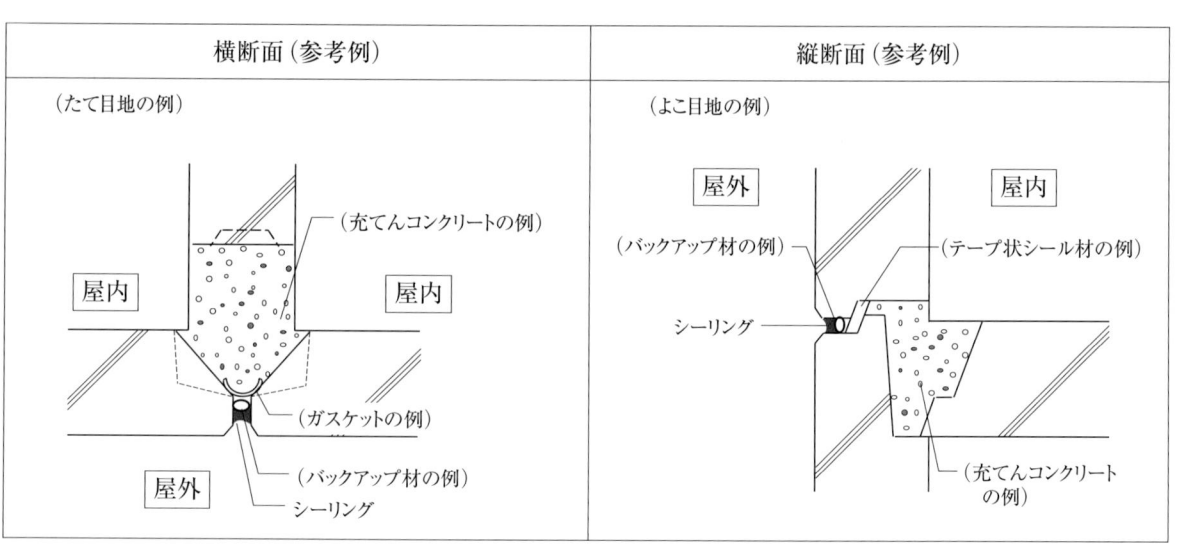

耐震スリット目地

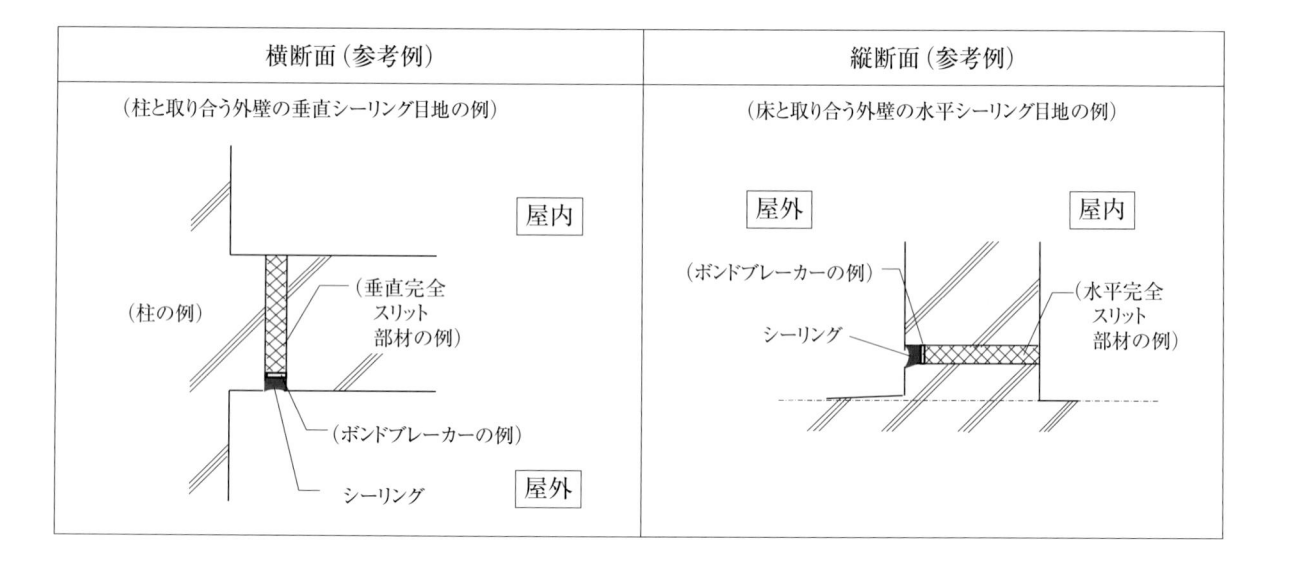

6.1　シーリング

6.1.4　ALCパネル

外壁材のジョイント目地（ALCパネル）

ポイント

1. ＡＬＣパネルは、各製造者の指定する施工方法に基づいて防水措置を施す。
2. ＡＬＣパネル間の目地シーリングは、２面接着とする。

　ALCは多孔質な材料であり、吸水性が他の窯業系材料に比べて高いため、屋外に面する部分については、防水性、耐久性を確保するため、防水処理または防水効果のある仕上げを施す必要があります。

縦壁ロッキング構法
（参考例）

　この構法は、鉄骨造、鉄筋コンクリート造および鉄骨鉄筋コンクリート造などの建築物の躯体の層間変形に対し、ALCパネルが1枚ごとに微小回転して面内方向に追従する機構であり、ALCパネル内部に設置されたアンカーと取付け金物により躯体に取付けることを特徴とした取付け構法です。

　ロッキング構法ではALCパネル間目地はすべてワーキングジョイントとなり、目地部へのバックアップ材の充てんあるいは、目地底へのボンドブレーカーの設置などにより、面内方向の躯体の挙動に追従できる2面接着とします。

層間変形時のパネルの動き
（イメージ）

２面接着のシーリング目地の例

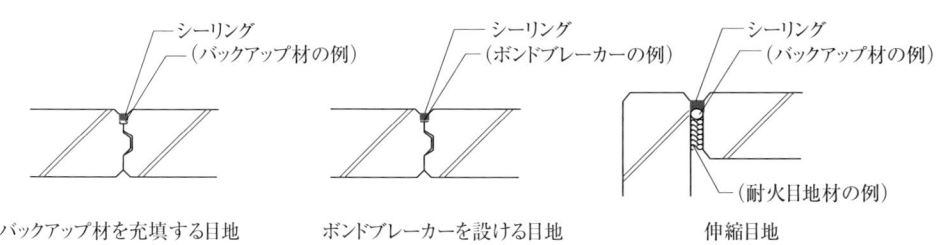

バックアップ材を充填する目地　　ボンドブレーカーを設ける目地　　伸縮目地

横壁アンカー構法
（参考例）

　この構法は、鉄骨造、鉄筋コンクリート造および鉄骨鉄筋コンクリート造などの建築物の躯体の層間変形に対し上下段のALCパネル相互が水平方向にずれて追従する機構で、縦壁ロッキング構法と同様に、ALCパネル内部に設置されるアンカーと取付け金物で取付けることを特徴とした取付け構法です。

　アンカー構法でのALCパネル間目地は、目地部へのバックアップ材の充てん、あるいは目地底へのボンドブレーカーの設置などにより、面内方向の躯体の挙動に追従できる2面接着とします。

層間変形時のパネルの動き
（イメージ）

２面接着のシーリング目地の例

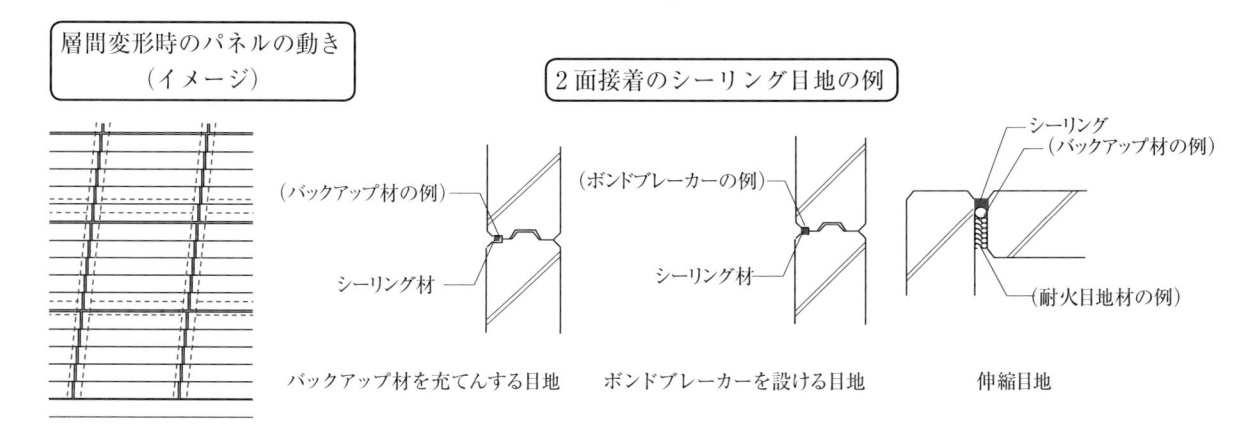

バックアップ材を充てんする目地　　ボンドブレーカーを設ける目地　　伸縮目地

6.1　シーリング

6.1.5　サッシまわり

外壁開口部の周囲

ポイント

1．鉄筋コンクリート躯体（以下「躯体」という）の開口部は、上部および側部に「ダキ（抱き）」を設け、さらに上部に「水切り溝」を設ける。下部は屋外側に水勾配をとり、水切りの欠き込みを入れる。
2．サッシおよび水切り板の取付け方法は、躯体に保持できる構造とする。
3．水切り板は水返しと小口ふさぎのあるものを使用し、両端を躯体にのみ込ませる。
4．防水モルタル充てんは、躯体面の清掃を入念に行い、接着増強剤を塗布する。
5．モルタルに混入する防水剤および凍結防止剤はサッシ腐食防止のため塩化カルシウム系は避ける。
6．サッシおよび水切り板と躯体の取合い部にシーリングを施す。

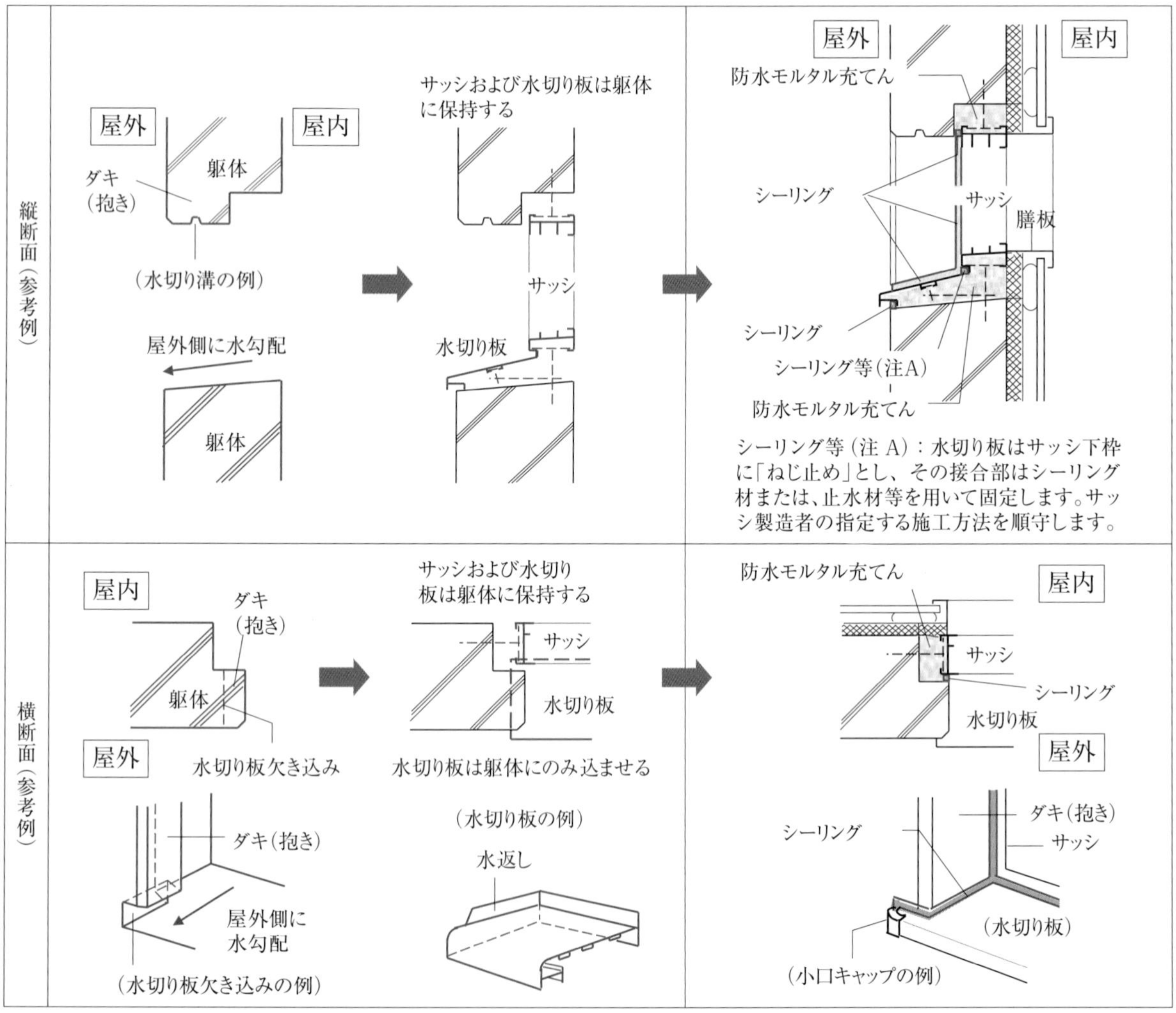

縦断面（参考例）

屋外　屋内
ダキ（抱き）　躯体
（水切り溝の例）
屋外側に水勾配
躯体

サッシおよび水切り板は躯体に保持する
サッシ
水切り板

屋外　屋内
防水モルタル充てん
シーリング
サッシ
膳板
シーリング
シーリング等（注A）
防水モルタル充てん

シーリング等（注A）：水切り板はサッシ下枠に「ねじ止め」とし、その接合部はシーリング材または、止水材等を用いて固定します。サッシ製造者の指定する施工方法を順守します。

横断面（参考例）

屋内
ダキ（抱き）
躯体
屋外　水切り板欠き込み
ダキ（抱き）
屋外側に水勾配
（水切り板欠き込みの例）

サッシおよび水切り板は躯体に保持する
サッシ
水切り板
水切り板は躯体にのみ込ませる
（水切り板の例）
水返し

防水モルタル充てん　屋内
サッシ
シーリング
水切り板
屋外
シーリング
ダキ（抱き）
サッシ
（水切り板）
（小口キャップの例）

6.1　シーリング

6.1.6　貫通部まわり

外壁を貫通する管等の周囲

　パラペットまたは防水層が施されていない屋根躯体と一体となった架台等の「設備配管等が貫通する部分」や「取付金物等が埋め込まれた部分」は雨水が浸入しやすい部位です。
　これらの周囲はシーリング材等を用い適切な防水措置が必要です。

【設備配管等が貫通する部分】

屋根躯体と一体の架台等における消火水槽架台、アンテナ支持台、給水管・通気管立上り等。

ポイント（設備機器の架台等の例）

1．基礎と架台等の取合い部にシーリングを施す。
2．アンカーボルト頭部は防錆キャップ等で保護する。

ポイント（給水管、揚水管等の例）

1．庇（あご）等を設け、配管まわりのシーリングの雨掛りを低減する。

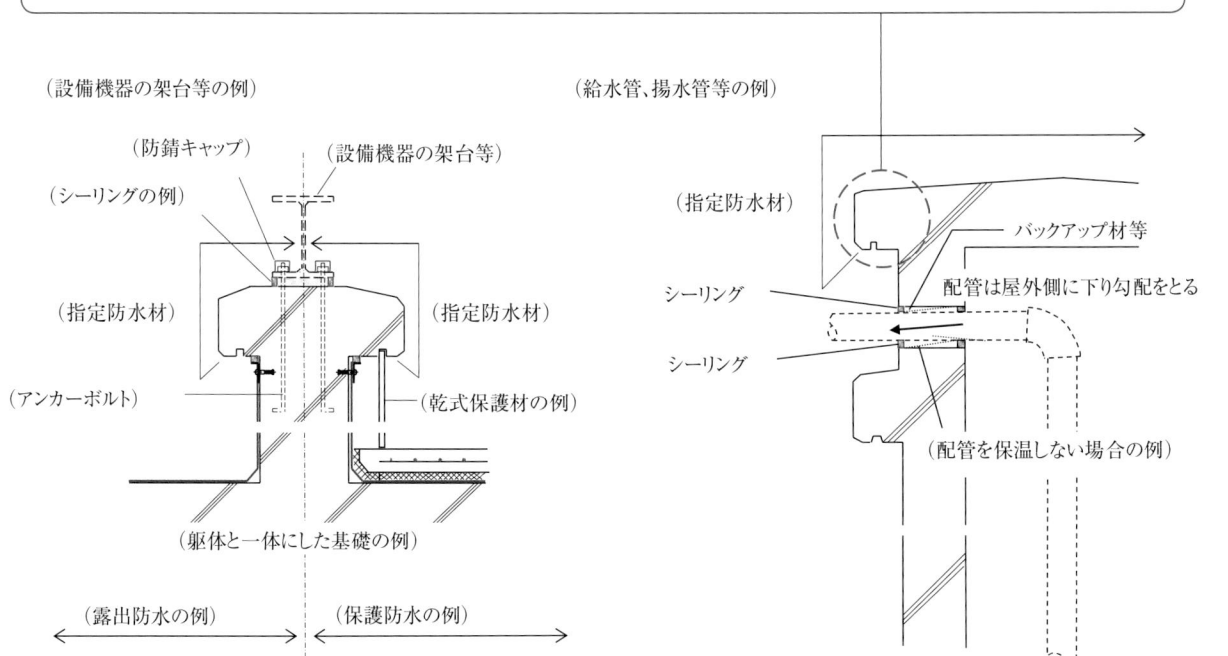

【取付金物等が埋め込まれた部分】

　パラペット等における吊環、支線支持金物の取付け部や避雷導線の埋込み部等

（支持金物をパラペット誘発目地の位置に合わせた例）

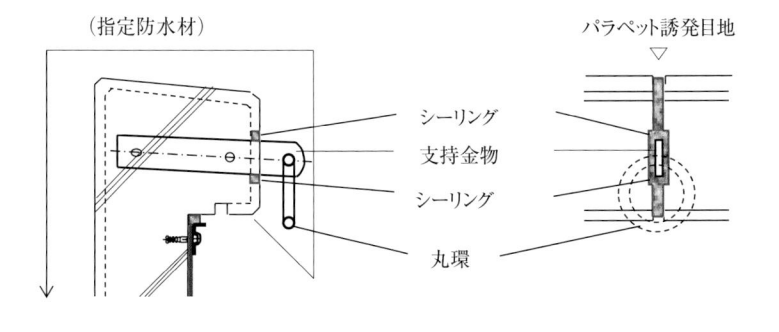

6.1　シーリング

6.1.7　ひび割れ誘発目地

その他雨水浸入のおそれのある部分（ひび割れ誘発目地など）

　外壁のコンクリートは、表面仕上げの下地材や仕上材としての性能が求められ、そのひび割れ対策が求められます。この場合、あらかじめ計画的に目地を設けて、定めた位置にひび割れを発生させる誘発目地を効果的に配置する必要があります。

　ひび割れ誘発目地は、一般的に壁の両面から欠き込んで目地を形成し、屋外側の目地にはシーリングを施します。
　発生するひび割れ幅が大きくないことから、ノンワーキングジョイントとして 3 面接着にすることが一般的です。

ひび割れ誘発目地（縦目地）の参考例

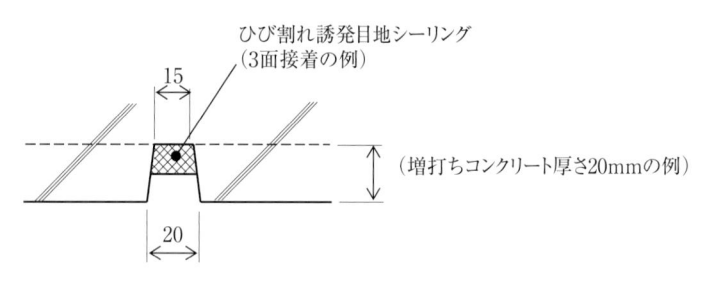

（コンクリート打放し、コンクリート打放しの上仕上塗材、塗装等）

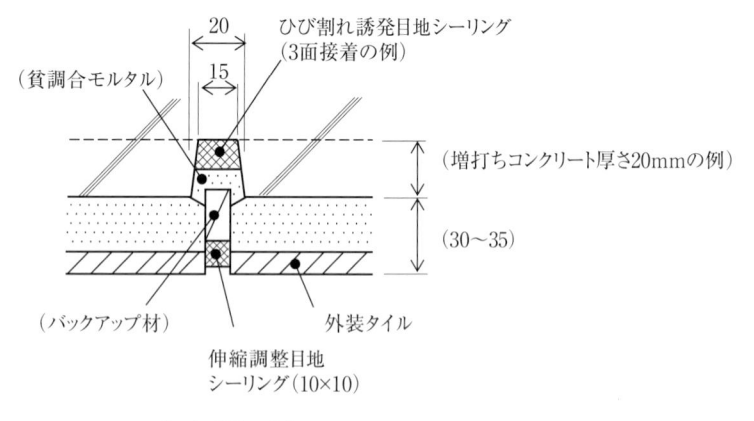

（タイル張りの例）

6.2　セパレータ、コーン穴埋め

6.2.1　コンクリート打込み

 **ポイント**

1. コンクリート打込み後、セパレータ下側に空隙が発生し、「水みち」が生じないように「締固め」を入念に行う。
2. 屋外側のコーン穴まわりは、雨水の浸入を防止するために有効な防水措置を施す。
3. コーン穴埋め専用のモルタル（ポリマーセメントモルタルなど）、セパレータ用止水板などは、各製造者の指定する施工方法を順守する。

　コンクリート打込み後のブリーディングに伴って、骨材や鉄筋、セパレータ等の下側に水や空気がたまりやすく、締固めが不十分な場合、セパレータ下側に空隙が発生し、「水みち」が生じることがあります。

　これらの周辺部や型枠の隅々までコンクリートが充てんされ、空隙のない密実なコンクリートが得られるように「締固め」を入念に行います。

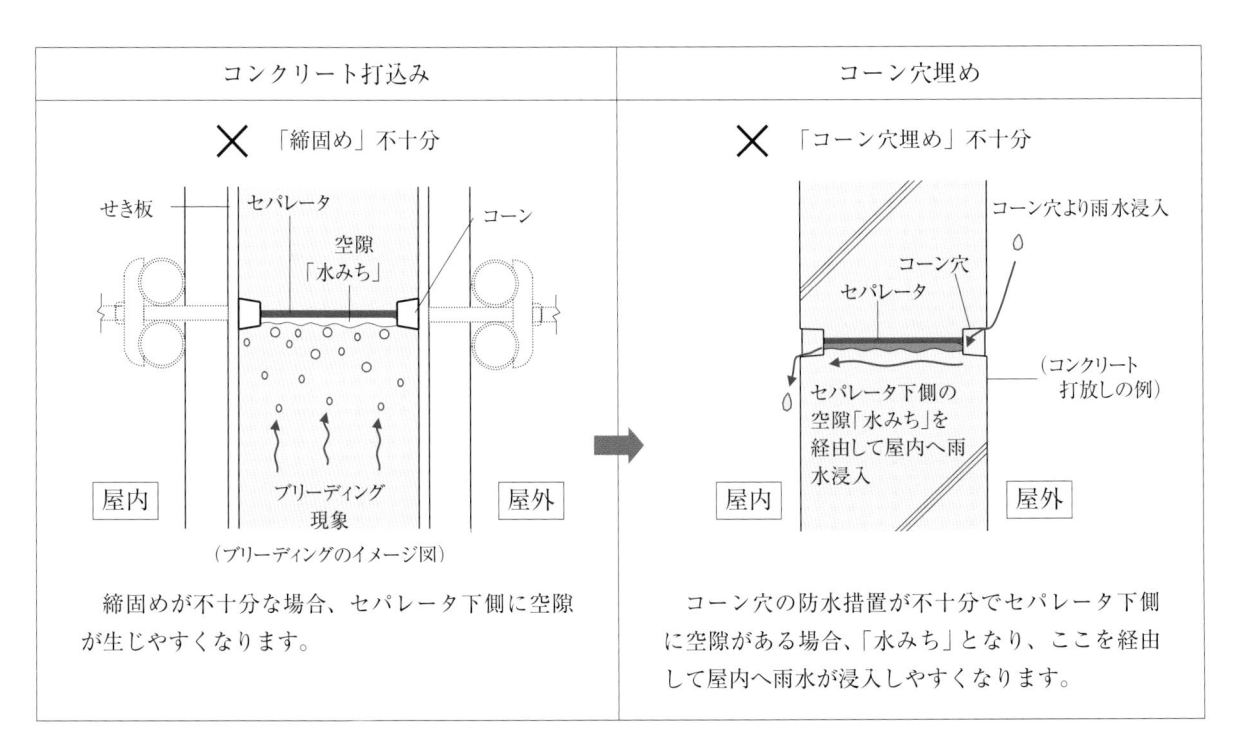

コンクリート打込み	コーン穴埋め
✕　「締固め」不十分	✕　「コーン穴埋め」不十分
せき板　セパレータ　コーン　空隙「水みち」　屋内　ブリーディング現象　屋外（ブリーディングのイメージ図）	コーン穴より雨水浸入　コーン穴　セパレータ　（コンクリート打放しの例）　セパレータ下側の空隙「水みち」を経由して屋内へ雨水浸入　屋内　屋外
締固めが不十分な場合、セパレータ下側に空隙が生じやすくなります。	コーン穴の防水措置が不十分でセパレータ下側に空隙がある場合、「水みち」となり、ここを経由して屋内へ雨水が浸入しやすくなります。

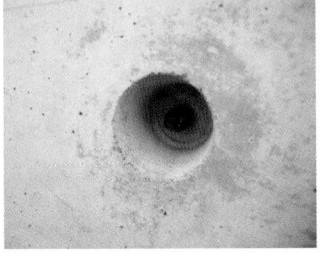

沈みひび割れの例
型枠用セパレータ（Pコン）によるもの

　コンクリートの打込み直後の沈みやブリーディングによる変位を鉄筋，型枠用セパレータ，表面の型枠などが拘束することによって生じるひび割れです。締固めが不十分なコンクリートに生じやすくなります。

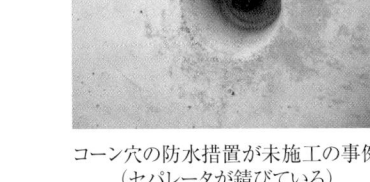

コーン穴の防水措置が未施工の事例
（セパレータが錆びている）

　雨水の浸入に至る場合もあります。

6.2　セパレータ、コーン穴埋め

6.2.2　コーン穴埋め（コンクリート打放し）

> セパレータ用止水板＋コーン穴埋め専用モルタル（ポリマーセメントモルタルなど）

　セパレータ下側の空隙「水みち」からの雨水浸入を防ぐため、止水板（水に触れると膨潤するゴムなど）をセパレータに複数取り付け、コーン穴埋め専用モルタルで防水措置を施す例です。

> セパレータ用止水板（参考例）

> コーン穴埋め、ポリマーセメントモルタル（参考例）

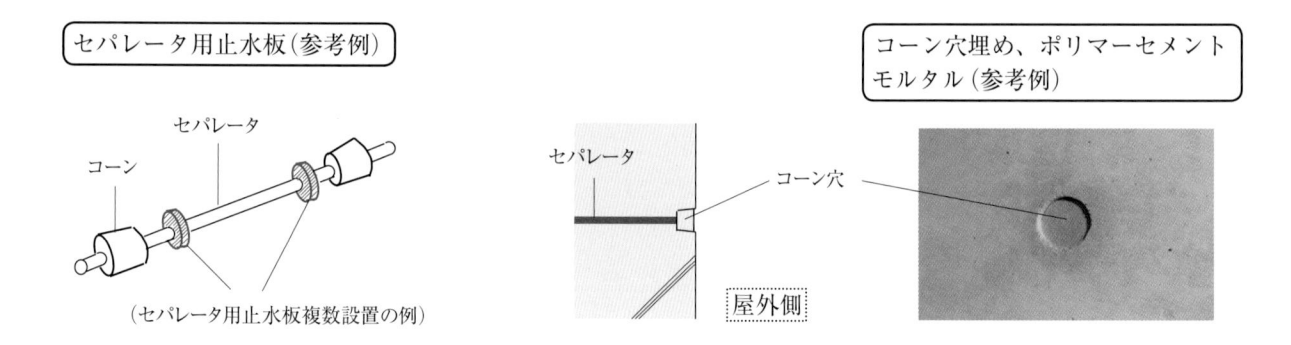

（セパレータ用止水板複数設置の例）

> 埋込み式コーン（参考例）

防水機能付きのコーンをRC躯体に埋め込むタイプ

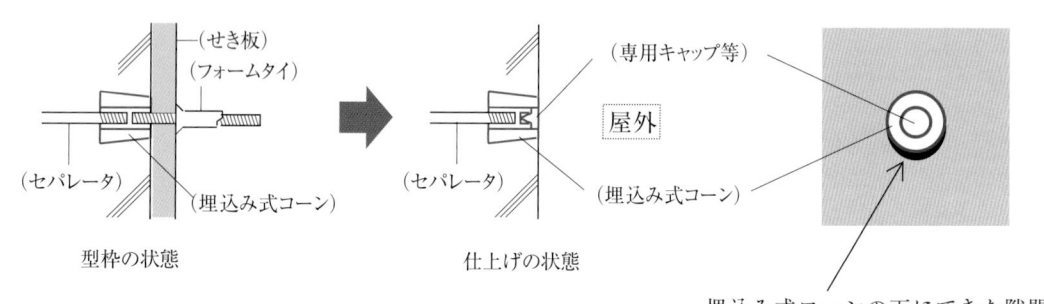

型枠の状態　　　　　　　　　仕上げの状態

埋込み式コーンの下にできた隙間の事例です。
雨水の浸入に至る場合があります。
ブリーディングに伴う空隙「水みち」を作らないようコンクリート打込み時の「締固め」を入念に行います。

付 録

大型送風散水装置を用いた屋根と外壁の取り合い部における浸入雨水の挙動の検討
（その1　試験体および実験概要）

○木村　雄太[*1]　　牧田　均[*4]
石川　廣三[*2]　　根元　央希[*4]
松本　知大[*3]　　田村　公彦[*1]
松本　智史[*3]　　楠木　義正[*5]

大型送風散水試験装置　　通気構法　　差圧
軒の出のない屋根　　片流れ屋根　　屋根外壁取合い部

1．はじめに

　これまで本研究の屋根と外壁の取り合い部の水密性能評価は実大模型を用い送風散水方式によって行ってきた。しかし吹出口が小さい送風散水装置による局所的な送風散水方式であったことから，風雨が試験体に当たる位置で所定の風速と散水量を維持することは難しく，試験体まわりの風の流れ方も把握できなかった。今回用いた大型送風散水試験装置（写真1，写真7）では，吹出口面積が模型本体より大きく，実際の風の作用に近い状態を再現することが可能である。加えてターンテーブルに設置した試験体に対し任意の風向を変化することも出来るので，様々な角度における水密性や耐風圧性能等の検証が可能となる。大型送風散水試験装置については後述の（その2　大型送風散水試験装置の風速分布特性）を参照されたい。

　ある住宅瑕疵担保責任保険法人における，2008年以降8年間の新築木造住宅保険物件で発生した雨漏り事故の原因箇所155項目のうち，雨水浸入箇所ワーストランキング22位までを表1および図1に示す。最も高い割合を占めたのは外壁のサッシまわりで27.07％。2位以下は5％以下であるが，部位としての母数が多くない壁止まり軒部が3.18％で高い割合で雨押え（流れ方向）も1.72％を占める。また，全く壁面から軒が出ていない屋根（以下「軒ゼロ屋根」という）が比較的高い割合を示し，軒ゼロ屋根まわりで計7.09％（片流れ棟まわり2.97％，けらばまわり2.82％，軒先まわり1.3％）を占める。

2．試験体の概要

　試験体は，雨漏り事故の原因箇所としての割合が比較的高い「壁止まり軒部と雨押え部（流れ方向）」と「軒ゼロ屋根，軒裏と外壁の取り合い部」を再現した2体とした。

（1）　試験体1「壁止まり軒部と雨押え部（流れ方向）」

　試験体1は写真1〜6に示す片流れ屋根と外壁が取り合う部分の実大模型で外装材下端と雨押えに通気口を設けた。外装材はアクリル板5mm，通気胴縁は15mm，雨押え通気口幅は15mm，透湿防水シートの代わりに感水紙を用い，雨水浸入状況を目視確認できるようにした。外壁通気層上部は「A：庇を設け気流を外壁通気層から軒天井見切り縁（積層中空材）に排気する構造（写真2）」，「B：気流を外壁通気層から試験体後面に排気する構造（写真3）」，「C：Bの試験体後面の通気層をテープ留め通気を閉塞する構造（写真4）」

表1 木造住宅の雨水浸入部位（ワーストランキング）

順位	第4階層【箇所】	％
1	サッシまわり	27.07
2	平部面	4.90
3	防水層（床）とサッシの取合い	3.29
4	壁止まり軒部	3.18
5	軒裏と外壁の取合い	3.03
6	軒ゼロ片流れ棟まわり	2.97
7	バルコニー笠木壁当たり	2.87
8	軒ゼロけらばまわり	2.82
9	貫通口まわり（配管・配線など）	2.61
10	パラペット笠木と外壁の取合い	2.40
11	パラペット笠木（陸屋根パラペットまわり部）	2.19
12	防水層（床）と外壁の取合い	2.14
13	平部目地	2.09
14	パラペット笠木まわり	1.98
15	囲押え（流れ方向）	1.72
16	梁などの貫通部	1.62
17	平部（防水層（床）まわり部）	1.56
18	平部（勾配屋根平部）	1.51
19	バルコニー笠木	1.41
20	ドレン（防水層（床）まわり）	1.36
21	軒ゼロ軒先まわり	1.30
22	天窓まわり（勾配屋根の開口部）	1.04

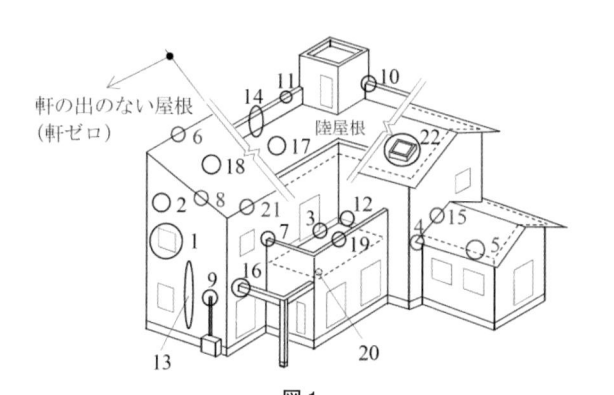

図1

写真1 試験体1

写真2 試験体1 庇（A）

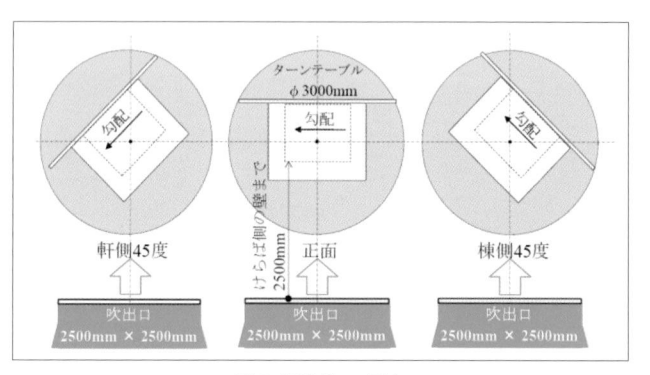

図2 試験体1 風向

Study on behavior of infiltrating rainwater around roof/wall abutment using large outlet wind and rain simulator.
（Part1）Roof and wall abutment models and test procedure

KIMURA Yuta, ISHIKAWA Hirozo, MATUMOTO Tomohiro,
MATUMOTO Satoshi, MAKITA Hitoshi, NEMOTO Ouki,
TAMURA Kimihiko, KUSUKI Yoshimasa

の3種類とした。軒樋への流下水の誘導と通気層内の雨水浸入防止に影響を与える壁止まり軒部の水返し（誘導板）は、外装材差込み高さが高い80mmの溝付壁止まり役物（写真5）と差込み高さが低い15mmの雨押え加工壁止まり（写真6）の2種類とした。

（2） 試験体2「軒ゼロ屋根，軒裏と外壁の取合い部」

試験体2は写真7〜10に示す片流れ屋根と外壁が取り合う実大模型で，片方のけらばと片流れ棟部は全く壁面から軒が出ていない。外壁は通気構法とし外装材下端に通気口を設け，外壁通気層は気流を外壁通気層〜軒裏空間〜小屋裏空間まで常時連通させ棟換気口から排気する構造とした。軒ゼロ屋根の雨漏り事故で「野地板裏面露出部（写真9）」と「破風と壁面の取り合い部（写真10）」が雨水浸入箇所となった被害事例が多く報告されている。「野地板裏面露出部」については鼻隠し・破風の頂部と野地板に0〜7.5mmの隙間を設置した。「破風と壁面の取り合い部」については片流れ棟部に隙間（1.5mm，7mm，12.5mm，19.5mm）を4種類設置（写真10）し，けらば側の通気部材は通常の通気見切り縁（開口幅5mm，間隔8mm）と軒ゼロ屋根専用のL形積層中空材を設置（写真10）とした。外装材・鼻隠し・破風・野地板はアクリル板5mm，通気胴縁15mm，透湿防水シートは感水紙に代えた。

3．実験の概要，評価方法

大型送風散水試験装置の吹出口寸法は2500mm×2500mm，吹出口下端と試験体下端を同レベル（写真7）とした。ターンテーブル上において試験体1は吹出口からけらば側の壁まで2500mmの位置（図2）に，試験体2は吹出口から軒先側の壁まで2500mmの位置（図3）に設置し，ターンテーブルを回転することで風向を変化させた。試験体1の風向は，壁正面，軒側45度，棟側45度の3方向（図2），試験体2の風向は試験体まわりを45度間隔で8方向（図3）とした。風は脈動なしの定常風（一定風速を維持させた風）とし，あらかじめ風速10m/sで吹流しによる試験体まわりの風の流れ方（写真10）を観察した。また試験体1については風速10m/s，20m/sで通気層内の圧力を測定した。送風散水の風速は10m/s，20m/s，噴霧水量は従来の送風散水実験で多用される4l/m2・分，5分間の送風散水実験を行った。試験中は雨水浸入状況を観察し，終了後にアクリル板表面の水滴を拭き取り感水紙の雨水浸入範囲を確認した。

4．まとめ

大型送風散水試験機の採用により建物外皮の通気口や隙間から浸入する雨水の挙動を風雨の作用を受ける実際の建物に近い状態で検討することが可能になった。試験体1では壁面と雨押えを流下する雨滴の通気層内への浸入と通気層内の差圧との関係について，試験体2では軒ゼロ屋根の頂部に向かって上昇する風の影響と「野地板裏面露出部」および「破風と壁面の取り合い部」の浸入雨水の挙動について検討した。

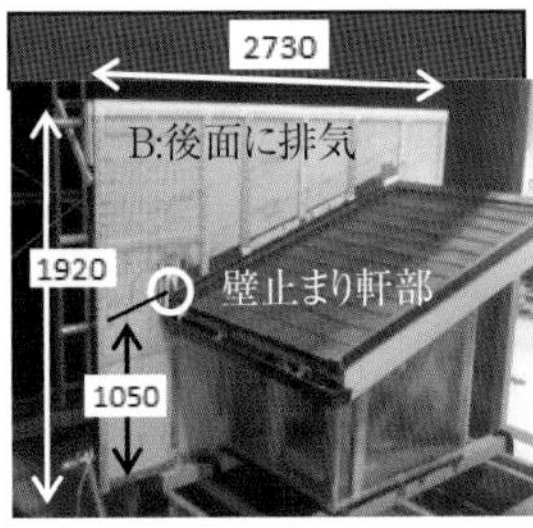

写真3 試験体1 庇なし（B）

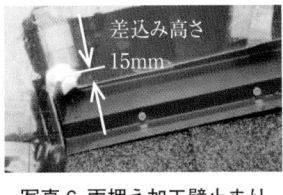

写真7 試験体2

写真4 試験体1 庇なし（C）

写真8 試験体2

写真5 溝付壁止まり役物

写真9 野地板裏面露出部

写真6 雨押え加工壁止まり

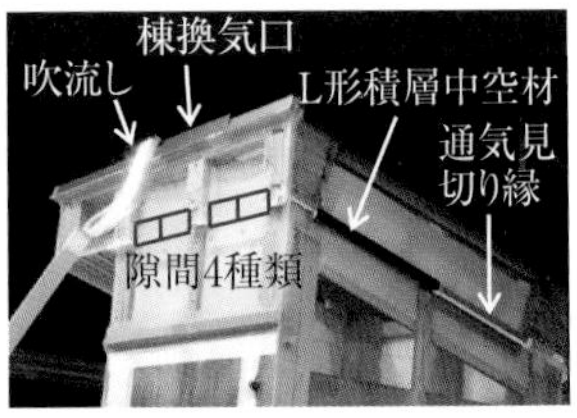

写真10 破風と壁面の取り合い部

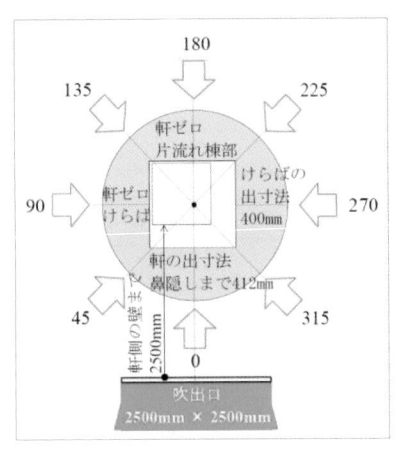

図3 試験体2 風向

【参考文献】
1）日本住宅保証検査機構編　石川廣三監修　防水施工マニュアル　技報堂出版　P.15　1.6.5(4) 別の視点の区分による木造住宅の雨水浸入部位（ワーストランキング）
2）牧田均　他：屋根の雨押え部における浸入雨水の挙動（その2），日本建築学会大会学術講演梗概集 2013 年
3）木村雄太　他：同上（その5），日本建築学会大会学術講演梗概集 2015 年
4）増田悦宏　他：軒裏換気部材設置位置が軒裏空間浸入雨水の挙動に及ぼす影響（軒先側およびけらば側への送風散水実験），日本建築学会大会学術講演梗概集 2016 年

＊1 日本住宅保証検査機構（JIO Corporation）　　＊2 東海大学 名誉教授 工博（Professor Emeritus, Tokai University, Dr. Eng.）
＊3 建材試験センター（Japan Testing Center for construction Materials）　　＊4 田島ルーフィング（Tajima Roofing INC）
＊5 トーコー（TOKO Corporation）

大型送風散水試験装置を用いた屋根と外壁の取り合い部における浸入雨水の挙動の検討
（その2　大型送風散水試験装置の風速分布特性）

○松本　智史[*1]　　　田村　公彦[*3]
石川　廣三[*2]　　　牧田　均[*4]
松本　知大[*1]　　　根元　央希[*4]
木村　雄太[*3]　　　楠木　義正[*5]

大型送風散水試験装置　　　風速分布　　　　　乱れ強さ

1．はじめに

本研究では，前報その1で紹介したように，片流れ屋根及び通気構法を採用した外壁との接合部位などを実大寸法に近い形で試験体に再現させ，風雨による影響を広範囲で確認することが主目的の1つである。この検証を行うためには，風および雨を広範囲に発生させ，試験体に吹付けることが必要である。現状，日本国内では，（一財）建材試験センターが所有する大型送風散水試験装置（吹出口最大寸法：2 500 mm × 2 500 mm）が最大であるため，本研究ではこの装置を用いて実施することとした。ただし，広範囲の風雨を発生できたとしても，風速分布や乱れ強度といった風の特性を十分把握していなければ適切な試験を実施することができない。そこで本報では，この大型送風散水試験装置から発生する風の特性について検証を行ったのでその結果について報告する。

2．大型送風散水試験装置の仕様

装置の概要を図1および写真1に示す。

装置は，電動ダンパー付き空気吸込口2ヵ所，560 kW の電動機，送風機（シロッコファン），整流機構，2 500 mm × 2 500 mm の吹出口，散水装置等で構成されている。送風は，この560 kW の電動機により，シロッコファンを回転させ，電動ダンパー付き空気吸込口から空気を取入れ，拡散胴，整流胴および縮流胴といった整流機構を通り，吹出口から排出する。なお，吹出口の左下端部から水平方向に300 mm，鉛直方向に1 000 mm の位置にピトー管が設置されており，このピトー管によって検出される風速値が装置の制御を行

うための設定風速となる。また，吹出口の前方にはターンテーブルがあり，この上に試験体を設置し，回転させることで，様々な角度で風雨を吹付けることができる。

写真1　大型送風散水試験装置

3．風速分布および乱れ強さの測定概要

風の特性を把握するため，風速分布及び乱れ強さを測定した。なお乱れ強さとは，ある点での変動している風速の平均風速と，風速の変動成分の標準偏差の比のことをいい，% であらわされる。この測定では，吹出口直近を基準面（A 面）とし，風下側へ1.5 m 間隔に B，C，D 面を設定した。この各面において，水平および高さ方向に500 mm 間隔で計25点測定した（図2 参照）。なお，設定風速は10 m/s とした。また，風速の測定には熱線流速計を使用した。サンプリング周波数は500 Hz とした。

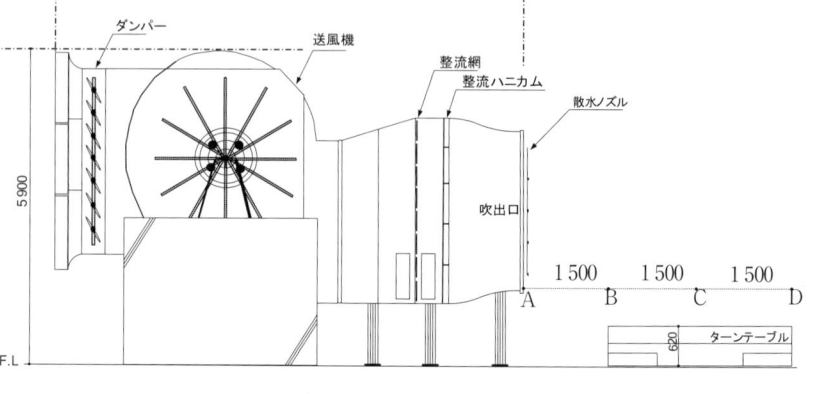

図1　大型送風散水試験装置の概要（断面）

図2　各面における風速分布測定位置

Study on behavior of infiltrating rainwater around roof/ wall
abutment using large outlet wind and rain simulator
（Part2）On variance of wind velocity of large outlet wind and rain simulator

MATSUMOTO Satoshi, ISHIKAWA Hirozo, MATSUMOTO Tomohiro,
KIMURA Yuta, TAMURA Kimihiko, MAKITA Hitoshi,
NEMOTO Ouki and KUSUKI Yoshimasa

単位：m/s

11.04	10.64	9.76	10.57	10.97
11.42	10.77	10.53	10.69	11.30
10.10	12.09	10.57	12.01	10.11
10.90	11.71	10.43	11.67	10.73
10.42	9.62	9.79	9.78	10.44

25 点の平均風速 $\overline{V}$：10.7

（A 面：吹出口直近）

10.93	10.73	9.85	10.59	10.88
11.25	10.88	10.55	10.90	11.33
10.42	11.85	10.77	11.66	10.42
10.90	11.66	10.65	11.70	10.73
10.37	9.85	9.93	9.83	10.38

25 点の平均風速 $\overline{V}$：10.8

（B 面：吹出口から 1.5m の距離）

9.00	10.13	9.27	10.18	9.99
11.36	11.17	10.57	11.12	11.41
10.13	11.64	10.47	11.35	10.07
10.95	11.64	10.66	11.58	10.65
9.83	9.65	9.82	9.51	9.74

25 点の平均風速 $\overline{V}$：10.5

（C 面：吹出口から 3.0m の距離）

8.88	9.33	8.24	9.40	9.57
10.56	10.06	9.19	9.90	10.53
9.79	10.73	9.63	10.55	9.75
10.65	10.99	9.97	11.01	10.20
8.70	7.82	8.21	8.50	8.42

25 点の平均風速 $\overline{V}$：9.6

（D 面：吹出口から 4.5m の距離）

図 3 風速分布

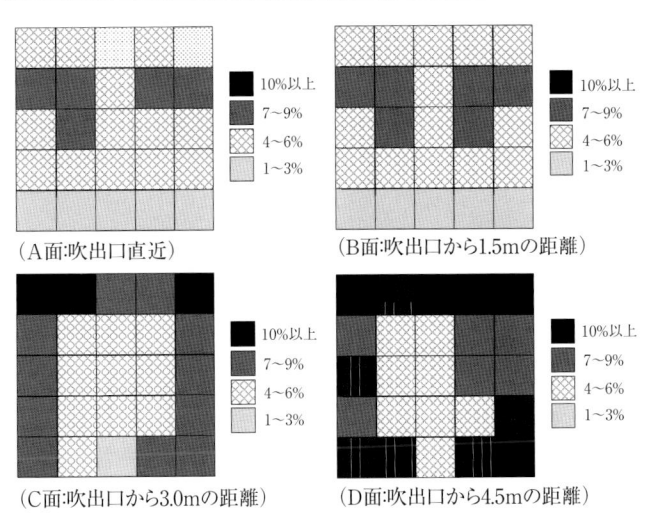
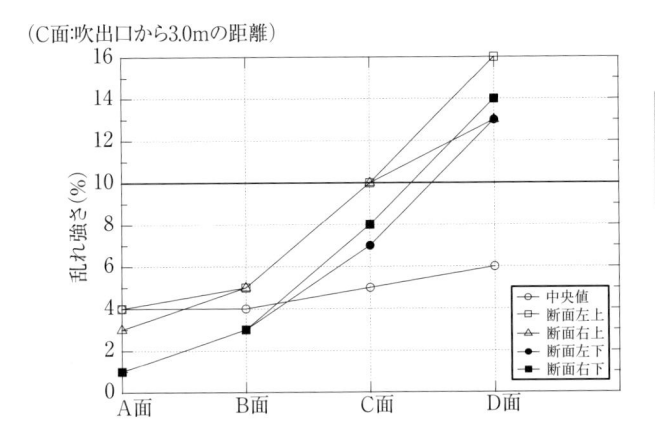

（A面:吹出口直近）　（B面:吹出口から1.5mの距離）

（C面:吹出口から3.0mの距離）　（D面:吹出口から4.5mの距離）

図 5 乱れ強さ

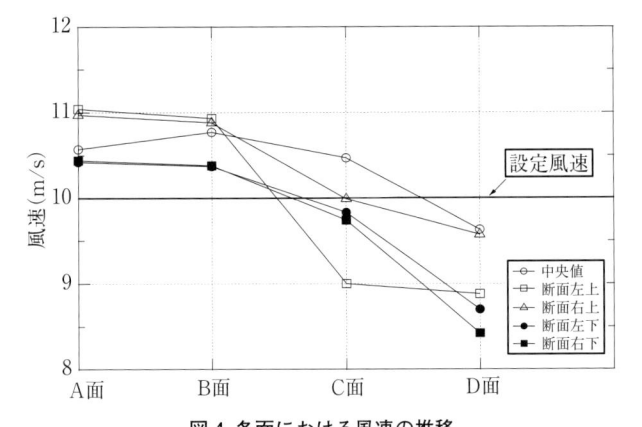

図 4 各面における風速の推移

（C面:吹出口から3.0mの距離）

図 6 各面における乱れ強さの推移

4．風速分布および乱れ強さの測定結果

風速分布測定結果を図3に示す。

各面中央の風速は，各面の平均風速と同等であった。また，各面中央風速よりも，その周囲の風速が速くなることを確認した。さらに，各面の端部における風速は，他の箇所よりも風速が減衰する傾向にあった。

図4は，各面における風速の推移を中央風速および端部4点について比較したものである。断面左右上部を除いては，C面からD面における風速の減衰が大きくなる傾向が確認された。各面における乱れ強さの分布を図5に示す。A面およびB面では，乱れ強さが9％以内に収まる傾向となった。一方C面では，上部において乱れ強さが10％となった。また，D面では，端部において10％を超える傾向となった。これは，D面よりも1.5m風下に建屋の壁面が存在する。この壁面に風が当たり，D面の方向に戻ろうとする風の影響が要因の一つと考えられる。

図6は各面における乱れ強さの推移を図4と同様に比較したものである。中央風速は，乱れ強さの変化は少ないが，他の箇所はB面から乱れ強さが右肩上がりの傾向を示した。しかしながらC面までは，乱れ強さは最大でも10％であった。

5．おわりに

大型送風散水試験装置の吹出口前方各距離における風速分布と乱れ強さを測定した。測定結果より，吹出口からの距離が3m以内（C面よりも前）であれば風速分布が少なく，乱れ強さも最大で10％であった事が確認できた。よって本研究では，乱れ強さが10％以内に収まる事が推測できる距離（吹出口から2 500 mm）に試験体を設置し，各実験を進めることとした。

【参考文献】
1）石崎溌雄：耐風工学 (1981)
2）菊川ほか：マルチファン風洞によるアクティブ制御乱流生成法の研究，2005 年 11 月，大分工業高等専門学校紀要，第 42 号
3）ガヴァンスキほか：実変動風荷重載荷装置の性能評価，日本建築学会技術報告集，第 21 巻　第 49 号，2015 年 10 月

＊1 建材試験センター（Japan Testing Center for Construction Materials）
＊2 東海大学 名誉教授 工博（Professor Emeritus, Tokai University, Dr. Eng.）
＊3 日本住宅保証検査機構（JIO Corporation）
＊4 田島ルーフィング（Tajima Roofing INC）　＊5 トーコー（TOKO Corporation）

大型送風散水装置を用いた屋根と外壁の取り合い部における浸入雨水の挙動の検討
（その3　壁止まり軒部および雨押え部付近の気流特性と雨水浸入性状）

○牧田　　均 [*1]　　木村　雄太 [*4]
石川　廣三 [*2]　　田村　公彦 [*4]
松本　知大 [*3]　　楠木　義正 [*5]
松本　智史 [*3]　　根元　央希 [*1]

大型送風散水試験装置　　通気構法　　　　屋根外壁取り合い部
壁止まり軒部　　　　　　雨押え部

1．はじめに

　木造住宅の屋根と外壁の取り合い部は，前報（その1）で報告したとおり，雨水浸入リスクが高い傾向にある。本報では被害事例が多く報告されている壁止まり軒部および雨押え部を含む片流れ屋根が外壁と取り合う部分を再現した試験体に対して，大型送風散水試験装置より実風に近い状況を再現し，試験体近傍の風の流れ方，水の浸入範囲について観察した結果を報告する。

2．試験体

　試験体は前報（その1）で紹介した試験体1「壁止まり軒部と雨押え部（流れ方向）」を使用した。本実験において壁止まり軒部には外装材差込み高さが80mmの溝付壁止まり役物を用いた。

3．実験の概要，評価方法

　実験の概要および評価方法は前報（その1）を参照されたい。実験は，以下の手順で行った。

　① 風速10m/sにおいて吹流し（写真1）により試験体近傍の風の流れ方を観察

　② 風速10および20m/sにおいて送風散水実験により通気層内の雨水浸入範囲を観察

4．結果および考察

（1）　試験体近傍の風の流れ方

　吹流しにより観察した試験体近傍の風の流れを風向および庇の有無ごとにまとめ，表1に示した。

　風向が正面からの場合，外壁に当たり外壁通気層下端付近で左右に分かれた。庇があるものについては下向きに流れた。庇がないものについては試験体の上部側に流れた。

　風向が軒側45度の場合，外壁通気層下端付近は屋根勾配に沿って水上側に流れた。外壁面は壁止まり軒部を境に左右に分かれた。

　風向が棟側45度の場合，外壁通気層下端付近は屋根面中心よりやや棟側を起点に水下側と水上側に分かれた。壁面では全体的に左

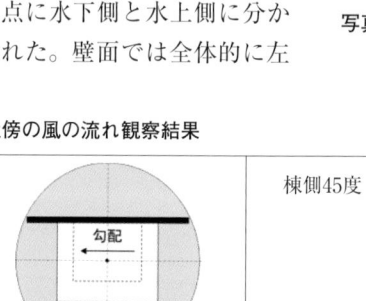

写真1　吹流しによる風の流れの観察

表1 吹流しによる試験体近傍の風の流れ観察結果

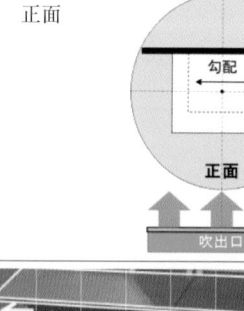
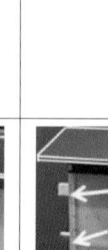
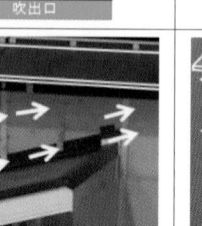

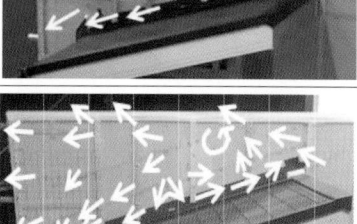
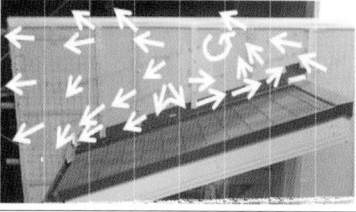

Study on behavior of infiltrating rainwater around roof/wall abutment using large outlet wind and rain simulator. （Part3）Air flow pattern and rainwater penetration characteristic around roof/wall and eaves/wall abutment

MAKITA Hitoshi，ISHIKAWA Hirozo
MATUMOTO Tomohiro，MATUMOTO Satoshi
KIMURA Yuta，TAMURA Kimihiko
KUSUKI Yoshimasa，NEMOTO Ouki

側に流れたが，吹流しが時計と反対方向に回転する箇所があった。

（2） 通気層内の雨水浸入範囲

感水紙にあらわれた雨水浸水範囲の写真を，庇の有無と通気層上部構造を縦軸に，風速と風向を横軸にとり一覧表（表2）にまとめた。

観察結果より①風速の違い，②風向の違い，③庇の有無および外壁通気層の排気構造の違いについて評価した。

① 風速の違いについて

風速10m/sと20m/sを比較すると，20m/sの方が雨水浸水範囲が広い。比較可能な実験aとj，bとk，dとm，eとn，hとqにおいてすべて20m/sの方が雨水浸水範囲が広いか，同程度の雨水浸水範囲に到達する時間が短い。

② 風向の違いについて

雨水浸水範囲の高さと面積は，実験jとkとl，mとnとoで比較すると，軒先45度≒正面＞棟45度の順で大きい。実験mとnは，実験終了時間が異なるが，水量および風速が安定した実験開始時に既に雨水浸入範囲が広がっており，ほぼ同等と考える。

雨水浸入範囲の形状は，同一風向の場合，ほぼ同様である。ここで表1に示した試験体近傍の風の流れのうち，外壁通気層下端付近の風の流れを重ねると，外壁通気層下端付近の風向が雨水浸入範囲の形状に影響を及ぼすことがわかった。

③ 庇の有無および外壁通気層上部の排気構造の違いについて

庇の有無を実験aとd，bとe，jとm，kとn，lとoで比較すると，庇が無いほうが雨水浸入範囲が広い。

また，外壁通気層から試験体後面に排気する構造と通気層を閉塞する構造を実験eとh，nとqで比較すると，外壁通気層から試験体後面に排気する構造が雨水浸入範囲が広い。比較対象として行った通気層上部の閉塞は雨水浸入に対しては効果が認められたが，閉塞による結露リスク増大を併せて考慮する必要がある。

5．まとめ

大型送風散水装置を使用することで，これまでの局所的な送風による検証とは異なる壁止まり軒部と雨押え（流れ方向）の水の挙動を確認することができた。風速や風向の違い，庇の有無や外壁通気層上部の排気構造の違いなどにより，壁止まり軒部と雨押え（流れ方向）の雨水浸入リスクが異なることがわかった。通気層への雨水浸入形態は試験体近傍の風の流れのうち，外壁通気層下端付近の風向に影響されることがわかった。

雨押え上方壁面の差圧測定結果および表2の「―」については次回以降に報告する。

【参考文献】

1) 牧田均 他；屋根の雨押え部における浸入雨水の挙動（その2），日本建築学会大会学術講演梗概集 2013年
2) 木村雄太 他；同上（その5），日本建築学会大会学術講演梗概集 2015年

表2 実験終了時の雨水浸入範囲と通気口付近の風流れ方

庇の有無と通気層上部	風速10m/s（定常風）			風速20m/s（定常風）		
	軒側45度	正面	棟側45度	軒側45度	正面	棟側45度
A 庇を設け気流を外壁通気層から軒天井見切り縁（積層中空材）に排気する構造	実験a 実験終了時間5分	実験b 実験終了時間5分	―	実験j 実験終了時間5分	実験k 実験終了時間5分	実験l 実験終了時間5分
B 気流を外壁通気層から試験体後面に排気する構造	実験d 実験終了時間2分	実験e 実験終了時間5分	―	実験m 実験終了時間10秒	実験n 実験終了時間30秒	実験o 実験終了時間5分
C Bの試験体後面の通気層をテープ留め通気を閉塞する構造	―	実験h 実験終了時間5分	―	―	実験q 実験終了時間4分	―

＊1 田島ルーフィング（Tajima Roofing INC）　　＊2 東海大学 名誉教授 工博（Professor Emeritus, Tokai University, Dr. Eng.）
＊3 建材試験センター（Japan Testing Center for construction Materials）　　＊4 日本住宅保証検査機構（JIO Corporation）
＊5 トーコー（TOKO Corporation）

大型送風散水装置を用いた屋根と外壁の取り合い部における浸入雨水の挙動の検討
（その4　屋根と外壁取り合い部の隙間からの雨水浸入性状）

○田村　公彦*1　　牧田　　均*4
石川　廣三*2　　根元　央希*4
松本　知大*3　　木村　雄太*1
松本　智史*3　　楠木　義正*5

| 大型送風散水試験装置 | 軒の出のない屋根 | 片流れ水上 |
| 野地板裏面露出部 | 隙間 | けらば |

1．はじめに

木造住宅の屋根と外壁の取り合い部は，雨漏り事故原因調査や既往の研究[1]により，雨水浸入リスクが高いことが報告されている。本報では壁面から軒が出ていない軒ゼロ屋根の「野地板裏面露出部」や「破風と壁面の取り合い部」に，施工精度不良による隙間が生ずる状況を想定し，大型送風散水試験装置にて再現した実風に近い条件下で隙間から浸入した水の挙動について観察した結果を報告する。

2．試験体の概要

試験体は，前報（その1）で紹介した試験体2（写真1～3）を使用した。

写真1　上から見た試験体2

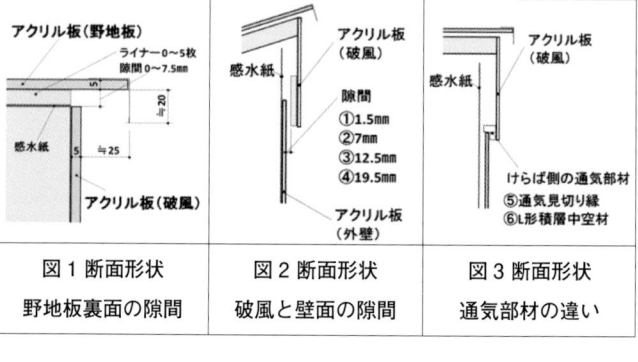

写真2　　　　　写真3　　　　　写真4 ライナー

| 図1 断面形状 野地板裏面の隙間 | 図2 断面形状 破風と壁面の隙間 | 図3 断面形状 通気部材の違い |

3．実験の概要

（1）野地板裏面露出部と破風頂部の隙間について

本実験では試験体の8方向から送風散水を行ったが，本報では4方向（0度，90度，180度，270度）について報告する。まず，風速10 m/sで風の流れを吹流しにより観察したところ，屋根頂部より凡そ350 mm下がったあたりで，上昇する風と下降する風の境（写真5）があることを確認した。

写真5 吹流しによる風の流れ

野地板裏面露出部と破風頂部の間に，写真4のライナーの挿入枚数により大きさを調節した隙間（0～7.5 mm）を設けた。感水紙は隙間の下端に設置し，濡れ範囲は目視にて評価を行った。浸入水は感水紙の内側より室内側に浸入した水滴を目視して評価した。写真6に感水紙の内側と室内側の境を赤線で記載した。

試験条件は，風速10 m/sと20 m/sの定常風，水量$4l/$m²·min による送風散水とし，風速の安定後1分までの風に正対する側の隙間の浸水性状を評価対象とした。また，実験の評価対象以外の隙間はテープで塞いだ。

実験の結果を表1に示す。

隙間から浸入した水の挙動として「付着した水滴が隙間の内部に浸入するもの（写真6）」や「野地板裏面露出部に付着し水滴となるもの（写真7）」を確認した。

90度「軒（けらば）ゼロ」と270度「けらばの出あり」を比較すると，感水紙の濡れ範囲は「軒（けらば）ゼロ」の方が広範囲に濡れていたが，浸入水では，10 m/sと20 m/sともに「けらばの出あり」の方が感水紙より室内側に浸入した水滴が多いことを確認した。

180度「軒ゼロ（片流れ水上）」では，隙間の大きさで水滴の浸入に違いがみられたが，いずれも野地板裏面露出部に付着した水滴が勾配により裏面を伝わって室内側まで流れ落ちていた（写真8）。

Study on behavior of infiltrating rainwater around roof/wall abutment using large outlet wind and rain simulator
(Part4)Tests on rain penetration through construction gaps existing at roof/wall abutment

TAMURA Kimihiko, ISHIKAWA Hirozo, MATUMOTO Tomohiro
MATUMOTO Satoshi, MAKITA Hitoshi, NEMOTO Ouki
KIMURA Yuta, KUSUKI Yoshimasa

表1 野地板裏面の隙間の実験結果

		定常風 10m/s							定常風 20m/s						
		0	0	1.5	3	4.5	6	7.5	0	0	1.5	3	4.5	6	7.5
0	感水紙														
	浸入水	○	○	○	○	○	○		○	○	×	×	×	×	
90	感水紙														
	浸入水	○	○	○	○	○	○		○	○	○	○	○	○	
180	感水紙				棟換気口設置の為、未評価							棟換気口設置の為、未評価			
	浸入水	×	×	×				×	×	×	×				×
270	感水紙														
	浸入水	○	○	○	○	×	×		○	○	×	×	×	×	

表2 破風の隙間の実験結果

		定常風 10m/s	定常風 20m/s
①	隙間 1.5mm		
②	隙間 7mm		
③	隙間 12.5mm		
④	隙間 19.5mm		

表3 通気部材の違いの実験結果

⑤	L形積層中空材		
⑥	通気見切り縁		

凡例

感水紙	
濡れなし	
数滴濡れ	
小範囲の濡れ	
広範囲の濡れ	

浸入水	
なし	○
あり	×

写真6 野地板裏面の隙間 20m/s

写真9 破風の隙間 20m/s

写真10 通気部材の違い 20m/s

写真7 野地板裏面の水滴

写真8 勾配で室内側に流れる水滴

4方向のうち，水滴の浸入は 10m/s，20m/s ともに 180度「軒ゼロ（片流れ水上）」が最多であった。10m/s で，0度「軒の出あり」が最少となったのは軒樋の影響と思われる。

（2）破風と壁面の隙間について

「軒ゼロ（片流れ水上）」の破風下端と壁面の取り合い部には，アクリル板で加工した4種類の隙間（1.5mm，7mm，12.5mm，19.5mm）を設け，透湿防水シートの代わりに感水紙を設置し，濡れ範囲について観察した（図2）。

実験の結果を表2に示す。

隙間 1.5mm と 7mm は，10m/s では浸入が確認されなかったが，20m/s では 1.5mm が 7mm より感水紙の濡れ範囲が大きかった。これは 7mm の内壁を伝って浸入した水が風の影響で 1.5mm の感水紙を濡らし範囲を拡大させたと考えられる（写真9）。19.5mm の隙間は，10m/s と 20m/s ともに右側の壁に沿って浸入した水が感水紙を広範囲に濡らした。また，1.5mm の隙間では，20m/s の時に水膜が張り，しぶきとなり飛散した様子を確認した。

（3）けらば側の通気部材の違いについて

「軒（けらば）ゼロ」の破風下端には一般に使用されている2種類の通気部材（L形積層中空材，通気見切り縁）を設置して（図3），感水紙の濡れ範囲について観察した。通気見切り縁の有効開口幅は 5mm で 8mm 間隔であった。

実験の結果を表3に示す。

通気部材の違いによる濡れ範囲の観察では，通気見切り縁が 10m/s と 20m/s ともに感水紙を広範囲に濡らしたが，L形積層中空材は 20m/s でも数滴を濡らした程度であった（写真10）。また，20m/s の L形積層中空材では，通気口に水膜が張り，しぶきとなって飛散した様子を確認した。

4．まとめ

これまでの局所的な送風での検証とは異なり，大型送風散水装置を使用することで実風に近い状況で水の挙動を確認することができた。軒ゼロ（片流れ水上）の屋根形態が，雨水浸入リスクの高いことがこの実験でも確認できたことは大きな成果である。野地板裏面露出部と破風頂部の隙間は，小さくても浸入を確認したので，雨水の浸入対策を講じる必要がある。

【参考文献】

1）宮村雅史 他：木造住宅の雨水浸入に関する実験的研究（その1）屋根、外壁、バルコニー，日本建築学会大会学術講演梗概集 2011年

＊1 日本住宅保証検査機構（JIO Corporation）　＊2 東海大学 名誉教授 工博（Professor Emeritus, Tokai University, Dr. Eng）
＊3 建材試験センター（Japan Testing Center for construction Materials）　＊4 田島ルーフィング（Tajima Roofing INC）
＊5 トーコー（TOKO Corporation）

防水施工マニュアル
（住宅用防水施工技術）2021

定価はカバーに表示してあります。

2021年10月1日　1版1刷発行

ISBN 978-4-7655-2625-8 C3052

編　　集	日 本 住 宅 保 証 検 査 機 構	
監　　修	石　　川　　廣　　三	

発　行　所　技 報 堂 出 版 株 式 会 社

〒101-0051　東 京 都 千 代 田 区 神 田 神 保 町 1-2-5

電　　話　営　業　（03）（5217）0885
　　　　　　編　集　（03）（5217）0881
　　　　　　Ｆ　Ａ　Ｘ　（03）（5217）0886

振替口座　00140-4-10

Ｕ　Ｒ　Ｌ　h t t p : / / g i h o d o b o o k s . j p /

日本書籍出版協会会員
自然科学書協会会員
土木・建築書協会会員
Printed in Japan

装丁　ジンキッズ　　印刷・製本　昭和情報プロセス